U0686895

公共素质课创新型精品教材

大学生创新创业概论

DAXUESHENG CHUANGXIN CHUANGYE GAILUN

编　著　李经山
编　者　张伟华　代利利
　　　　王美多　王　珂

北京出版集团公司
北 京 出 版 社

图书在版编目（CIP）数据

大学生创新创业概论 / 李经山主编 . —北京：北京出版社，2018.8（2021 重印）

ISBN 978-7-200-14213-6

Ⅰ. ①大… Ⅱ. ①李… Ⅲ. ①大学生—创业—高等学校—教材 Ⅳ. ① G647.38

中国版本图书馆 CIP 数据核字（2018）第 167158 号

大学生创新创业概论

DAXUESHENG CHUANGXIN CHUANGYE GAILUN

编　著：李经山
出　　版：北京出版集团公司
　　　　　北 京 出 版 社
地　　址：北京北三环中路 6 号
邮　　编：100120
网　　址：www.bph.com.cn
总发行：北京出版集团公司
经　　销：新华书店
印　　刷：定州市新华印刷有限公司
版印次：2018 年 8 月第 1 版　2021 年 5 月修订　2022 年 8 月第 4 次印刷
开　　本：787 毫米 × 1092 毫米　1/16
印　　张：15
字　　数：295 千字
书　　号：ISBN 978-7-200-14213-6
定　　价：45.00 元

如有印装质量问题，由本社负责调换

质量监督电话：010-82685218　010-58572162　010-58572393

习近平总书记指出："职业教育是国民教育体系和人力资源开发的重要组成部分，是广大青年打开通向成功成才大门的重要途径。"经过近40年的发展，我国职业教育培训培养了一大批创新型高技能人才，为经济发展、促进就业和改善民生做出了不可替代的贡献。

改革开放以来，我国高等职业教育经历了从1978年改革开放"为适应地方经济对应用型人才的迫切需求"，到1999年"培养生产、建设、管理、服务第一线和农村急需的专门人才"，再到2014年"要密切产学研合作，培养服务区域发展的技术技能人才"的漫长历程。高职教育的发展历程昭示，职业教育从其诞生就担负起服务于社会经济发展，肩负培养多样化人才、促进就业创业的重要职责。

自"大众创业，万众创新"在2014年夏季达沃斯论坛上提出以来，国家层面已经出台至少22份相关文件促进创新创业工作，"大众创业、万众创新"已上升为国家战略。随着各地政府对创新创业政策的相继制定，一场轰轰烈烈的创新创业大潮正在全国范围兴起，学者们将其定义为我国改革开放以来的第四次创业浪潮。"我们创业吧！"迅速成为当下最时尚的语言。

在"双创"时代背景下，大学生作为最具创业活力和潜力的群体，如何开展大学生创新创业教育，培养大学生创新创业能力，是摆在高等教育面前重要而紧迫的课题。近几年来，高职院校积极开展大学生创新创业教育，举办各类大学生创业设计大赛，建设校园大学生创业孵化基地，在培养大学生创新精神和实践能力、推动以创业带动就业、全面提高大学生就业质量等方面做了大量的工作。尤其是在大学生创业理论、创业基础教育的体系设计与教材编写等方面，出现了很多形式多样、内容丰富的专著或教材，归纳起来，大概有以下三类情况：

一类是偏重创业理论教育。这类教材主要以阐述创新创业相关概念和说明创业过程基本要素为主，适用于本科院校大学生对创新创业的理论认识与思考，但创业指导性与实用性不够。

第二类是偏重典型案例描述与展示。这类教材主要以大篇幅介绍各类创业案例为主，对创业者借鉴经验、开拓思路有较大好处，但缺乏具体案例的阐述分析与应用指导，理论性不强，启迪性不高。

第三类是偏重统计分析。这类教材如对国家和地方创新创业相关政策的汇编、某些特定行业的创业情况分析等，适用于大学生对创业环境的基本认知或者具体应用时的工具参考。

《大学生创新创业概论》的编撰与出版，是我院大学生创新创业理论与实践教育研究的新成果。作者结合多年的企业创业实践与大学生创新创业教育经验，集合了以上各类教材的优点，紧盯当下"互联网＋"时代创业的新模式、新特点、新要求，创新性地增加了"创新思维与创业意识""校园创业与社会创业""互联网＋创业"等内容章节，弥补了现有大学生创业基础与理论之不足，在更大程度上完善了大学生创新创业理论与实践教育体系。《大学生创新创业概论》的应用与推广，必定为我院大学生创新创业理论与实践的教育、为新形势下大学生创新创业教育提供宝贵参考，并为推动大学生创新创业教育实践迈上新台阶奠定基石。

"人生伟业的建立，不在能知，乃在能行。"祝愿青年大学生朋友在新时代敢立潮头、勇于创新、勤于创业，用青春、梦想、激情和团队的名义书写人生最美华章！

关云飞

全国航空工业职业教育教学指导委员会副主任　教授　博士

　　"创业难，难创业""创业有风险"这是人们对创业工作的一般看法，同时也说明创业不是一帆风顺的事情。但是，世上从来不缺乏敢于挑战自我的勇气，从来不缺少迎难而上的人们。改革开放 40 年来，中国大地上四次创业浪潮就充分证明了这一点。人们以勤劳、智慧创造了改革开放以来一个又一个惊天伟业。

　　创业有风险但也有其内在商业规律，可以积极地探索。在互联网技术高度发展，生物、新能源、智能制造等领域发展日新月异的今天，在我国经济实施转型、产业结构进一步调整升级的改革关键时期，国家提倡"大众创业，万众创新"，要求全国高等院校开设创新创业理论与实践课，制定促进高校大学生创新创业指导的系列政策，支持地方政府和高等院校共同建设大学生创新创业实践基地或大学生创业项目孵化基地，鼓励青年大学生积极投身到创新创业中去，以创新优化产业结构，以创业促进社会就业。

　　高校对大学生进行创新创业教育由来已久，但是系统开设创业基础和创业实践课，并安排创业指导教师指导大学生创新创业工作是近几年的事情。如何将大学生创新创业教育落地？如何真正做到以创新创业带动就业，提升大学毕业生的就业品质？如何帮助大学生进行创业项目的社会转化？ 2014 年以来，全国各高等院校都在积极探索大学生的创新创业教育的方法和途径。

　　高等职业技术学院是大学生职业技能培养的主战场，高等职业教育的目的就是培养大学生的职业能力、职业技能和职业素养，为现代产业发展培养合格的技术技能型人才。创业能力本身就是一种职业能力，是职业能力中挑战最大、要求最为全面的一种职业能力。随着互联网技术的发展，新业态、新模式、新产业等新经济形势的出现，高职院校大学生职业能力教育面临诸多新问题，以创新思维、创业带动就业的高职教育新模式，不失为一种创新探索。

　　本教材在结构上以专题讲解的形式，将大学生创新创业的基本知识分为十章。书中内容突破传统创业基础知识教育，依据大学生创业实践的知识需求和全国大学生创新创业大赛，填补了《创新思维与创业》《校园创业与社会创业》《互联网＋创业》等章节，使大学生创业基础知识教育更为系统，同时也保证了教材知识体系的完整性。

　　本教材作为长沙航空职业技术学院"十三五"课程改革与建设立项教材，在编写过程中，得到了学院领导、创新创业学院和教研室同人的大力支持与帮助，学生太雪倩对教材的文字整理、编辑和文字的校对做了大量精心细致的工作，书中引用和借鉴了一些他人已有的结论与案例，在此一并致以诚挚的谢意。

由于时间及作者水平有限，书中难免存在不足之处，敬请读者不吝指教！

编　者

目录

第一章 创新创业与未来人生

应知要求：

1. 了解创新、创新意识、创新思维与创业概念的内涵
2. 了解创新意识、创新思维的基本特征
3. 了解"大众创业，万众创新"口号提出的时代背景

应会要求：

1. 掌握创新意识、创新思维培养的基本途径
2. 掌握创新技法组合应用与常见表现形式
3. 理解"大众创业，万众创新"对于大学生职业选择的重要意义

案例导入

换一种思维方式就会有出路

《伊索寓言》给了我们一个关于创新的故事。

一个暴风雨的日子，有一个穷人到富人家讨饭。

"滚开！"仆人说，"不要来打搅我们。"

穷人说："只要让我进去，在你们的火炉上烤干衣服就行了。"仆人以为这不需要花费什么，就让他进去了。

这个可怜人，这时请厨娘给他一个小锅，以便他"煮点石头汤喝"。

"石头汤？"厨娘说，"我想看看你怎样能用石头做成汤。"于是她就答应了。穷人到路上拣了块石头洗净后放在锅里煮。

"可是，你总得放点盐吧。"厨娘说，她给他一些盐，后来又给了豌豆、薄荷、香菜。最后，又把能够收拾到的碎肉末都放在汤里。

案例点评：

故事的结局，想必大家已经猜到了，这个可怜人后来把石头捞出来扔回路上，美美地喝了一锅肉汤。设想：如果这穷人对仆人说"行行好吧！请给我一锅肉汤。"会是什么结果？答案是十分明显的，这就是创新思维的力量！因此，伊索在故事结尾处总结道："坚持下去，方法正确，你就能成功。"

第一节　创新与创新意识

一、创新与创新意识的概念

（一）创新的概念

> **职场箴言**
>
> 对于一个艺术家来说，如果能够打破常规，完全自由进行创作，其成绩往往会是惊人的。
>
> ——卓别林

1912 年，经济学家约瑟夫·熊彼特（Joseph Alois Schumpeter，美国）在他的德文著作《经济发展理论》中，首次提出了"创新"的概念。熊彼特认为，"创新"就是把生产要素和生产条件的新组合引入生产体系，即"建立一种新的生产函数"，其目的是获取潜在的利润。熊彼特的理论一开始并没有引起足够的重视，直到 1934 年他的作品用英文出版后，才引起了学界的广泛关注。

20 世纪 90 年代，我国把"创新"一词引入了科技界，形成了"知识创新""科技创新"等各种提法，进而发展到社会生活的各个领域，使创新的说法几乎无处不在。

创新是指人们为了发展的需要，运用已知的信息，不断突破常规，发现或产生某种新颖、独特的有社会价值或个人价值的新事物、新思想的活动。创新的本质是突破，即突破旧的思维定式、旧的常规戒律。创新活动的核心是"新"，它或者是产品的结构、性能和外部特征的变革，或者是造型设计、内容的表现形式和手段的创造，或者是内容的丰富和完善。

（二）创新意识

创新意识指人们在社会实际活动中，主动开展创新活动的观念和意识，表现为对创新的重视、追求和开展创新活动的兴趣和欲望。它是人类意识活动中的一种积极的、富有成果性的表现形式，是人们进行创新活动的出发点和内在动力，是唤醒、激励和发挥人所蕴含的潜在本质力量的重要精神动力，与创新能力一起贯穿于人的创新活动的整个过程。其内涵主要包括以下几个方面：

1. 强烈的创新动机

创新动机是创新意识的动力源泉，是形成和推动创新行为的内驱力，是引起和维持主体进行创新活动的内部心理过程，也是创新才能得以施展的能源。人的每项创新活动、每个创新意识都离不开一定创新动机的支配，创新动机明确并且强烈的人，其创新活动成功的希望就越大，创新动机肤浅的人，其创新活动成功的希望就小。

2. 浓厚的创新兴趣

创新兴趣是指人们从事创新活动投入的积极情绪和态度倾向，它是创新动机的进一步发展。创新动机来源于对创新的浓厚兴趣，产生创新动机不一定有创新兴趣，而一旦形成创新兴趣必然伴随着创新动机。创新兴趣是人们从事创新实践活动强有力的动力之一。

3. 健康的创新情感

创新过程不仅仅是纯粹的智力活动过程，它还需要引起、推进乃至完成创造性活动的创新情感。首先是稳定的创新情感。创新者只有在稳定的创新情感支配下，才能提高自身创新敏感性，及时捕捉有用信息，对与创新有关的事物充满浓厚的兴趣。其次是积极的创新情感。创新者积极的创新情感可以极大地激发自身的创新意识和创新敏锐性，充分调动自己投身于创新活动的积极性。再次是深厚的创新情感。创新热情是一种稳定深厚的创新情感，具有持续性，它是一种能促进现代创新者形成强烈的创新意识，并展开创新活动的心理推动力量。

4. 坚定的创新意志

创新意志是在创造中克服各种困难、冲破阻碍的心理因素。首先是创新意志的目的性。现代创新者只有对自己的行动目的有明确的认识，才能按既定的目标去行动。其次是创新意志的顽强性。创新意志的顽强性是指人们在创新的过程中能精力充沛，坚持不懈地克服一切困难和障碍，取得创新成果。

创新是一种艰苦的劳动，是探索前人没有走过的路，产生前人没有产生过的成果。在创造过程中成功与失败并存，只有意志顽强的创造者才能在挫折与失败中不断进取，从而把失败引向成功。

二、创新的价值与意义

创新是一个民族进步的灵魂，是一个国家兴旺发达的不竭动力。21 世纪的中国发展史将留下知识创新的浓重印记，知识创新工程的实践改变着中国科技发展的格局。在当今这样一个知识经济时代，国民经济发展的动力和源泉在于创新。创新就是发现新思维、新理论、新方法、新技术和新产品。创新是国民经济持续发展的基石。知识创新和技术创新能力是决定国家之间、企业之间、人才之间竞争的重要因素。创新能力的高低是衡量人才素质的一个重要指标，关系到国家、民族、企业和个人的前途与命运。

（一）创新在人类发展历史中起着不可估量的作用

纵观人类发展历程，实际就是科技创新不断进行的历程。当代科学技术突飞猛进，新的发明、新的技术、新的材料、新的工艺层出不穷，社会在科技的带动下飞速发展，而创新又使这个速度不断加快。毫无疑问，科技创新已经成为当代社会发展的主旋律。创新已经成为国家的需要、社会的需求和时代发展的主题。

（二）创新为人们发明创造新机械、新产品提供了有效的理论和方法

创新能充分发挥设计者的创造力，促使设计者利用人类已有的相关科学技术成果进行创新构思，设计出具有新颖性、创造性及实用性的机械产品，以满足新的生产和生活的需要。

（三）创新是成功永恒的亮点

创新是一种态度，这种态度会让你拥有无数的梦想，让你渴望自己的生活变得不同，会鼓励你去尝试做一些事情，从而把一切变得更美妙、更有效、更方便。

创新促进活力，活力产生动力。洛克菲勒（John Davison Rockefeller，美国）说："如果你要成功，你应该朝新的道路前进，不要跟随被踩烂了的成功之路。"创新是每个正常人都具有的自然属性和内在潜能。这正如贝尔实验室创办人华特·基佛德（Walter Gifford，美国）所说："你只要离开人们常走的大道，潜入森林，你就肯定会发现前所未有的东西。"

三、创新意识的基本特征

创新意识与创新能力一起贯穿于创新活动的整个过程。创新意识具有其自身特点，主要体现在以下几个方面。

（一）创新意识是求新求变的意识

创新意识区别于其他意识的最典型特点是求新求变。创新意识是一种不安于现状的精益求精的意识，是一种面对未知问题而不无动于衷的尝试冲动，是不断探索、求新求异的兴趣和欲望。总之，创新意识是与墨守成规相对立的，是创造美好新生事物的必要条件。

（二）创新意识是创新的起点

如果说创新是一种从思想到实践的变化过程，那么创新意识就是思想的起点，是人们进行创新活动的出发点。因此，创新意识是开展创造活动的先决条件，也是开发创新思维和创新能力的起点。很难想象，一个没有创新意识的人会持续开展创新活动，取得创造性成果。所以培养创新能力首先要从培养创新意识着手。

（三）创新意识是各种心理因素构成的整体

创新意识是个体对创新的认识和态度，以及由此引发的情感和意志。创新意识包含好奇、怀疑、兴趣、动机和情感等因素，是多种心理因素共同组成的一种精神状态，是人类意识活动的一种积极的、富有开创性的表现形式。

（四）创新意识具有可塑性

创新意识是可以被塑造的。创新意识需要在生活和学习中逐步建立和发展，它可以通过学习和实践加以激发，也可以通过培养和锻炼加以巩固。大学生要充满好奇心、求知欲，力求掌握更多知识和原理，深入探索未知的事物和新方法。同时要有怀疑精神，保持思维的独立性和求真性。树立远大抱负和工作责任感，也是塑造创新意识的催化剂。

四、创新意识的培养途径

创新意识存在于我们的现实生活中，只要你拥有一点想象力，拥有一颗好奇心，敢于打破思维定式，那么，你就会不断地发现新事物，不断地有新的成就出现。当代大学生要增强创新意识，可以尝试从以下几个方面入手：

（一）保持强烈的好奇心

创新源于好奇心，因为好奇心可以激发人们的求知欲，强烈的好奇心和求知欲能启发人们独立思考、细致观察，并从常见的现象中发现新问题，进而促使人们突破传统观念的束缚，别出心裁、标新立异地进行新的创造。爱迪生从小就具有极强的好奇心，在他很小的时候，对母鸡孵小鸡十分好奇，于是自己就找来些鸡蛋，趴在上面学起孵化小鸡来，就是这种强烈的好奇心，引导着爱迪生去研究、探索、创造和发明。

（二）培养丰富的想象力

想象是人脑在过去感知的基础上，对所感知的形象进行加工、改造、创建出新形象的心理过程。想象是创新的翅膀，这是因为创新活动是从对生活中尚未存在的事物进行想象开始的。爱因斯坦想象人追光速时的情景而创造狭义相对论，又想象人在自由下落的情景中创立了广义相对论。他对想象力推崇备至："想象力比知识更重要，因为知识是有限的，而想象力概括世界上的一切，推动着进步，并且是知识的源泉。严格地说，想象力是科学的实在因素。"哲学家康德说得更加明确："想象力作为一种创造性的认识能力，是一种强大的创造力量，它从实际自然所提供的材料中，创造出第二自然。"

（三）突破惯性思维障碍

▨ 拓展阅读

老师问同学：有一个聋哑人，又聋又哑，说不出话来，听不见，他到五金商店去买一个钉子，他说不出话就怎么办？比画。人家给他一个锤子，给他一个榔头？他摇手，不，他是要买钉子，他就使劲比画。就这点东西，不是锤子不是榔头，肯定是钉子，给他了，他非常高兴地点头。

老师又问同学：有一个盲人，他要买剪刀，我们怎么用最简洁的方式表达。同学们说，老师我们知道，不能这样比画了，要这样比画。全班同学都赞成这样比画，老师说他不需要比画，他直接说买剪刀。因为他是盲人，瞎子们一般嘴巴是能说话的。看到前面用比画，老是比划比划，就把你的思维引进比画的思维定式上了，这样的思维就是惯性思维（又叫思维惯性）。

一切创新活动都以创新思维为先导，创新思维是提高创新能力的起点和关键，思维是一种复杂的心理现象，"思"就是思考，"维"就是方向或次序，思维可以理解为沿着既定方向、按照一定次序而进行的思考。客观事物纷繁复杂，大脑思维相对简单，且长时间沿着一定方向、按照一定次序思考后，就会形成一种思维惯性，它和物理学上的惯性相似，思维惯性也是顽固的。如果对日常生活中经常发生的事物或自己长期从事的事物产生了思维惯性，就形成了思维定式。思维惯性和思维定式合称为"思维障碍"。

思维障碍抑制着我们的创新意识，使我们的创新能力难以得到进一步的提高。要提高创新和创造能力就应该突破思维障碍，而突破思维障碍的关键就是拓宽思维视角，具体方法如下：

1. 改变思考顺序

我们思考问题时常常顺着事物的发展次序想，顺着想能使我们较为方便地找到问题的切入点，并且顺着想也的确能帮助我们解决一些问题，但客观事物的发展是千变万化的，凡事都顺着想未必能真实地反映事物的客观规律。一个立志于创新的人，一定要深刻认识到顺着想的局限性，改变凡事顺着想的习性，从事物的对立面多考虑考虑。这也就是我们说的逆向思维，很多时候逆向思维能将我们带入"山重水复疑无路，柳暗花明又一村"的境界，它站在问题的对立面，使问题解决得干净利索而充满智慧。

2. 转化思维方式

马克思主义哲学的基本原理告诉我们，世界万物是普遍联系的，这些相互联系的事物是可以转化的。在创新学里我们的转化更多指的是思维方式的转化：将直接转化为间接，将复杂转化为简单，将不可能转化为可能。

第二节　创业与创新思维

一、创业与创新思维的概念

（一）创业

创业是指某个人利用或借用相应的平台或载体，将其发现的信息、资源、机会或掌握的技术，以一定的方式，转化、创造出更多的财富、价值，并实现某种追求或目标的过程。

创业是在动态竞争前提下的机会驱动过程，是创业者对大量不确定性因素分析、评估并进行选择的投资决策行动。简单来说，创业是指创办新的企业或开辟新的事业，实践性是创业的标志。

创业是创业者对自己拥有的资源或通过努力对能够拥有的资源进行优化整合，从而创造出更大经济或社会价值的过程。创业是一种劳动方式，是一种需要创业者组织与运用服务、技术、器物作业的行为。

（二）创新思维

创新思维，也称创造性思维。创新思维是一种具有开创意义的思维活动，即开拓人类认识新领域，开创人类认识新成果的思维活动。它往往表现为发明新技术、形成新观念、提出新方案、解决新问题、创建新理论。从广义上讲，创新思维不仅表现为形成了完整的新发现和新发明的思维过程，而且还表现为在思考的方法和技巧上、在某些局部的结论和见解上具有新奇独到之处的思维活动。

创新思维需要人们付出艰苦的脑力劳动。一项创新思维成果的取得，往往需要经过长期的探索、刻苦的钻研，甚至多次的挫折，而创新思维能力也要经过长期的知识积累、智能训练、素质磨砺才能具备。创新思维过程，离不开推理、想象、联想、直觉等思维活动，创新思维是一种需要人们付出较大代价、运用高超能力的一种思维活动。

二、创业动机

美国经济学家约瑟夫·熊彼特对创业者的创业动机在精神层面上进行了剖析，他将创业动机归结为"建设私人王国，对胜利的热情，创造的喜悦"。实际上，创业者希望摆脱任人摆布的命运，渴望独立、自由地分配时间，安排企业经营活动，实现自我价值。这种独立性、自由和自我发展是创业的关键动机。根据奥蒂奥（Erkko Autio，英国）等人的研究结果，创业的动机大体上可以归为以下四类：对成就的需要、独立性偏好、控制的欲望、改变家庭和个人经济状况。

大学生创业是适宜的创业环境与创业准备相结合的产物，大学生的创业动机归纳起来主要有以下几种类型：

（一）生存的需要

首先，由于经济的原因，许多家庭越来越难以负担昂贵的学费，国家有助学贷款、奖学金制度也不能完全解决问题。在沉重的经济负担压力之下，为了顺利完成学业，很多大学生利用课余时间打工来维持正常的学习和生活。在打工的过程中有一部分具有创业素质的人发现并把握了商机，由此走上了创业的道路。

其次，当前我国高校学生中城镇生源的学生绝大部分是独生子女，培养他们的独立性已经成为当务之急。一部分学生开始独立承担自己的学习、生活费用，在他们中产生了一定数量的创业先行者。这部分创业者通常都以学习为主要目的，从事一些需要投入时间、精力较少的行业，对经济回报要求较低。

（二）积累的需要

按照克雷顿·奥尔德弗（Clayton Alderfer，美国）的 ERG 理论，人的需求分为生存、相互关系和成长。这三种需求并不一定按照严格的由低向高的顺序发展，可以越级。当代大学生随着年龄的增长，对于相互关系和成长的需要会逐渐强烈。一部分大学生为了增加自己的实践经验、丰富自己的社会阅历，或者为自己以后的发展或实现自己的某个目标做好经济上的准备，在条件成熟的情况下也会利用课余时间走上创业的道路。这个类型的创业者往往以锻炼为目的，承受失败的能力较强。同时由于压力较小，失败和半途而废的比例也比较高。

（三）自我实现的需要

心理学研究表明：25～29 岁是创造力最为活跃的时期，这个年龄段的青年正处于创造能力的觉醒时期，对创新充满了渴望和憧憬。他们思维活跃、创新意识强烈，同时所受的约束和束缚较少，按照 ERG 理论，他们对成长的需要也更为强烈。另外，由于大学生所处的环境，他们往往更容易接触一些新的发明和学术上的新成果，或者他们中的一部分人本身拥有具有自主知识产权的科研成果。为了能早日实现自己成功的目标，他们中的一部分人改变了自己的成功观念，开始了自己的创业生涯。

（四）就业的需要

当前，我国的大学生就业形势相当严峻，2017 年应届大学毕业生 795 万，2018 年应届大学毕业生已经达到了 820 万人。大学毕业生就业压力呈上升趋势，一方面表现为需求不足，另外一方面表现为大学毕业生的就业期望值较高，如工资待遇、环境等。在这种情况之下，为了找到一份自己满意的工作，有一部分大学生也开始了自主创业。

三、创新思维的形式及其基本特征

（一）创新思维的形式

创新思维的关键在于怎样具体地去进行创新性的思维，创新思维的重要诀窍在于多角度、多侧面、多方向地看待和处理事物、问题和过程。创新思维具体地表现在以下几个方面：

1. 理论思维

理论一般可理解为原理体系，是系统化的理性认识。理论思维是指使理性认识系统化的思维形式。这种思维形式在实践中应用很多，如系统工程就是运用系统理论思维来处理一个系统内各个相关问题的一种管理方法。如有人提出"相似论"，也是科学理论思维的范畴，即人见到鸟有翅膀能飞，就根据鸟的翅膀，鸟体几何结构与空气动力和飞行功能等相似原理发明了飞机，这也称"仿生学"。因此，为了把握创新规律，就要认真研究理论思维活动的规律，特别是创新性理论思维的规律。

2. 多向思维

> ░ **职场箴言**
>
> "你考虑的可能性越多，也就越容易找到真正的诀窍。"
>
> ——美国心理学家马丁·加德纳

多向思维也叫发散思维、辐射思维或扩散思维，是指对某一问题或事物的思考过程中，不拘泥于一点或一条线索，而是从仅有的信息中尽可能向多方向扩展，而不受已经确定的方式、方法、规则和范围等的约束，并且从这种扩散的思考中求得常规和非常规的多种设想的思维。

3. 侧向思维

侧向思维又称"旁通思维"，是发散思维的又一种形式。这种思维的思路、方向不同于正向思维、多向思维或逆向思维，它是沿着正向思维旁侧开拓出新思路的一种创造性思维。通俗地讲，侧向思维就是引用其他领域里的知识和资讯从侧向迂回地解决问题的一种思维形式。

4. 逆向思维

哲学研究表明，任何事物都包括对立的两个方面，这两个方面又相互依存于一个统一体中。人们在认识事物的过程中，实际上是同时与其正反两个方面打交道，只不过由于日常生活中人们往往养成一种习惯性思维方式，即只看其中的一方面，而忽视另一方面。如果逆转一下正常的思路，从反面想问题，便能得出一些创新性的设想，如管理中"鲶鱼效应"就是逆向思维在实际工作中的具体运用。

5. 联想思维

联想思维是指由某一事物联想到另一种事物而产生认识的心理过程，即由所感知或所思考的事物、概念或现象的刺激而想到与之相关的事物、概念或现象的思维过程。联想是每一个正常人都具有的思维本能。由于有些事物、概念或现象往往在时空中伴随出现，或在某些方面表现出某种对应关系，这些联想由于反复出现，就会被人脑以一种特定的记忆模式接受，并以特定的记忆表象结构储存在大脑中，一旦以后再遇到相似的情景时，人的头脑会自动地搜寻过去已确定的记忆，从而马上联想到不在现场的或眼前没有发生的另外一些事物、概念或现象。联想的主要素材和触媒是表象或形象。

▦ 拓展阅读

记忆和联想

亚里士多德在《记忆和联想》一书中说："我们的思想是从正在寻找的事物相似的事物、相反的事物或者与它相接近的事物开始进行的，以后便追寻与它相关联的事物，由此而产生联想"。

亚里士多德的这一想法，在后来的 17 世纪为英国的联想学派所吸收，产生了所谓的联想定律——接近联想、相反联想、类似联想，并对此进行了整理和应用。

（一）接近联想定律

两种以上的印象，在时间上或空间上同时或接近发生，那么其中一种印象会使另一种印象回忆出来，这就是接近联想。例如，墨水和笔，桌子和椅子，孩子和双亲，火柴和香烟。另外，接近联想也包括原因与结果，例如，台风和洪水，抽烟和火灾，疾病与发烧。

（二）相反联想定律

当两种以上的印象互相对立、意义相反时，某一印象的产生可以使另一印象回忆出来。例如，黑与白、左与右、善与恶、少年与少女等等。

（三）类似联想定律

某一印象会引起脑中与它有某种类似的其他印象的回忆，换言之，两种观念或事实由于相似而能进行联想。例如，猫和虎，鞋和木屐，狡猾的男人和狐狸。

上述接近、相反、类似是联想的主要定律。此外，还有联想的派生定律，如新近性、频繁性、生动性定律等。

（1）新近性定律：最近形成的联想要比数年前形成的联想容易回忆。在其他条件完全相同的情况下，人们对于刚刚看过的电影比几个月以前看过的电影的记忆要好得多。

（2）频繁性定律：联想越是反复就越容易回忆。九九口诀之所以不会忘记，是不知多少次反复使用的结果。

（3）生动性定律：联想越是强烈、显著，就越容易回忆。

一切记忆的基础是联想。将新的事物与脑中已经存在的事物建立一定的联系，这种联系越是牢固，就越是能将新的事物很好地记住。任何事物在脑中若不与过去的事物进行联想，不久就会遗忘。因此，新的事物必须通过强烈的联想巩固于脑中。联想的数量越多，越强烈，记忆也就越容易。

6. 形象思维

形象思维就是依据生活中的各种现象加以选择、分析、综合，然后加以艺术塑造的思维方式。它也可以被归纳为与传统形式逻辑有别的非逻辑思维。严格地说，联想只完成了从一类表象过渡到另一类表象，它本身并不包含对表象进行加工制作的处理过程，而只有当联想导致创新性的形象活动时，才会产生创新性的成果。实际上，联想与形象的界限是不好划分的，有人认为可以把形象看成是一种更积极、更活跃、更主动的联想。

（二）创新思维的基本特征

从创新思维的定义可以看出，它具有以下几个特征：

第一，独创性或新颖性。创新思维贵在创新，它或者在思路的选择上，或者在思考的技巧上，或者在思维的结论上，具有"前无古人"的独到之处，具有一定范围内的首创性、开拓性。一位希望事业有成的人，就要在前人、常人没有涉足，不敢前往的领域开拓出自己的一片天地，就要站在前人、常人的肩上再前进一步，而不要在前人、常人已有的成就面前踏步或仿效，不要被司空见惯的事物所迷惑。因此，具有创新思维的人，对事物必须具有浓厚的创新兴趣，在实际活动中善于超出思维常规，对完善的事物、平稳有序发展的事物进行重新认识，以求新的发现。这种发现就是一种独创、一种新的见解、新的发明和新的突破。

第二，极大的灵活性。创新思维并无现成的思维方法和程序可循，所以它的方式、方法、程序、途径等都没有固定的框架。进行创新思维活动的人在考虑问题时可以迅速地从一个思路转向另一个思路，从一种意境进入另一种意境，多方位地试探解决问题的办法。这样，创新思维活动就表现出不同的结果或不同的方法、技巧，可以是方法、技巧的创新，也可以是结果的创新，两种不同的创新都是创新思维的具体应用。创新思维的灵活性还表现为，人们在一定的原则界限内的自由选择、发挥等。一般来讲，原则的有效性体现在它的具体运用上，否则，原则就变成了僵死的教条。

第三，艺术性和非拟化。创新思维活动是一种开放的、灵活多变的思维活动，它的发生伴随有"想象""直觉""灵感"之类的非逻辑。非规范思维活动，如"思想""灵感""直觉"等往往因人而异、因时而异、因问题和对象而异，所以创新思维活动具有极大的特殊性、随机性和技巧性，他人不可以完全模仿、模拟。创新思维活动的上述特点同艺术活动有相似之处，艺术活动就是每个人充分发挥自己的才能，包括利用直觉、灵感、想象等非理性的活动。

第四，对象的潜在性。创新思维活动从现实的活动和客体出发，但它的指向不是现存的客体，而是一个潜在的、尚未被认识和实践的对象。创新思维的对象或者是刚刚进入人类活动的实践范围，尚未被人类所认识的客体，人们只能猜测它的存在状况，或者是人们虽然有了一定的认识，但认识尚不完全，还可以从深度和广度上加以进一步认识的客体，这两类客体无疑都带有潜在性。

第五，风险性。由于创新思维活动是一种探索未知的活动，因此要受着多种因素的限制和影响，如事物发展及其本质暴露的程度、实践的条件与水平、认识的水平与能力、实际经验等，这就决定了创新思维并不能每次都能取得成功，甚至有可能毫无成效或者得出错误的结论。

▨ 拓展阅读

西欧中世纪，宗教在社会生活中占据着绝对统治地位，一切与宗教相悖的观点都被称为"异端邪说"，一切违背此原则的人都会受到"宗教裁判所"的严厉惩罚。但是，人们的创新思维活动是扼杀不了的，伽利略、布鲁诺置生命于不顾，提倡并论证了"日心说"，证明教皇生活于其上的地球不是宇宙的中心。无法想象，如果没有两位科学家甘冒此风险，"日心说"不知何时才能被提出。

四、培养创新思维的基本原则与方法

（一）培养创新思维的基本原则

创新思维的培养不是随意的、盲目的，在培养大学生创新思维的实践过程中需要遵循一定的原则，概括起来有以下四条基本原则：

1. 实践性原则

这就要坚持马克思主义的教育观和人才观，坚持创新是一种创造性的实践，坚持以实践作为衡量大学生创新能力的唯一标准。

2. 个性化原则

从某种意义上说，个性化就是创造性的代名词，没有个性就没有创造性。每个人都是一个特殊的不同于其他人的现实存在，应注重培养自身自主的意识、独立的人格和批判精神。

3. 协作性原则

大学生创新能力不只是跟他们的智力因素有关，非智力因素在很大程度上会影响他们的创造性发挥。而现代科学的发展已经让任何一个人都无法在一生中涉足科学的每一方面。因此，只有信息共享、相互协作，才能有效发挥个人潜能，促进文明进步。

4. 系统性原则

培养大学生创新思维能力，不仅是某个方面的问题，而是一个系统性的体系，包括大学生创新创业意识的培养，大学生创新思维的训练，大学生创新能力的培养及大学生创新人格的养成。

（二）培养大学生创新思维的方法

> ■ **职场箴言**
>
> 一个成功者和一个失败者之间的差别，并不在于知识和经验，而在于思维方式。
>
> ——美国哈佛大学校长尼尔·陆登庭

思维是有方法可循的。好的思维方法能更好地触发灵感，获得创造性的思想。反复训练，并摸索出适合自己的思维方法，形成良好的思维习惯后，就会大大提高自己的创造力。只有在实践中遵循了大学生创新思维的基本原则，才有可能使大学生在校期间的创新思维能力取得一个质的飞跃，并为以后的创新创业工作打下坚实的基础。

具体来讲，大学生创新思维的培养应当注意以下几点：

1. 突破传统思维模式，克服隐性自我评价

由于长期以来受应试教育的影响以及大学生专业设置过细、知识面窄、技能方面训练不够、不注重思维方法训练等诸多因素，许多大学生缺乏创新精神，创新能力不强。而隐性自我评价则是指人们在潜意识里用理性标准和逻辑规范去判断他们所遇到的事物的一种思维习惯。隐性自我评价就如一个隐形杀手，随时准备扼杀每一个创新的念头。所以，要真正培养大学生创新思维能力，必须要突破思维模式的旧框框，善于用联系的观点、全面的观点、系统的观点、开放的观点、发展的观点、矛盾的观点看问题。

同时，必须在主观上对创新有正确的认识，对自己充满信心，不要轻易对自己的新观点做出负面的评价。在一个新的想法产生时，应当任其滋长、发展、壮大，而不要过早干涉。或许，个人思维的一小步就是人类文明向前迈进的一大步。

拓展阅读

小高斯巧解算术题

高斯是德国伟大的数学家。小时候他就是一个爱动脑的聪明孩子。

还在上小学时，一次一位老师想治一治班上的淘气学生，就出了一道数学题，让学生计算从 1 + 2 + 3……一直加到 100 的结果。他想这道题足够这帮学生算半天的，他也可能得到半天悠闲。谁知，出乎他的意料，刚刚过了一会儿，高斯就举起手来，说他算完了。老师一看答案，5050，完全正确，惊诧不已，问小高斯是怎么算出来的。

高斯说，先把 1 和 100 相加，得到 101，再把 2 和 99 相加，也得 101，最后 50 和 51 相加，也得 101，这样一共有 50 个 101，结果当然就是 5050 了。聪明的高斯受到了老师的表扬。

2. 陶冶学生的情操，加强大学生创新心理素质的培养

陶冶大学生的情操，这是当前全民素质教育背景下对大学生成才的一个要求。当然，我们强调大学生创新思维能力的培养显然不是期望每个人都成为发明者、创造者，而主要是激发每个大学生都具有不断进取的开拓精神，使这种开拓创新精神成为一个现代人所必须具备的基本素养。在创造的过程中体验创新的喜悦与乐趣，使之升华为人的基本素养，这是我们培养大学生创新能力的主要目的。同时，我们要加强大学生创新心理素质的培养，养成一种创新的态度和自觉。具体来说，就是要树立新的教育观念，培养大学生的创新意识，采用创造性的教学方法培养学生的创新思维和创新能力。

3. 深化课堂教学改革，激发学生的创新意识，强化学生的探索精神

大学教学过程中的一切条件、环境和手段，都与大学生创新思维的培养和发展直接相关。传统的课堂教学重视的是教师的教，以教师为中心，而忽视了学生在课堂中的主体地位，让学生只能被动地接受知识，从而淡化了知识的再发展。深化课堂教学改革，确立以学生为中心的教学体制，教师在教学过程中对学生进行积极的引导，从而可以激发学生的创新意识，进一步强化学生的探索精神。

4. 创新思维与校园文化相结合，培养大学生的创新人格

营造良好的校园环境和校园文化氛围对于大学生创新思维能力的培养是大有裨益的。每一个学校都要爱护和培养学生的好奇心、求知欲，帮助学生自己学习、独立思考，保护学生的探索精神、创新精神，营造崇尚真挚、追求真理的氛围，为学生的禀赋和潜能充分开发创造一种宽松的环境；营造一个宽松自由的校园文化氛围，从而能够引导大学生广泛开展课外科技活动，培养学生积极探究科学奥秘的精神，激励学生的创新激情，锻炼学生的独立创新能力；并且建立创新激励机制，鼓励学生的创造活动，不断培养学生的创新心理素质，进一步完善大学生的创新人格。

总之，时代呼唤创新精神，民族需要勇于创新、善于创新的人才。高等院校负有培养创新人才的重任，各高校只有彻底转变观念，积极探索教与学的方法，营造有利于创新人才成长的环境，才能培养出良好的具有竞争力的创新型人才。

> **职场箴言**
>
> 如果你要成功，你应该朝新的道路前进，不要跟随被踩烂了的成功之路。
>
> ——美国慈善家 约翰·洛克菲勒

第三节　创新技法及其应用

如果把创造创新活动比喻成过河的话，那么方法和技巧就是过河的桥或船。方法和技巧可以说比内容和事实更重要。法国著名的生理学家贝尔纳曾说过："良好方法能使我们更好地发挥天赋的才能，而笨拙的方法则可能阻碍才能的发挥。"黑格尔说："方法是任何事物所不能抗拒的、最高的、无限的力量。"而笛卡儿则认为："最有用的知识是关于方法的知识。"

一、创新技法的概念

> **职场箴言**
>
> 无论天资有多高，仍需要学会技巧来发挥那些天资。
>
> ——卓别林

创新技法是指创造学家收集大量成功的创造和创新的实例后，研究其获得成功的思路和过程，经过归纳、分析、总结，找出规律和方法以供人们学习、借鉴和仿效。简言之，创新技法就是创造学家根据创新思维发展规律和大量成功的创造与创新的实例总结出来的一些原理、技巧和方法。它的应用既可直接产生创造、创新成果，同时也可启发人们的创新思维，提高人们的创造力、创新能力和创造创新成果的实现率。

二、创新技法的特点和类型

（一）创新技法的特点

1. 可操作性

可操作性是人们对创造理论及规律融会贯通并加以具体运用的基本要求。也可以说，没有创新理论就无法指导进一步的创造实践。然而，理论并不是直接去指导实践的，它需要中间环节，即原则方法。理论只有变成可操作的方法才能更好地指导实践。

2. 技巧性

技巧是技能的熟练化，它是一种和学习训练相关的活动。技巧可以通过学习而得来，可以通过练习而熟练。熟练的技巧已将一切多余而不必要的操作省去，效率很高。技巧的这一特点决定了创新技法的掌握需要实践，需要多用和反复地练习。

3. 概略性

概略性是指创新技法的运用因人、因地、因事而异，没有严格的规律性。这一特点是由创造活动的本质决定的。创新技法的概略性还体现在不能千篇一律上。一项创造活动的成功，并不能完全地加以复制。有些方法技巧行之有效，其有效性的原因并非可详细阐述。

4. 多样性

创新技法已被越来越多的人重视，也被越来越多的人总结和完善。不同的创造领域、不同的创造阶段、不同类型的创造问题和不同类型的使用者，都有相应的创新技法。创新技法因行业、项目与创业者而异，不同时间、不同地点、不同环境对创业者选择的方法也不一样。多样性永远是创新技法的一大特色。

（二）创新技法的类型

创新技法的类型多种多样，总结起来大概分以下 10 类：

（1）研究类。研究类侧重于科学研究与发现，运用范围最广。如观察法、实验法、模拟法、假说法、归纳法和演绎法等。适用于策划过程的制定方案阶段、寻求问题阶段、论证方案阶段。

（2）激励类。激励类侧重于激发新奇构想、开拓思路。如头脑风暴法。适用于决策过程的产生动因阶段、寻求问题阶段。

（3）取向类。取向类侧重于围绕策划目标提出一系列相关问题或取向点，从而全面、准确地把握目标。如特性列举法、缺点列举法、希望列举法等。适用于策划过程的目标阶段、寻求问题阶段。

（4）组合类。组合类侧重于根据目标原则，将两个以上的因素巧妙组合，从而获得具有整体功能的新成果。如形态分析法、信息交合法、组合法等。适用于策划过程的制定方案阶段、寻求问题阶段、论证方案阶段、产生动因阶段。

（5）类比类。类比类侧重于运用类比机制促使激励而联想，从而冲击过程系统化，成为一种处理复杂问题行之有效的方法，其核心是类比。如比较法、分类法、等价交换法等。适用于策划过程的制定方案阶段、寻求问题阶段、确定目标阶段、论证方案阶段。

（6）联想类。联想类侧重于以联想思维作为主要步骤，沟通创新思路，从而产生新的设想和构思点。如强制联想法、类比联想法、创新对比联想法、因果联想法等。适用于策划过程的制定方案阶段、寻求问题阶段、论证方案阶段。

（7）设计类。设计类侧重于新产品的开发设计，是其他创新技法的外在表现阶段。如设计类比法、设计清单法、模块化设计法、计算机辅助设计法、模拟设计法、功能设计法等。适用于策划过程的制定方案阶段、论证方案阶段。

（8）综合类。综合类侧重于把创新对象的各种信息和要素统一起来进行综合观察和研究，从而在整体上引发创新成果，即所谓"综合就是创造"。如论证法、水平思考法、重点扩展法、移植法、分析法、综合法等。适用于策划过程的制定方案阶段、论证方案阶段、寻求问题阶段、确定目标阶段。

（9）设问类。设问类侧重于围绕创新对象或老产品提出各种问题设想和改进方案，从而获得创新成果构想和创新产品。如稽核问题表法、放大缩小法、颠倒逆向法、拉伸折叠法、科学艺术法等。适用于策划过程的产生动因、寻求问题阶段、制定方案阶段。

（10）系统类。系统类侧重于把创新对象作为一个系统进行分析，从整体上研究其发展变化规律，处理各种系统问题，强调对创新研究的整体性、综合性，是介于哲学方法与具体方法之间的方法。如系统论法、控制论、信息论等。适用于策划过程的制定方案阶段、论证方案阶段、寻求问题阶段、确定目标阶段。

三、创新技法的常见表现形式

各种各样的事物要素都可以进行组合。根据特定的组合法则，运用数学、机械、物理、化学或生物学的手段，在材料、结构和功能等方面，将有关的一群客体进行有目的的匹配，以满足某种要求，达到人们预期的效果。按运用的手段来分，组合方法有数学组合法、物理组合法、化学组合法、生物组合法等；按组合对象来分，则有工艺组合法、结构组合法、材料组合法等；按所实现的目的又可分为提高效能或综合性能的组合法、完全多效用的组合法、具有最优性的组合法、探索创新的组合法等。组合方法的具体类型有很多，主要介绍以下几种组合创新的形式：

（1）功能组合

功能组合就是把不同物品的不同功能、不同用途组合到一个新的物品上，使之具有多种功能和用途。例如，按摩椅就是按摩功能和椅子功能的结合体，具有计算功能的闹钟也是一种新的组合。

（2）意义组合

这种组合功能不变，但组合之后赋予了新的意义。例如，在文化衫上印上旅游景点的标志和名字，就变成了具有纪念意义的旅游商品；一本著作有了作者的亲笔签名，其意义也会不同。

（3）构造组合

把两种东西组合在一起，它便有了新的结构并带来新的实用功能。例如，房车就是房子与汽车的组合，它不仅可以作为交通工具，还可以作为居住的场所；电脑桌也是一种构造组合的结果。

（4）成分组合

两种物品成分不相同，组合在一起后就构成了一种新的产品。例如，柠檬和红茶组合在一起，就开发出了柠檬茶；调酒师调制鸡尾酒采用的也是成分组合。

（5）原理组合

把原理相同的两种物品组合在一起，产生一种新产品。例如，将几个衣服架组合在一起，就可构成一个多层挂衣架，可以分别挂上衣和裤子，从而达到充分利用衣柜空间的目的。

（6）材料组合

不同材料组合在一起，不仅可以改善原物品的功能，还能带来新的经济效益。例如，现在电力工业使用的远距离电缆，其内芯用铁制造，而外层则用铜制造，由两种材料组合制成的新电缆，不仅保持了原有材料的优点（铜的导电性能好，铁硬度强不易下垂），还大大降低了输电成本。

拓展阅读

组合类型的分类方法也是多种多样的，根据参与组合的组合因子的性质、主次以及组合的方式，将组合类型大体分为：主体附加法、异类组合法、同物自组法、重组组合法以及信息交合法等。

（1）主体附加法。以某事物为主体，再添加另一附属事物，以实现组合创新的技法叫作主体附加法。在琳琅满目的市场上，我们可以发现大量的商品是采用这一技法创造的。如在圆珠笔上安上橡皮头，在电风扇中添加香水盒，在摩托车后面的储物箱上装上电子闪烁装置，都具有美观、方便又实用特点。

主体附加法是一种创造性较弱的组合，人们只要稍加动脑和动手就能实现，但只要附加物选择得当，同样可以产生巨大的经济效益。

（2）异类组合法。将两种或两种以上的不同种类的事物组合，产生新事物的技法称为异类组合法。

（3）同物自组法。同物自组法就是将若干相同的事物进行组合，以图创新的一种创新技法。例如，在两支钢笔的笔杆上分别雕龙刻凤后，一起装入精制考究的笔盒里，称为"情侣笔"，作为馈赠新婚朋友的好礼物；把三支风格相同颜色不同的牙刷包装在一起销售，称为"全家乐"牙刷。

同物自组法的创造目的，是在保持事物原有功能和原有意义的前提下，通过数量的增加来弥补不足或产生新的意义和新的需求，从而产生新的价值。

（4）重组组合法。任何事物都可以看作是由若干要素构成的整体。各组成要素之间的有序结合，是确保事物整体功能和性能实现的必要条件。如果有目的地改变事物内部结构要素的次序，并按照新的方式进行重新组合，以促使事物的性能发生变化，这就是重组组合。

在进行重组组合时，首先要分析研究对象的现有结构特点；其次要列举现有结构的缺点，考虑能否通过重组克服这些缺点；最后确定选择什么样的重组方式。

（5）信息交合法。信息交合法是建立在信息交合论基础上的一种组合创新技法。信息交合论有两个基本原理：其一，不同信息的交合可产生新信息；其二，不同联系的交合可产生新联系。根据这些原理，人们在掌握一定信息基础上通过交合与联系可获得新的信息，实现新的创造。

第四节　创新创业与未来职场

2014年9月，李克强总理在夏季达沃斯论坛上首次公开发出"大众创业、万众创新"的号召。当时他提出，要在960万平方千米土地上掀起"大众创业""草根创业"的新浪潮，形成"万众创新""人人创新"的新态势。此后，李克强总理在首届世界互联网大会、国务院常务会议和各种场合中频频阐释这一关键词。每到一地考察，他几乎都要与当地年轻的"创客"会面。他希望激发民族的创业精神和创新基因。

一、第四次创业浪潮——"大众创业、万众创新"

职场箴言

大智兴邦，不过集众思。

——孔子

在中国共产党第十八届中央委员会第五次全体会议发表的公报中，提出了"坚持创新发展，必须把创新摆在国家发展全局的核心位置"的重要论断。2015年3月，国务院办公厅以国办发〔2015〕9号印发《关于发展众创空间推进大众创新创业的指导意见》，大力推进大众创新创业。当前，我国已进入了改革开放以来的第四次创业浪潮，激发创新创业活力，推动大众创业、万众创新，突出以创新引领创业，不仅是稳增长、促民生的一项重要举措，也是缓解就业压力、提升就业质量的必要之举。

改革开放以来，我国已经出现过三次创业浪潮：第一次是从改革开放之初到1984年。当时为了缓解城镇知识青年返城造成的就业压力，中央首次把自谋职业确定为就业的方针之一。在这项政策的鼓励下，创业型就业如雨后春笋般涌现，有效缓解了当时沉重的就业压力。第二次是在20世纪90年代初中期。由于社会主义市场经济体制改革目标的确立，以"全民下海"为特征的创业活动达到新的高潮，其中1992年、1994年、1996年全国私营企业户数的增长率分别达到28.8%、81.7%、25.2%。第三次是2002年至2004年。2002年国家开始实施"积极的就业政策"，明确把就业问题作为各级政府的重要考核指标，并制定了各项配套政策，再一次激发了劳动者创业的热情。

但受制于传统的粗放型的经济发展方式，我国的创业类型大多数属于"生存型创业"。根据全球创业观察（GEM）的相关调查，目前我国的全部创业活动中，有大约90%是"生存型创业"。这种创业的特点是创业者大部分文化水平不高，创业项目也主要集中在餐饮副食、百货等微利行业，创业目的大多仅仅是为了养家糊口、补贴家用。不仅如此，生存型创业的成功率也较低，即使创业成功也大都存续期短，平均尚不足3年。

2008年全球金融危机爆发后，我国出台了一系列经济刺激政策，推进以创业带动就业成为就业优先战略的核心内容之一。特别是2012年党的十八大之后，各项鼓励创新创业政策更是密集出台，这是促成第四次创业浪潮形成的直接动因。

在第四次创业浪潮中，以创新促进创业是本轮创业最典型特征之一。目前，我国已经成为全球专利大国，根据世界知识产权组织发布的全球专利报告，中国发明专利申请数量已经超过美国，位居世界第一。2013年，我国的知识产权能力指数得分达到63.57分，较2012年提升0.46分，排名紧随美国、日本之后，保持在样本国家的第3位。

创新能力的提高为创业奠定了良好的基础，随着各项优惠和扶持政策的出台，创新拉动创业的趋势已经形成。据科技部的统计数据，截止2014年底，全国科技企业孵化器超过1600家，在孵企业8万余家，就业人数超过175万人。目前批准建立的国家高新区115家，园区注册企业超过50万家，仅中关村2014年新增科技企业达1.3万家。全国创业投资机构1000余家，资本总量超过3500亿元。与此同时，越来越多的大学生、海归人员和科技人员投身到创业浪潮之中，创业群体的素质有了明显的提高。

与传统的生存型创业相比，创新引领创业所引发的就业效应要大得多。工信部的统计数据表明，2014年，全国网络创业就业人数超过1000万人，是"大众创业、万众创新"最重要的领域之一。随着国务院"互联网＋"行动指导意见出炉，"互联网＋创业"呈蓬勃发展之势。不仅如此，互联网突破了地域、场地、身体等方面的限制，甚至还在很大程度上降低了创业的门槛，因而受到包括残疾人在内的各类人群的普遍欢迎。

虽然创新也会带来部分传统岗位的消失，但历史经验早已证明，创新所带来的岗位净增加量远大于传统岗位的减少。而通过创新创业活动所涌现的新的就业机会，将大大改变劳动者的就业形态，知识技能的价值得到进一步提升，劳动者的就业主动权也将得到增强，这对于改善就业质量无疑是一种强大的动力。

如今，"大众创业、万众创新"活动正在我国蓬勃发展，以创新引领的创业得到了前所未有的重视和关注。只有进一步完善我国创新创业鼓励和扶持政策，加强对劳动者的创新创业教育和培训，提升全民的创新创业意识和能力，第四次创业浪潮就能持续更长时间，就能为实现稳增长、促民生和实现中华民族伟大复兴的战略目标提供更强大的动力。

二、创新创业对于当代青年大学生的意义

随着高等教育从"精英教育"向"大众教育"迈进，高校毕业生就业形势日益严峻，大学毕业生数量将远远超过空缺岗位的数量。有专家指出，近几年城镇每年需要就业的人数将保持在2400万人以上，而在现有经济结构下，每年大概只能提供1100万个就业岗位，年度就业岗位缺口在1300万左右。因此，今后在很长时期内，大学生将面临更为

严峻的就业形势，大学毕业生创新创业具有深远的现实意义。

（一）有利于缓解大学生就业压力

大学毕业生的创业能力有利于解决大学生就业难的问题。创业能力是一个人在创业实践活动中的自我生存、自我发展的能力。一个创业能力很强的大学毕业生不但不会成为社会的就业压力，相反还能通过自主创业活动来增加就业岗位，以缓解社会的就业压力。为此，各级党政部门，纷纷把"鼓励和支持高校毕业生自主创业"作为化解当前社会就业难的主要政策之一。

（二）有利于大学生自我价值实现

大学毕业生通过自主创业，可以把自己的兴趣与职业紧密结合，做自己最感兴趣、最愿意做和自己认为最值得做的事情。在五彩缤纷的社会舞台中一展身手，最大限度地发挥自己的才能，并获得合理的报酬。当前社会鼓励大学生创业，虽然是从化解就业难的角度出发的，但从大学生自身来说，其创业的主要原动力则在于谋求自我价值的实现。而只有提高大学生创新创业的比例，整个社会才能形成创新创业的风气，才能建立"价值回报"的社会新秩序。

（三）有利于大学生自身素质的提高

我国高校规模的扩大，伴随着就业压力，大学生素质与我国高等教育的水平一直为人所诟病。在提高大学教育管理水平与大学生素质的各类探索实践中，大学生创业无疑是最经济、最有效的办法之一。通过创业教育与创业实践，大学生可以充分调动自己的主观能动性，改变自身就业心态，自主学习，独立思考，并学会自我调节与控制。也只有这样，大学生创业才有可能成功。对于一个能自我学习，懂得如何管理自己的时间与财务，善于拓展人脉关系，并能够主动调适工作心态，积极适应社会的大学生，其就业问题也将迎刃而解。

（四）有利于培养大学生的创新精神

创新是一个民族的灵魂，是一个国家兴旺发达的不竭动力。青年大学生作为中国最具活力的群体，如果失去了创造的冲动和欲望，那么中华民族最终将失去发展的动力源泉。大学生的创业活动，有利于培养勇于开拓创新的精神，把就业压力转化为创业动力，培养出越来越多的各行各业的创业者。美国作为世界最发达的国家，其大学生的创业比率一直在 20% 以上。美国前总统里根曾说：一个国家最珍贵的精神遗产就是创新，这是国家强大与繁荣的根源。中国的未来在于大学生，中华民族的伟大复兴则在于当代青年大学生旺盛的创造力与创新追求。

（五）有利于大学生彰显精彩人生

大学是浓缩的社会，是社会向前发展的思想阵地。虽然大学校园具有相对的独立性，但市场经济的发展与互联网平台的推广与使用，早已将大学校园包容在市场经济发展的大潮中。作为投身于创新创业活动的青年大学生，通过有价值的成功的创业活动，可以获得强烈的与众不同感，体现出个体的人生价值，彰显出自己的精彩人生。

思考与拓展

一、问题思考

1. 结合"大众创业，万众创新"口号提出的时代背景，联系自己的专业学习与职业规划，谈谈高职大学生如何进行职业定位与职业选择。

2. 结合自己的家庭和个人情况，谈谈当代青年大学生应该如何积极投身到"第四次创业浪潮"的大潮中去。

二、知识拓展

思路创新决定创业成败

两个青年人一同开山，一个把石块儿碎成石子运到路边，卖给建房人；一个直接把石块运到码头，卖给杭州的花鸟商人，因为这儿的石头总是奇形怪状，他认为卖重量不如卖造型。三年后，卖怪石的青年成为村里第一个盖起楼房的人。

后来，不许开山，只许种树，于是这儿成了果园。每到秋天，漫山遍野的鸭梨招来了八方来客。他们把堆积如山的梨子成筐成筐地运往北京、上海，然后再发往韩国和日本，因为这儿的梨汁浓肉脆，香甜无比。就在村上的人为鸭梨带来的小康日子欢呼雀跃时，曾卖过怪石的青年人卖掉果树，开始种柳。因为他发现，来这儿的客商不愁挑不上好梨，只愁买不到盛梨的好筐。五年后，他成为第一个在城里买房的人。

再后来，一条铁路从这儿贯穿南北，这儿的人上车后，可以北到北京，南抵九龙。小村对外开放，果农也由单一的卖果开始发展果品加工及市场开发。就在一些人开始集资办厂的时候，那个人又在他的地头上砌了一道3米高百米长的墙。这道墙面向铁路，背依杨柳，两旁是一望无际的万亩梨园。坐火车经过这里的人，在欣赏盛开的梨花时，会醒目地看到四个大字：可口可乐。据说这是五百里山川中唯一的一个广告，那道墙的主人仅凭这座墙，每年又有4万元的额外收入。

20世纪90年代末，日本一著名公司的人士来华考察，当他坐火车经过这个小山村的时候，听到这个故事，马上被此人惊人的商业化头脑所震惊，当即决定下车寻找此人。当日本人找到这个人时，他正在自己的店门口与对门的店主吵架。原来，他店里的西装标价800元一套，对门就把同样的西装标价750元；他标价750元，对门就标价700元。一个月下来，他仅批发出8套，而对门的客户却越来越多，一下子发出了800套。

日本人一看这情形，对此人失望不已。但当他弄清楚真相后，又惊喜万分，当即决定以百万年薪聘请他。原来，对面那家店也是他的。

【感悟思考】培养当代大学生的创业精神是建设创新型国家和人力资源强国的战略举措，是深化高等教育教学改革、提高人才素质、促进大学生全面发展的重要途径。案例中青年人的系列行为举措，带给我们哪些创业方面的启示？

第二章　创业者与创业团队

应知要求：

1. 了解创业者与创业团队的基本概念
2. 了解创业者的基本人格特质
3. 了解团队精神的基本内涵
4. 了解创业者应具备的基本素质
5. 了解创业团队组建的基本原则

应会要求：

1. 掌握创业者素养培养的基本途径与方法
2. 掌握团队组建的基本流程
3. 初步掌握团队管理的基本方法

案例导入

雁行十里排成行，团结协作齐飞翔

秋去春归的大雁在飞行时总是结队为伴，队形一会儿呈"一"字形，一会儿呈"人"字形，一会儿又呈"V"字形。大雁为什么要编队飞行呢？

一群编成"人"字队形飞行的大雁，要比具有同样能量而单独飞行的大雁多飞行70%的路程，也就是说，编队飞行的大雁能够借助团队的力量飞得更远。其原因是：大雁以"人"字形飞行，为首的雁在前头开路，它能帮助左右两边的大雁形成空气流动，减少飞行的阻力，使每只大雁都能够顺利到达目的地。

大雁的叫声热情十足，能给同伴鼓舞，大雁用叫声鼓励飞行的同伴，使队形保持前进的信心。当一只大雁脱队时，会立刻感到独自飞行的艰难迟缓，所以会很快回到队伍中，继续利用前一只大雁造成的浮力飞行。

一个队伍中最辛苦的是领头雁。当领头的大雁累了，会退到队伍的侧翼，另一只大雁会替代它的位置，继续领飞。当有的大雁生病或受伤时，就会有两只大雁来协助和照料它飞行，日夜不分地伴随它的左右，直到它康复或死亡，然后它们再继续去追赶前面的队伍。

如雁一般，无论在困境或顺境时都能彼此呵护、互相依赖，再艰辛的路程也不惧怕遥远。在雁阵中的每一只雁都会发出"呱呱"的叫声，鼓励领头的雁勇往直前。在旅程中历经坎坷可能还有失败，但只要团队相互鼓励、坚定信念，终究还是会成功的。

案例点评：

一个由相互联系、相互制约的若干部分组成的整体，经过优化设计后，整体功能能够大于部分之和，产生"1+1>2"的效果。雁群飞行的阵势，向我们揭示了一个深刻的道理：不能没有团队精神，因为成功在于合力，在于协作。大雁飞行能给我们以下几点启示：

（1）与拥有相同目标的人同行，能更快速、更容易地到达目的地，因为彼此之间能互相推动。

（2）如果我们与大雁一样聪明的话，我们就会留在与自己目标一致的队伍里，而且乐意接受他人的协助，也乐意协助他人。

（3）在从事困难的任务时，轮流担任与共享领导权是有必要的，也是明智的，因为我们都是互相依赖的。

（4）我们必须确定从我们背后传来的是鼓励的叫声，而不是批评的叫声。

第一节　创业者人格特质

一、创业者的人格特质

创业者的人格特质，对于创业成败有极大影响。因为创业者在资源上需要依赖投资股东，在实践创业理想方面又要依赖其团队成员，如果在人格情操上无法获得充分的信任，那么必会大幅提升所有参与者的风险考量。创业是风险极高的商业行为，如果没有崇高的人格情操，将所有资源都托付给创业者，将是一件非常危险的投资。

成功的创业者多半伴随着其个人独特的领导风格，例如有人固执强势、有人随和热情、有人保守理性、有人开放创新，但无法证明某一种性格特征就一定优于另一种性格特征。事实上，性格多半是先天结合后天环境所产生的，具有相对稳定性，不易改变，但只要能将任一种性格特征充分发挥，它都会有利于创新与创业活动。而没有性格特征的创业者，其成功的机会相对比较低。

但无论具备怎样的性格特征，一位好的创业者都必须是诚实与务实的。如果创业者只会一味吹捧自己产品概念的优越性，大力抨击竞争产品的缺点，完全忽视自己的弱点与不足之处，并且逃避面对创业背后可能存在的风险，这种销售员式的创业者是极端危险的。不懂得虚心面对自己的缺点，过渡膨胀自己的能力，完全忽略经营风险，这种生存在创业梦幻中的创业者，往往要到事业面临高度危机时才会有所觉醒，不过经常为时已晚。投资者将资金交给这样的创业者，将是一件极为愚蠢的决定。事实上，有许多具有优异专业能力的创业者，因为对于创业过程与企业管理经验的不足，因此以强势领导姿态来掩饰自己对于创业无知的惶恐。这样的创业者采取的是过渡膨胀自己熟悉的专业，而贬抑无知的部分，并将失败的过错搪塞给外部环境，而不自动检讨改进，这种创业者必然会一错再错，将企业带入死亡的胡同。

能够清楚地面对一切可能的问题挑战，以虚心的态度向专家与标杆性竞争者学习，知道成功不是一步登天，而是需要经由许多学习与试误的过程才能达到，这种具有专业能力、务实态度、虚心学习精神的创业者，才是所有投资者所企盼的。

新事业发展过程中，需要招揽许多不同的专才，同时在事业不同阶段，对于专业能力需求的程度也不一样，因此成功的创业者知道自己的不足与局限，懂得招揽专才与适时急流勇退。通常在创业初期，事业规模尚小，企业发展重点在运用专业技术能力来开发新产品，对于制度化专业管理的需求不大。但是当事业很快进入一定规模之后，创业者要懂得立即引进强而有力的专业管理人才，取代早期技术挂帅的经营模式。具有这种无私、务实态度的创业者，才是所有投资家所依赖的。

▦ 拓展阅读

戴尔 19 岁就开始创业，他知道自己对于经营管理专业之无知，因此虚心向许多管理专家请教，并在事业规模逐渐扩大时，将执行长职务委托专业经理人。也因为他的虚心就教，所以戴尔电脑的发展就不会因为他的无知而受限，同时戴尔本身的经营管理专业也随着企业成长而相随成长。

总之，创业不是一件简单容易的行为，需要具备一定条件的人格特质才容易吸引他人的追随与赞助。一项针对创业投资所进行的大规模调查指出，投资家主要依据以下10 种要素来衡量创业者的人格特质（简称"10D"）：Dream（理想）、Decisiveness（果断）、Doers（实干）、Determination（决心）、Dedication（奉献）、Devotion（热爱）、Details（周详）、Destiny（使命）、Dollar（金钱观）、Distribute（分享）。"10D"人格特质也是计划创业者自我考量人格特质是否具有吸引力的一种参考。

二、创业者与创业精神

（一）创业者

创业者是指某个人发现某种信息、资源、机会或掌握某种技术，利用或借用相应的平台或载体，将其发现的信息、资源、机会或掌握的技术，以一定的方式，转化、创造成更多的财富、价值，并实现某种追求或目标的人。

香港创业学院院长张世平定义创业者是一种主导劳动方式的领导人，是一种无中生有的创业现象，是一种需要具有使命、荣誉、责任能力的人，是一种组织运用服务、技术、器物作业的人，是一种具有思考、推理、判断的人，是一种能使人追随并在追随的过程中获得利益的人，是一种具有完全权利能力和行为能力的人。

创业者的对应英文单词是 entrepreneur。entrepreneur 有两个基本含义：一是指企业家，即在现有企业中负责经营和决策的领导人；二是指创始人，通常理解为即将创办新企业或者是刚刚创办新企业的领导人。

（二）创业精神

企业精神的本质着重于一种创新活动的行为过程，而非企业家的个性特征。创业精神的主要含义为创新，也就是创业者通过创新的手段，将资源更有效地利用，为市场创造出新的价值。虽然创业常常是以开创新公司的方式产生，但创业精神不一定只存在于新企业。一些成熟的组织，只要创新活动仍然旺盛，该组织依然具备创业精神。

创业精神是在各类社会中刺激经济增长和创造就业机会的一个重要因素。它是一种追求机会的行为，这些机会还不存在于目前资源应用的范围，但未来有可能创造资源应用的新价值。因此我们可以说，创业精神是促成新企业形成、增加收入、发展和成长的原动力。

哈佛大学商学院对其的定义是："创业精神就是一个人不以当前有限的资源为基础而追求商机的精神。"从这个角度上来讲，创业精神代表着一种突破资源限制，通过创新来创造机会、创造资源的行为，而不是简单地体现在创造新企业或体现在创新上。因此，创业精神可以简洁地理解为："没有资源创造资源，没有条件创造条件，用有限资源去创造更大的资源。"

1. 创业精神的特征

（1）高度的综合性。创业精神是由多种精神特质综合作用而成的，诸如创新精神、拼搏精神、进取精神、合作精神等都是形成创业精神的精神特质。

（2）三维整体性。无论是创业精神的产生、形成和内化，还是创业精神的外显、展现与外化，都是由哲学层次的创业思想和创业观念、心理学层次的创业个性和创业意志、行为学层次的创业作风和创业品质三个层面所构成的整体，缺少其中任何一个层面，都无法构成创业精神。

（3）超越历史的先进性。创业精神的最终体现就是创造前无古人的事业，创业精神本身必然具有超越历史的先进性，想前人之不敢想、做前人之不敢做。

（4）鲜明的时代特征。不同时代的人们面对着不同的物质生活和精神生活条件，创业精神的物质基础和精神营养也就各不相同，创业精神的具体内涵就不同。创业精神对创业实践有重要意义，它是创业理想产生的原动力，是创业成功的重要保证。

2. 创业精神的三大要素

以创新为核心的创业精神包含三个主体要素：把握机会、甘冒风险、自我超越。以把握机会为基础的主动性，是创业过程中不可或缺的因素；创业最初即指创业者与普通雇员的区别在于前者的风险承担能力；而不断追求自我超越能够规避创业过程中遇到的"机会主义陷阱"，从而实现创业的持续发展。

（1）把握机会

创业首先由机会启动，然而，要敏锐地把握商业机会，却不是一件容易的事情。由于有限理性的存在，创业精神的发挥是受制约的。从组织外部来看，创业企业难以获得及时的信息和原材料，难以开拓营销渠道和市场。在组织内部，企业纵向和横向沟通有可能不顺畅，信息无法实现充分交流和共享，总部的战略决策可能在信息不充分的情况下被制定出来，这样的战略决策即使是合理的，各个职能部门的内部控制所导致的跨部门管理难度增大，也会使长期发展规划成为一纸空文。因此，在获取尽可能充分信息的基础上进行机会把握，就成为创业者的首要任务。

创业初期，领袖的个人力量可以力挽狂澜。然而，随着企业的发展，这种建立在个人基础上的机会把握意识和能力，便会在更广的市场和更繁多的资源面前捉襟见肘。这时，就需要建立一套完整的系统，在制度上保证机会的把握，即通过机会的发现和判断、机会的遴选和甄别、机会的准备和实施，以及机会的扩充与优化等对机会进行重构，从而发现新的机会，在机会的把握上形成一个正反馈循环。此外，还必须要有制度化、组织化、规范化的运作体系来支撑，才能保证企业长期的可持续性的发展。例如：对机会进行全方位考虑；通过杠杆作用撬动各方面资源；发掘外部力量、建立独立研究机构，对机会的识别进行客观考察和建议等。

拓展阅读

抓住机遇才能成功

1955年，比尔·盖茨出生在美国西部美丽的城市西雅图。11岁时，盖茨进入西雅图最著名的一所私立中学学习。这时正是计算机悄然兴起之时，湖滨中学花巨资购置了一台计算机供学生们了解、学习。好学的比尔·盖茨很快就迷上了计算机。

1973年，盖茨被哈佛录取。哈佛是世界著名大学，这里云集了全美乃至世界各地的优秀学生。

1974年，第一台个人电脑问世的消息激发了比尔·盖茨的全部激情。他决定从哈佛退学，投入到这一场计算机浪潮之中，因为这是一次百年不遇的机会。

1975年，比尔·盖茨和他的好朋友保罗成立了自己的公司。他们将自己的公司取名为微软公司。此时的微软虽然还没有形成大的气候，但是比尔·盖茨以及他的朋友在计算机界已小有名气。

1981年，当时最大的计算机公司IBM公司正式展出其新型个人计算机，轰动一时。而更引人注目的是，为IBM公司提供语言程序的正是年轻的比尔·盖茨领导下的微软公司。经过不懈的努力，微软取得了最终的胜利，在IBM个人电脑问世半年后，微软正式成为个人电脑软件方面的领导者，年仅26岁的比尔·盖茨也一举成名。

（2）甘冒风险

在创业过程中，创业者会面临许多风险，这些风险主要来自以下方面：技术风险、管理风险、市场风险、资本风险。

甘冒风险并不是说创业者必须主动寻找风险、主动拥抱风险，而是指要有敢于承担风险的胆识，善于降低乃至规避风险的能力。

在承担风险的过程中，要考虑以下几个因素：首先，必须测量风险的大小和可能性，以及可能带来的波动效应。其次，必须考虑为应对风险而能调动的资源数量。一个真正出色的冒险家，是懂得谨慎运用手头资源的，因为资源永远是有限的。第三，风险识别和应对系统不应当是建立在个人基础上，而应该是组织化的、制度化的，否则就很难保证其可持续性。

■ 经典案例

大多数创业者通常愿意承担风险，但并不是盲目地去冒险。他们对于自己有兴趣并且能控制结果的挑战，都竭尽全力地接受并加以投入，并从挑战中获取创业的快乐。

史玉柱从他的第一桶金中就尝到了敢于挑战的甜头。1989 年夏，他觉得自己开发的 M-6401 桌面文字处理系统作为产品已经成熟，便用手中仅有的 4000 元承包下天津大学深圳电脑部，该部虽名为电脑部却没有一台电脑，仅有一张营业执照。当时深圳电脑价格最便宜一台也要 8500 元。为了向客户演示、宣传产品，史玉柱决定赌一把，以加价 1000 元的代价获得推迟付款半个月的条件赊得一台电脑。以此方式，如果史玉柱在半个月内没有收入，不能付清电脑款项，不仅赊购的电脑需要交回，押金也将失去。为了尽快打开软件销路，他再下赌注，以软件版权做抵押，在《计算机世界》上先做广告后付款，推广预算共计 17550 元。打出广告后史玉柱天天跑邮局看汇款单，直到第 13 天，他终于收到了第一笔汇款，这才长舒了一口气。此后，汇款单如雪片般飞来，至当年 9 月中旬，史玉柱的销售额已突破 10 万元。史玉柱付清全部欠账，将余下的钱重新投入广告宣传，4 个月后，M-6401 桌面文字处理系统的销售额突破 100 万元。

案例剖析：

试想假如史玉柱当时没有做出这种冒险的行为，M-6401 会不会还未得到推广，就被淹没在了数字化技术更新极快的商海之中？挑战和机遇是并存的，当你面临挑战的时候，可能会有点不安，但因为接受挑战，享受着机遇带给你的回报时，就会得到意想不到的满足感。尤其在创业的过程中，创业者如若总是墨守成规势必会在激烈的竞争中趋于劣势，甚至被淘汰。所以，必要的时候要敢于接受挑战，敢于承担风险，敢于打破常规，只有这样企业才能在激烈的竞争中蓬勃发展，才能在瞬息万变的市场中占有一席之地。

（3）自我超越

越是能够敏锐发现和把握机会，越是感觉有胆识与能力化解风险，创业者就越有可能坠入机会主义陷阱，产生违约、欺诈、损害社会利益甚至触犯法律的行为。这样的创业，是不可持续的，比如盛极一时的山寨手机。因此，创业者必须追求自我超越，以规避"机会主义陷阱"。

从本质上讲，自我超越的目的就是要追求可持续发展。可持续发展是一种战略选择。实行可持续发展战略，就必须强调自主创新能力，通过不断创新，在变化的环境中保持竞争优势，同时避免或尽可能减少对社会、资源、环境等产生矛盾的创新活动，这就是可持续创新。从根本上讲就是以创新的手段，有效地整合多种资源，从而形成收益的可持续性。

创业者可以通过以下几个环节的努力来促进可持续创新。

①观念创新。

企业应当鼓励讨论和采用新的经营思想、新的经营理念、新的经营思路，在实践中形成新的经营方针、新的经营战略或经营策略。麦肯咨询（昆明麦肯企业管理咨询有限公司）在云南省咨询行业的竞争中，积极探索运用新观念来改变当地人群的思维模式和传统观念，成为组织变革领域的领导者。他们发现，当地人的工作和生活方式对经济活动的开展产生了不利影响，比如轻松的心情、宽松的环境、舒适的生活、凡事无所谓的态度等。在旅游产业开发过程中，这些因素已经产生实际的负面作用。因此，麦肯咨询在改造观念方面花大力气，并使客户有更好的体验和认知。

②机制创新。

企业需要把各种创新活动制度化，从根本上保证创新活动的进行。这包括从组织、运营机制、企业文化等方面进行规范化。

③技术创新。

前微软董事长比尔·盖茨总是告诫员工：我们的公司离破产永远只差18个月。企业运用高新技术和先进技术改造传统产业，增加科技含量，促进产品更新换代，提高产品质量和经济效益，是技术创新的重要内容，也是现代企业要在激烈竞争中胜出的必然选择。

④营销创新。

如果产品或服务无法销售出去，企业的生存和发展就无从谈起。企业必须根据营销环境的变化，结合企业自身的资源条件和经营实力，寻求营销要素在某一方面的突破或变革，并实现和维持市场活动的可持续性，包括良好的客户关系、持续的服务优化等。

只要创业者的自我超越扩展到企业和整个经济世界中，就能够成为自动履约机制的前身和基础，实现创业精神从自发到自觉的升华。

第二节　创业团队与团队精神

一、团队与创业团队的概念

（一）团队

管理学家斯蒂芬·P·罗宾斯（Stephen P.Robbins，美国）认为：团队就是由两个或者两个以上的、相互作用、相互依赖的个体，为了特定目标而按照一定规则结合在一起的组织。可以说，有多少教科书就有多少种关于团队的解释，这里把团队定义为：团队是由员工和管理层组成的一个共同体，该共同体合理利用每一个成员的知识和技能协同工作，解决问题，达成共同的目标。

团队以目标为导向、成员之间以协作为基础，团队需要共同的规范和方法、团队成员在技术或技能上形成互补。根据团队存在的目的和拥有自主权的大小可将团队分成四个种类：问题解决型团队、自我管理型团队、多功能型团队、虚拟型团队。结合我国企业培养团队精神的实践，良好的团队精神应具有以下特征：

1. 目标一致性

当团队或群体存在共同目标的时候，价值取向、使命感和利益诉求也变得统一。古话有言"上下同欲者胜，同舟共济者赢"。共同的追求可以使团队拥有使命和灵魂，也是增进团队成员之间团结合作的黏合剂。日本索尼公司创始人盛田昭夫曾经表示，管理成功的关键就在于如何组织全体员工为共同目标而努力，故索尼公司在开创之初就已经制定一个守则："索尼公司是一个开拓者，它从来不想跟在别人后面走路；在前进中要为全世界服务，永远做未知世界的探索者。"即使开拓道路十分困难，索尼公司的员工也要像家人一样紧密地团结在一起，他们的员工都有一个特性，就是喜欢参加有创造性的工作，并且乐意把自己的才智和创意贡献给团队，共同为了公司目标奋斗并为此感到自豪。

▧ 拓展阅读

我们周围随处都可以看到团队存在的重要性，就比如打篮球吧！两队各五人，每个人的任务也都不一样，在这种情况下我们就要发挥好团队合作精神，使队友之间达成默契，配合好最终都会得到一个让人满意的答案。相反团队里的每个人都想谋得私利，那么说明你的这个团队没有存在的意义。因为它体现不出你所想要的结果，队友之间只存在利益，没有共同的目标。

2. 团队的和谐与合作

根据"和"的观念，团队中的人际关系受到了以下三方面的限制：与他人相处；在同一活动中与人合作；建立和保持和谐互助的关系。在社会团体中进行活动，要把自己摆在正确的位置上。团队中每个人的工作都是整个工作流程的重要环节，但同时又缺少不了别人的协助，这是一个成功团队该有的心理暗示。工作过程就像处于运行中的齿轮，整体的工作水平必须依靠个体的工作完善和提高，再者，合作和互助也是必不可少的。由此可见，和谐与合作的团队关系能够使整个机体拥有更大的凝聚力。

> ### ▓ 职场箴言
>
> 如果一个人有能力但是不懂得团结别人，那么他的能力在发挥时必然会受到限制，甚至被淘汰出局。我们更需要那些既有能力又能团结的人，如果二者不可兼得，那么我们很有可能会忍痛选择后者。
>
> ——柳传志

3. 个性适度张扬

团队保持和谐一致，这与不排斥个性差异的观点并不矛盾。团队之间应认可个性差异存在的价值，必须承认只要是个体必定会存在差异这一现实，并鼓励开发成员个性。但这种开发应当是适度的，必须在保持整体和谐的基础之上进行开发。在拥有良好团队氛围的集体里，成员们可以以一种轻松愉悦的心情工作。如索尼公司高层管理者每年从每个员工那里得到8条建议，并认真对待这些建议。管理者既重视集体智慧，又充分肯定个人价值，因而使管理行为行之有效。

4. 注重自我管理

所谓自我管理，本质就是适当的行为。适当的行为是指一个人和其他人的关系是在相互作用的环境中培养的，个人的"违"会影响到团队的"和"。因此每个人应适当地约束自己，这就是个体主动求"和"的行为表现，应注重不断提高个人的修养。"和而不违"并不主要依靠制度的约束和命令，更主要的是来自于团队成员内心价值观对于"和"的认同。在一个有良好氛围的团队中，管理者应当适当淡化自己的领导身份，与下属讨论问题或协商工作时，把自己摆在一个互相平等的位置上更有利于进行有效的沟通。

（二）创业团队

创业团队是指在创业初期（包括企业成立前和成立早期），由一群才能互补、责任共担、愿为共同的创业目标而奋斗的人所组成的特殊群体。

现代企业的成长，需要少走付出较大代价的弯路，而从一开始就走规范化管理道路。因此，创业者在注册公司时就应该注重组建创业团队。一个好的创业团队对新创企业的成功起着举足轻重的作用。创新企业的发展潜力与企业管理团队的素质之间有着十分紧密的联系。一个喜欢独立奋斗的创业者固然可以谋生，然而一个团队的营造者却能够创建出一个组织或一个公司，而且是一个能够创造重要价值并有收益选择权的公司。创业团队的凝聚力、合作精神、立足长远目标的敬业精神会帮助新创企业渡过危难时刻，加快成长步伐。另外，团队成员之间的互补、协调以及与创业者之间的补充和平衡，对新创企业降低管理风险、提高管理水平都会产生很大的作用。

拓展阅读

我的三次合作创业经历

大学毕业后，我曾经历三次创业合作。第一次是2003年6月份，我刚刚从公司出来，带着一个同事合作，做起了一个项目的代理。我们资金合在一起，他因为还要上班，于是我负责整个经营，他负责财务，期间遇到很多从没有遇到的问题，我们一起协商解决，在困难的时候确实感觉到合作的力量，至少问题面前商量的人多，智慧就多，问题就好解决。我们做得非常好，同行开始败落，我们成为最后的胜利者。

第二次合作在2004年10月份，随着我们合作发展的不断进步，我的其他朋友要求一起参与，做全国市场。因为各种原因，由我的一个朋友做法人，全权负责经营，他不懂得我们这块业务，导致合作过程中出现一系列问题：分工不明确，合作没有书面严格的要求，出现外行管理内行、合作不信任、运作不踏实、内部缺乏监督制约等问题，带来很大的风险与危机，结果一步步走向失败。

第三次合作是我们组建了股份公司，在吸取第二次合作失败的基础上，我选择的合作伙伴虽然比较精明多疑，但是我们在合作前制定了协议，大家必须遵守制度。虽然多次发生股东意见分歧，但是面对原则，谁也不敢妄动。运营开始慢慢好转，现在我们的项目，已经打开全国市场，并且地方市场也在好转。

总结三次合作：第一次合作2个人，简单约定，一个全面负责，一个负责财务，经营很好，主要是分工明确，处理好合作的原则问题，财务互相监督，分配规则意见一致。第二次合作5个人，老总不是内行，作风松散，合作前只有股权分配办法，没有发展的纲要，没有良好的监督以及预算机制，不能很好地协调与制约，出现几个人一起管理，失败是难免的。第三次合作3个人，合作伙伴各有特长。外行是大股东，刚开始主要全盘操控市场，但是因为合作前达成协议，对于企业发展不能提出好的发展方案，没有解决问题的能力，就自动退出管理层。此外，财务等各项监督机制完善，各股东明确自己的责任，严格遵守协议原则规定的内容，保证了市场开拓的畅通。

评析：创业团队人数多少不是成败的关键。关键因素在于：一是合作原则要明确，要能够互相监督，股权明确、财务清晰；二是能者上，庸者下；三是合作应当尽可能做到优势互补、资源共享。

1. 创业团队的组成

一般而言，创业团队由四大要素组成：

（1）人。团队或者企业的既定目标需要由个体来实现，人是整个创业团队中最核心的资源，因此选择团队中的人需十分慎重。对于一个创业团队而言，成员之间除了拥有共同创业理念和目标之外，还需要有思维与能力的互补。一个企业的创立需要很多层面的擅长者，如决策者、管理者、宏观把握者、计划制订者、对外沟通者等。这些引领企业发展的初创成员必须在团队中寻找一个平衡点，并尽量保持创业团队成员的多元化，并且让成员之间的优势处于一种互补而非叠加的状态。

因此创业团队在成员构成上要把握三个"相同"：即创业理念和目标相同，金钱观相同，价值观相同；把握三个"互补"：资源互补，性格互补，能力互补。

（2）目标。团队都有一个共通点，就是必须拥有共同的目标。团队没有目标，就好像一艘没有舵的航船，最终会迷失方向。因此创业团队成立时应该有明确的目标和创业方向，引领团队成员抓住机会并准确把握时机和商机。除此之外，明确的目标能够使创业团队清楚组织需要哪方面的人才和资源，在寻找合作伙伴或者雇佣员工时都能事半功倍，从而提高团队的综合实力。

（3）职责分配。创业团队的必备条件之一是合理的职能分配。创业团队的成员都必须有职责上的分配，即每个成员在团队中所负担的责任及拥有的权利。职能的分配要根据每个成员的特长和优势来确定，这样才能保证成员发挥自己的最大优势。除此之外，创业团队还需明确每个成员的权力，在具体进行决策的时候对成员进行适当的分权，可以更快、更准确地帮助团队做出决定。

（4）计划。创业团队成功的前提是拥有准确详细的计划，这是实现创业目标的先决条件。制订计划，不仅要充分考虑创业企业的内、外部环境，还要分析企业自身的优势、劣势等各方面因素。明确的目标、合适的成员、清晰的职责分工，这些都需要有周密的计划来引导企业团队完成工作目标。一份合理详尽的计划能为企业的管理活动提供可靠的依据，使创业团队的目标和发展始终保持一致，从而使创业企业在正确的轨道上不断前进。

2. 创业团队类型

（1）核心主导创业团队

这是一种有核心主导的创业团队，由一个核心来确定和组成所需要的团队。

组建团队的人往往是想到了一个商业点子或者抓住了一个商业机会，由核心人员来组建团队，一般这个组建团队的人都是这个团队的领导核心，其他的成员围绕着这个领导核心运转。例如太阳微系统公司（Sun Microsystem）的创业者，维诺德·科尔斯勒最初确立了多用途开放工作站的概念，接着他找来了另外两名软件和硬件方面的专家，分别是乔伊和贝克托克姆，协助他创业的还有一名具有实际制造经验和公关能力的麦克托里，于是，这个创业团队诞生了。这种创业团队有几个明显的特点：

①权力过分集中，容易决策失误加大风险。

②当团队成员之间产生矛盾时，特别是主导人物与某一团队成员之间发生冲突，可能由于核心主导人物的特殊权威影响到其他团队成员，在冲突被激化时，成员一般都会选择离开团队，对组织的团结影响较大。

③由于核心主导人物的领导关系，组织的结构较为紧密，向心力和凝聚力强，主导人在组织中的行为对其他个体的影响力大。

④决策程序由领导人物占主要引导位置，相对一般团体的决策程序简单，在一定程

度上可提高组织效率。

（2）群体性创业团队

群体性创业团队的建立主要来自于因为经验、友谊和共同兴趣而结缘的伙伴。在交往过程中，一起发现某一商机，共同认可某一创业想法，并就创业意向达成共识后，开始共同进行创业。

这种创业团队的成员之间可能因为经验、专长和共同目标等因素走到了一起，他们之间起初并没有核心，但通过一起发现商业机会和发挥各自专业优势后，在团队的组建中慢慢形成了核心团队。通常群体性创业团队的成员都能充分运用团队内部分工，成员之间呈圆桌形状参与在团队活动之中，这些参与者都具有较大的发言权，相互持有平等关系和团队协作关系。例如，雅虎的杨致远和斯坦福电机研究所博士班的同学大卫·费罗，惠普的戴维·帕卡德和他在斯坦福大学的同学比尔·休利特，微软的比尔·盖茨和童年玩伴保罗·艾伦等都是基于一些互动激发出创业点子，或者由于关系密切，兴趣相投而合伙创业的。这种创业团队有几个明显的特点：

①组织决策的时候，一般采用集体决策的方法，需要采集大量的成员意见进行整合和讨论才能达成一致意见，决策效率相对较低。

②团队中没有明显的核心与领导人物，容易造成结构松散的局面。

③由于团队成员在团队中的地位相似，在团队中形成多人领导的局面，当意见不一致的时候容易产生争执。

④当团队成员之间发生冲突的时候，一般采取积极的态度去消除冲突，并进行有效的沟通和协商，团队的成员不会轻易离开。但是当成员间的冲突被进一步激化时，若某些成员撤出团队，很容易导致整个团队的涣散。

（三）一般团队和创业团队的区别

团队是当今时代备受推崇的名词之一。在一个优秀的团队里面，成员之间能够互相弥补缺漏，相互之间取长补短能够使团队更加具有战斗力。团队毕竟不能等同于组织，企业和事业的发展依靠组织的力量，组织自身需要培育能力。也就是说，创业者要把创业团队当成一个组织来进行培养，在组织的框架中发挥其团队的力量。为此就需要成熟的管理机制来支撑，但往往创业者们似乎做得并不够。

创业者们应意识到在资源有限的情况下对机会进行追寻与开发是至关重要的，而组建创业团队本身就是一个资源整合的过程。创业团队与一般团队的组建、基本特征、管理模式等方面都存在差异，如下表所示。一般团队的组建通常只是为了解决某一特定问题或完成某一特定任务，当问题或任务得到解决的时候，团队就完成使命，团队里的绝大多数成员并不处于企业的高层位置，只是一个临时组建起来的组织。

创业团队一般都要求成员拥有股份，而一般团队成员未必要求成员拥有股份，其对公司的情感性承诺、连续性承诺和规范性承诺不高，通常只是关注战术或者执行层面的问题。

表 2.1　一般团队和创业团队区别分析

比较项目	一般团队	创业团队
目的	解决某类或者某个具体问题	开创新企业或者拓展新事业
权益分享	并不必然拥有股份	一般在企业中都拥有股份
职务等级	成员并不局限于高层管理者职位	成员处在高层管理者职位
影响范围	只是影响局部性、任务性的问题	影响组织决策的各个层面，涉及范围宽
组织依据	基于解决特定问题而临时组建在一起	基于目标远景而经常性地一起共事
关注视角	战术性、执行性的问题	战略性的决策问题
领导方式	受公司最高层的直接领导和指挥	以高管层的自主管理为主
成员对团队的承诺	较低	高
成员与团队的心理契约	心理契约关系不正式，且影响小	心理契约关系特别重要，直接影响公司决策

二、创业团队的价值与意义

职场箴言

带走我的员工，把我的工厂留下，不久后工厂就会长满杂草；拿走我的工厂，把我的员工留下，不久后我们还会有个更好的工厂。

——安德鲁·卡内基（钢铁大王）

团队对一个创业者来说，在其创业的道路上起着至关重要的作用，其主要表现在以下四个方面：

（一）团队是创业者的创业基石

创业不可能是一个人完成的。再成功的企业，人才都是企业发展过程中的重要因素。当然，这个团队未必能在最初的时候就如铜墙铁壁坚不可摧，但因为多人多能，各尽所需的配比与互补，使得哪怕每个人仅仅在所在领域驾驭一点点的经验，也可以让团队整体的力量很强大。所以团队于创业者，就如同水之于鱼，确实是必不可少的因素。

（二）团队如同镜子，让创业者可以看清自我

一个好的团队，具有一种最重要的品质，就是肯担当，愿意成全。从最开始大家一起成全创业者，到最后创业者成全团队，这种互动与互进，让创业者在创业途中总能看清自己，无论是风光时、还是失败时都不至于过分喜悲。

（三）团队是一个企业真正的资本

资本除了实物资本与货币资金，还有最重要的一项就是人才，而由一群人才构成的创业之初的团队，正是这众多最优质资本的总和。所以，作为一位好的创业者，创业初期，组建好创业团队，合理分工协作完成创业目标是创业成功的关键。创业者应充分发挥团队成员的优势，建立团队这个优质资本账户。

（四）团队扶持，让创业之路不孤单

"德不孤，必有邻。"一个创业的企业家，应该比谁都清楚，人与人在一起叫聚会，心与心在一起叫团队的道理。所以，一定要竭尽所能让这批不同的人，有不同追求的心，最终可以围绕着创业目标，团结在一起，共同发光发热。

三、团队精神的基本内涵

拓展阅读

有寓言故事说，在非洲的草原上如果见到羚羊在奔跑，那一定是狮子来了；如果见到狮子在躲避，那就是象群发怒了；如果见到成百上千的狮子和大象集体逃命的壮观景象，那是什么来了？蚂蚁军团！到底是什么决定了蚂蚁军团的强大呢？是一种团队的力量！

（一）什么是团队精神

团队精神是高绩效团队中的灵魂，是成功团队身上难以琢磨的特质，没有多少人能清楚地描述团队的精神，但每一个团队成员都能感受到团队精神的存在和力量。

在好的团队中工作的人们会觉得心情比较舒畅，干劲也很足，大家的协作性很强，能够创造出一些使人骄傲的业绩；在不好的团队中人们觉得钩心斗角的情形较多，心情压抑，团队在内忧外患中生产力直线下降，业绩惨淡。有团队精神的团队，团队成员的个人智商能得到极大的开发与发展，团队的力量远大于个人的力量。反过来，一个没有团队精神的团队，团队成员消极怠工，没有合作，缺乏活力，一团死水，无法达成个人与团队的目标。出现这种情形的关键要素就是团队文化不一样，也就是所说的团队精神。

团队精神是指团队的成员为了团队的利益和目标而相互协作、尽心尽力的意愿和作风。

（二）团队精神的基本要素

1. 团队精神的基础——挥洒个性

团队业绩从根本上说，首先来自于团队成员个人的成果，其次来自于集体成果。团队所依赖的是个体成员的共同贡献，而得到实实在在的集体成果。这里恰恰不要求团队

成员都牺牲自我去完成同一件事情，而要求团队成员都发挥自我去做好同一件事情。就是说，团队效率的培养，团队精神的形成，其基础是尊重个人的兴趣和成就。设置不同的岗位，选拔不同的人才，给予不同的待遇、培养和肯定，让每一个成员都拥有特长，都表现特长，这样的氛围越浓厚越好。

2. 团队精神的外在形式——积极奉献

团队总是有着明确的目标，实现这些目标不可能总是一帆风顺的。因此，具有团队精神的人，总是以一种强烈的责任感，充满活力和热情，为了确保完成团队赋予的使命，和同事一起，努力奋斗、积极进取、创造性地工作。在团队成员对团队事务的态度上，团队精神表现为团队成员在自己的岗位上"尽心尽力"，"主动"为了整体的和谐而甘当配角，"自愿"为团队的利益放弃自己的私利。

3. 团队精神的核心——协同合作

社会学实验表明，两个人以团队的方式相互协作、优势互补，其工作绩效明显优于两个人单干时绩效的总和。团队精神强调的不仅仅是一般意义上的合作与齐心协力，它要求发挥团队的优势，其核心在于大家在工作中加强沟通，利用个性和能力差异，在团结协作中实现优势互补，发挥积极协同效应，带来"1+1>2"的绩效。因此，共同完成目标任务的保证，就在于团队成员才能上的互补，在于发挥每个人的特长，使之产生协同效应。

4. 团队精神的最高境界——团结一致

全体成员的向心力、凝聚力是从松散的个人集合走向团队最重要的标志。有一个共同的目标并鼓励所有成员为之奋斗固然是重要的，但是，向心力与凝聚力来自于团队成员自觉的内心动力，来自于共同的价值观，共同的价值观是团队得以持续发展的原动力。很难想象在没有展示自我机会的团队里能形成真正的向心力；同样也很难想象，在没有明确的协作意愿和协作方式下能形成真正的凝聚力。

（三）团队精神的功能

纵观当今职场，团队成为企业生存和发展不可或缺的重要因素，个人独闯天下的成功机会微乎其微。而要建立一个强有力的团队，每一个员工必须树立团队精神，统一思想、团结合作、步调一致，以团队和企业利益为重。只要团队成员精诚合作，定能战胜困难、摆脱险境、创造奇迹。

1. 目标导向功能

团队精神能够使团队成员齐心协力，拧成一股绳，朝着一个目标努力。对团队的个人来说，团队要达到的目标即是自己必须努力的方向，从而使团队的整体目标分解成各个小目标，在每个队员身上都得到落实。

2．团结凝聚功能

任何组织群体都需要一种凝聚力，团队精神通过对群体意识的培养，通过队员在长期的实践中形成的习惯、信仰、动机、兴趣等文化心理，来沟通人们的思想，引导人们产生共同的使命感、归属感和认同感，逐渐强化团队精神，产生一种强大的凝聚力。

3．促进激励功能

团队精神要靠每一个队员自觉地向团队中最优秀的员工看齐，通过队员之间正常的竞争达到实现有效激励的目的。这种激励不是单纯停留在物质基础上，而是要能得到团队的认可，获得团队中其他队员的赞许。

4．实现控制功能

在团队里，不仅队员的个体行为需要控制，群体行为也需要协调。团队精神所产生的控制功能，是通过团队内部所形成的一种观念的力量、氛围的影响，去约束、规范、控制团队的个体行为。这种控制不是自上而下的硬性强制力量，而是由硬性控制向软性内化控制；由控制个人行为，转向控制个人的意识；由控制个人的短期行为，转向对其价值观和长期目标的控制。因此，这种控制更为持久且更有意义，而且容易深入人心。

第三节　创业团队的组建与管理

一、创业团队组建的基本原则

在市场化日趋规范的商业社会里，团队创业成功的概率要远远高于个人创业。团队创业也是大多数人采取的创业方式，一个团队提供的技术、经验、人脉关系或者声誉等都大于个人能够提供的资源。因此，想要取得创业成功，其中一个至关重要的因素，就是顺利组建一支核心团队。在组建的创业团队中，应当充分发挥团队成员的作用，只有这样，才能更快更准确地发现并解决创业过程中可能遇到的难题。

（一）创业团队组建的基本原则

创业者若想组建一支优秀的创业团队，首先应当明确创业团队组建的一些基本原则。

1．目标一致原则

在创业初期，创业团队的核心领导人物或群体中的各个成员应经过商讨，确定企业的发展目标及公司愿景，并弄清企业的奋斗方向。在订立目标的时候也需要一定技巧，应切合企业的实际情况，订立可实行的合理目标，切忌好高骛远，在企业初创期间订立团队难以达到的目标，不能真正达到激励企业前进的目的。

2. 精简高效原则

为了节省创业初期的投资，能够以少投入多产出的方式获取成果，创业团队人员应当根据企业的具体规模谨慎选择成员数量。当企业初创并且规模不大时，团队人员过多会加大创业的难度和企业的负担。因此创业团队应在保证企业正常运营的情况下尽量精简，这样也可以避免责任分散。

3. 互补原则

创业者之所以选择以团队的方式开办企业，其目的就在于创业团队成员之间可以互相取长补短，让问题得到更好的解决。只有当团队成员在各个领域之间都有所专长的时候，企业运营过程中所需要的经验、技术、知识等才能够得以满足，并且发挥出协同效应。

4. 动态原则

企业初创期间充满了不确定性，刚创立的团队也欠缺稳定性。因此在团队成长和企业刚开始发展的阶段，可能会由于内部因素或者外部环境因素等影响使得团队成员有所变化：可能因为观念的不同、意见分歧，导致成员离开；可能因为团队的壮大，带来新成员的加入。所以团队必须保持和平衡动态性，才能让更多适合团队的人加入。

（二）创业团队组建的主要影响因素

创业团队的组建受多种因素的影响，这些因素相互作用共同影响着组建过程并进一步影响着团队建成后的运行效率。

1. 创业者

创业者的能力和思想意识从根本上决定了是否要组建创业团队、团队组建的时间表以及存在的差距，以及对什么时候需要引进什么样的人员才能和自己形成互补做出准确判断。

2. 商机

不同类型的商机需要不同类型的创业团队。创业者应根据创业者与商机间的匹配程度，决定是否要组建团队以及何时、如何组建团队。

3. 团队目标与价值观

共同的价值观、统一的目标是组建创业团队的前提，团队成员若不认可团队目标，就不可能全心全意为此目标的实现而与其他团队成员相互合作、共同奋斗。而不同的价值观将直接导致团队成员在创业过程中脱离团队，进而削弱创业团队作用的发挥。没有一致的目标和共同的价值观，创业团队即使组建起来，也无法形成有效发挥协同并形成团队的战斗力。

4. 团队成员能力

团队成员的能力总和决定了创业团队整体能力和发展潜力。创业团队成员的才能互补是组建创业团队的必要条件，而团队成员间的互信是形成团队的基础。团队成员之间缺乏信任，将直接导致团队成员间协作障碍的出现。

5. 外部环境

创业团队的生存和发展直接受到了政策性环境、基础设施服务、经济环境、社会环境、市场环境、资源环境等多种外部要素的影响。这些外部环境要素从宏观上直接或间接地影响着创业团队的组建。

二、创业团队组建的基本流程

创业团队的组建是一个相当复杂的过程，不同类型的创业项目所需的团队不一样，创建步骤也不完全相同。大体上，组建创业团队遵循以下基本流程：

（一）明确创业目标

创业团队的总目标就是要通过完成创业阶段的技术、市场、规划、组织、管理等各项工作，实现企业从无到有、从起步到成熟。总目标确定之后，为了推动团队最终实现创业目标，再将总目标加以分解，设定若干可行的、阶段性的子目标。

（二）制订创业计划

在确定了阶段性子目标以及总目标之后，紧接着就要研究如何实现这些目标，这就需要制订周密的创业计划。创业计划是在对创业目标进行具体分解的基础上，以团队为整体来考虑的计划，创业计划确定了在不同的创业阶段需要完成的阶段性任务，通过逐步实现这些阶段性目标来最终实现创业目标。

（三）招募合适的人员

招募合适的人员是创业团队组建最关键的一步。关于创业团队成员的招募，主要应考虑两个方面：一是考虑互补性，即考虑其能否与其他成员在能力或技术上形成互补。这种互补性形成既有助于强化团队成员间彼此的合作，又能保证整个团队的战斗力，更好地发挥团队的作用。一般而言，创业团队至少需要管理、技术和营销三个方面的人才。只有这三个方面的人才形成良好的沟通协作关系后，创业团队才可能实现稳定高效。二是考虑适度规模，适度的团队规模是保证团队高效运转的重要条件。团队成员太少则无法实现团队的功能和优势，而过多又可能会产生交流的障碍，团队很可能会分裂成许多较小的团体，进而大大削弱团队的凝聚力。一般认为，创业团队的规模控制在 3 ~ 7 人最佳。

（四）职权划分

为了保证团队成员执行创业计划、顺利开展各项工作，必须预先在团队内部进行职权的划分。创业团队的职权划分就是根据执行创业计划的需要，具体确定每个团队成员所要担负的职责以及相应所规定的权限。团队成员间职权的划分必须明确，既要避免职权的重叠和交叉，也要避免无人承担造成工作上的疏漏。此外，由于还处于企业初创阶段，面临的创业环境又是动态复杂的，不断会出现新的问题，团队成员可能不断出现更换，因此创业团队成员的职权也应根据需要不断地进行调整。

（五）构建创业团队制度体系

创业团队制度体系体现了创业团队对成员的控制和激励能力，主要包括了团队的各种约束制度和各种激励制度。一方面，创业团队通过各种约束制度（主要包括纪律条例、组织条例、财务条例、保密条例等）指导其成员避免做出不利于团队和企业发展的行为，实现对其的行为进行有效的约束、保证团队的稳定秩序。另一方面，创业团队要实现高效运作需要完善激励机制（主要包括利益分配方案、奖惩制度、考核标准、激励措施等），使团队成员看到随着创业目标的实现，其自身利益将会得到怎样的改变，从而达到充分调动成员的积极性、最大限度发挥团队成员作用的目的。要实现有效的激励，首先要把团队成员的收益模式界定清楚，尤其是关于股权、奖惩等与团队成员利益密切相关的事宜。需要注意的是，创业团队的制度体系应以规范化的书面形式确定下来，以免带来不必要的混乱。

（六）团队的调整融合

完美的创业团队并非创业一开始就能建立起来的，很多时候是在企业创立一定时间以后随着企业的发展逐步形成的。随着团队的运作，团队组建时在人员匹配、制度设计、职权划分等方面的不合理之处会逐渐暴露出来，这时就需要对团队进行调整融合。由于问题的暴露需要一个过程，因此团队调整融合也应是一个动态持续的过程。在完成了前面的工作步骤之后，针对运行中出现的问题，不断地对前面的步骤进行调整直至满足实践需要为止。在进行团队调整融合的过程中，最为重要的是要保证团队成员之间经常有效的沟通与协调，培养强化团队精神，提升团队士气。

三、创业团队成员选择

创业如同拔河比赛，人心齐，泰山移；如同赛龙舟，步调一致，不偏不倚，才能独占鳌头。创业浪潮中"项目秀""个人秀"的时代正在结束，团队的力量逐渐被越来越多的人看好。宁要一流的人才和二流的项目，也不要一流的项目和二流的人才，无论是团队，还是个人，很多时候我们都渴望有和我们一起联手打天下的黄金搭档，但是这样的团队人员也不是那么容易找到的，所以一定要慎重又慎重地进行选择。

在"大众创业，万众创新"的时代背景下，要想获得创业的成功，组建创业团队，就必须在创业前慎重选择成员。团队成员拥有共同的目标，对完成团队目标充满自信与期待，成员之间应彼此负责、彼此信任，齐心协力，共同创业。只有适合创业企业的成员才被吸收进入创业团队，进行企业的管理运作。

（一）选择创业团队人员应注意的问题

1. 团队成员加入的目的

根据马斯洛的需求层次理论，人的需求大体上可以分为五个层次：生理需求、安全需求、社交的需求、尊重的需求、自我实现的需求。团队成员基于哪个层次的需求而加入团队，对其在组织中的行为方式起着决定性作用。比如，对一个目前还缺乏基本生活保障的人来说，更注意组织获利能力，更迫切地想赚钱养家糊口，这就有可能导致企业逐利的短期行为。而基于自我实现需要的成员，更注意企业的未来发展，想把事业做大，充分展示自己的价值。企业对他来说是实现抱负的最好舞台，因此，更注重组织战略目标的确定和执行。

2. 团队成员的知识结构

在一个创业团队中，成员的知识结构越合理，创业的成功性越大。纯粹的技术人员组成的公司容易形成技术为上、产品为导向的情况，从而使产品的研发与市场脱节；全部是市场和销售人员组成的创业团队缺乏对技术的领悟力和敏感性，也容易迷失方向。因此，在创业团队的成员选择上，必须充分注意人员的知识结构：技术、管理、市场、销售等等，充分发挥个人的知识和经验优势。

3. 团队成员的性格、个性、兴趣

创业团队在形成初期，都没有注意成员的个性特征。一些因为私交很好而在一起的伙伴，例如朋友、同事、同学、校友、亲戚等，多是由人际关系来寻找共同创业的伙伴，或是有相似的理念和观点，例如具有相近技术研发背景的人，基于对某一技术的狂热而结合。在创业初期，大家同甘苦，共患难，怀着满腔的创业热情而工作，在这种情况下，团队成员在性格上的差异和处理问题的不同态度就容易被掩盖，从而表现出相近的行为方式。而一旦企业发展到某个阶段的时候，由于个性冲突导致的矛盾就会激化，使创业团队出现裂痕，严重的还会导致团队分裂。

4. 团队成员的价值观

在一个创业团队中，成员的价值观念和道德品质决定了今后企业文化的形成。一般来说，企业文化最初源头就是企业创始人自身价值观念和道德品质的体现。有的人诚信为本，有的人利益之上；有的人"天下兴亡，匹夫有责"，具有极强的社会责任感，有的人"事不关己，高高挂起"，只求独善其身。人的价值观念一旦形成就很难改变，因此，在创业团队形成之前，必须通过深度交流和全方位的了解，价值观念相近、个人素质较高的人在一起组成的团队，创业的成功性更大。

（二）对创业团队成员选择的建议

很多创业者在创业的过程中会认为，组成一个创业团队只要有技术、市场、运营互补的人才就可以搞定一切，可是事实并非如此简单，在经济快速发展的今天，组建创业团队，至少需要以下四类人：

第一，懂商业的人，就是能判别出做的项目有没有市场，能带领团队找到最优的商业模式。

第二，能策划好业务的人，他所策划的业务，只需在懂商业的人的商业模式指引下，迅速找到业务的突破口，将业务的利益链条策划如何链接，如何高效匹配，最终满足业务的关联方。

第三，有强大业务推广能力的人，具有较为专业的推广技能，能找到按阶段推广业务的有效手段，运用现有资源，达到最佳效果。

第四，能将前三类人聚在一起，做好高效沟通、协调、引导、监督工作，以便指引团队做正确的事和正确地做事的人。一个团队的工作是否高效、无摩擦地按照公司的战略规划执行，这类人的作用显得尤为重要。

创业团队是发展创业型经济的一种重要创业模式。在中国经济飞速发展的大背景下，重视创业团队成员的选择以帮助选择合适的创业团队成员，对保证创业的成功及企业的可持续发展具有重要意义。

四、创业团队管理

（一）目标管理

1954 年，美国著名管理学家德鲁克在其著作《管理的实践》中最先提出了"目标管理"的概念。目标管理是以目标为导向，以人为中心，以成果为标准，使组织和个人取得最佳业绩的现代管理方法。

目标管理亦称"成果管理"，俗称责任制，是指在企业员工的积极参与下，自上而下地确定工作目标，并在工作中实行"自我控制"，从而保证目标实现的一种管理办法。因此管理者应该通过目标对下级进行管理，当企业最高层管理者确定了组织目标后，对其进行有效分解，使其转变成各个部门以及各个人的分目标，管理者根据分目标的完成情况对下级进行考核、评价和奖惩。

它与传统管理方式相比有其鲜明的特点，可概括为：

1. 重视人的因素

人是组成创业团队最主要、能动性最强的资源。创业团队很多问题难以得到解决是因为人员管理不妥，导致员工目标与企业目标不一致、意见难以协调。目标管理是一种全员参与的、民主的、自我控制的管理制度，也是一种把个人需求与企业目标结合起来的管理制度。在这一制度下，上级与下级的关系是平等、尊重、支持、依赖的，下级在承诺目标和被授权之后是自觉、自主和自治的。

2. 确定目标体系

将企业的整体目标逐级分解，转换为各部门、各成员的分目标。从企业整体目标到经营单位目标，再到部门目标，最后到个人目标，其中权、责、利三者明确，相互约束。分目标与总目标方向一致，各分目标相互配合，形成协调统一的目标体系。只有每个分目标逐个完成以后，总目标才有希望完成。

3. 重视成果

目标管理以制定目标为起点，以考核目标完成情况为终点。评定目标完成程度的标准是工作成果，这个标准同时也是人事考核和奖惩的依据，是评价管理工作绩效的唯一标志。达成目标的具体过程、途径和方法，上级并不过多干预。由此看出，目标管理监督的成分很少，而控制目标实现的能力很强。

（二）定位管理

创业团队的定位包含两层意思：一是创业团队的定位，二是个体创业者的定位。

1. 创业团队的定位

创业团队的定位主要包含如下内容：

（1）创业团队在企业中处于什么位置。

（2）由谁选择和决定团队的成员。

（3）创业团队最终应对谁负责。

（4）创业团队采取什么方式激励下属。

2. 个体创业者的定位

创业成员在创业团队中扮演什么角色，是制订计划还是具体实施，是辅助参谋还是评估考核；是大家共同出资，委派某个人执行管理，还是大家共同出资，共同参与管理，或是共同出资，聘请第三方（职业经理人）实施管理，这主要取决于个体创业者在创业团队的定位。

除了创业团队内部定位管理以外，一个优秀的创业团队还必须具备对市场定位管理的能力。被誉为"定位之父"的美国特劳特咨询公司总裁杰克·特劳特先生于1969年在《定位：同质化时代的竞争之道》论文中首次提出了商业中的"定位"，1972年在《定位时代》中开创了定位理论，并提出随着商业竞争日益兴起，企业应先在外部竞争中给自身价值一个定位，再引入企业内部作为战略核心，形成独具特色的运营管理系统。定位选择不仅决定企业将开展哪些运营活动、如何配置各项活动，还决定着各项活动之间如何关联，怎样形成战略匹配。这也体现了明晰的战略定位管理思维。定位管理为创业企业指明了方向，创业团队也可依据战略定位确定团队组织的规模、范围和结构。

（三）计划管理

创业团队计划管理的目的，是通过对计划的编撰、执行、调整、考核等过程，来组织、指导、调节、实现企业团队的目标、原则，以实现更好的团队管理目标。

1. 团队计划的组成要素

（1）明确定义目标。

（2）认识定义目标的含义。

（3）找到实现目标的最佳办法。

（4）明确每个员工的职责。

（5）建立合理的目标实现计划表。

（6）制订备用计划。

（7）使每一个目标标准化，确保目标完成，进度可控。

2. 团队计划的工作流程

工作流程之所以有用，是因为它能给企业提供考察每个步骤是否必要的依据。制订团队计划流程有以下基本步骤：

（1）明确要做哪些工作。

（2）哪些工作是必需的。

（3）此项工作对谁负责。

（4）工作完成的最佳时间。

（5）工作完成的最佳地点。

（6）工作完成的最佳方法。

（四）职权管理

每一个职位都具有某种特定的、内在的权力，而任职者可以从该职位的等级或头衔中获得这种权力。因此，职权与组织内的职位相关，是一种职位权，而与担任该职位管理的个人特性无关，它与任职者也无直接关系。"国王死了，国王万岁"的表述说明了这一意思：不管国王是谁，国王职位所固有的权力依然存在。某人被辞退掉有权的职位，离职者就不再享有该职位的任何权力，职权仍保留在该职位中，并给予新的任职者。

创业团队当中领导人的职权大小，与其团队的发展阶段和创业实体所在行业相关。一般来说，创业团队越成熟，领导者所拥有的权力相应越小，在创业团队发展的初期阶段领导权相对比较集中。优秀的职权管理，应当能够解决以下几个问题：

1. 让团队成员拥有独立决策的权力

授予团队成员独立的决策权力，而不仅仅让他们参与其中。独立的决策权力表现为：持久性，团队成员做出的决定能够起到一定时间内不随意改变的作用；可选择性，团队成员可自主通过完善的选举制度选举公认的领导者。而团队成员在拥有独立的决策能力的同时，也必须制定出自己的目标和义务，并使目标和义务对每一个成员都有所影响。

2. 提高团队工作效率

当团队成员未得到真正授权或获取权力主要职责未明确，则会影响团队工作的效率，通过职权管理可以改变这种情形。首先应培训团队成员，在确保能够提高团队成员的绩效和职权认知的情况下，减轻各成员的工作压力，最后使得团队能够通过对职员的职权行使好坏制定奖惩制度，以提高团队的效率。

3. 消除内部矛盾

创业团队往往面临着授权与选择的困难。有的决策者会从各方面考虑自己将要授权的对象，其中有一点就是如何使授权后团队的矛盾降到最低。通过职权管理，明确每个人的具体职责，防止势利保护和中层管理者的反对，并尽量统一上级与下级的意见，解决上下级矛盾，使团队在一个更加融洽的环境下高效地运作。

（五）人员管理

1. 人员的配置管理

对于一个创业团队而言，人员配置的前提是人员的互补度和融合度。这在很大程度上决定了团队凝聚力的大小。除此之外，按照工作的目标、任务、工作要求分配团队人员，应达到人与事相匹配，人与人相融合的目的。

2. 人员的培训

人员的培训包括技能培训和精神培育。

人员的技能培训包含了人员对创业团队的各项业务规范制度的掌握、基本职业技能的操作，以及对公司提倡什么反对什么的明确认识。人员的精神培育主要包括团队精神培育和人员激励。

团队精神是团队成员愿意一致为团队的利益与目标相互协作、全心全意的意愿与气氛。团队精神的培育可以使团队成员把自己的利益与团队的利益调整一致，表现出对团队的无限忠诚；可以使团队成员充分调动自身的积极性、主动性和创造性，尽心尽力地完成每一个工作任务；可以使团队成员之间能够相互支持，同舟共济，荣辱与共。

人员的激励分为奖惩激励、考评激励、竞赛与评比激励和榜样激励。奖惩激励能够使员工个人获取进取心并消除人的不良行为；考评激励能提供目标导向的作用，使员工拥有更强的工作主动性；竞赛与评比激励能增强团队成员的凝聚力，锻炼人员的智力与非智力能力；榜样激励对先进者是一个挑战，对一般人员起到鞭策作用。

第四节　提升创业者素质的途径与方法

一、创业者应具备的基本素质

创业是极具挑战性的社会活动，是对创业者自身智慧、能力、气魄、胆识的全方位考验。一个人要想获得创业的成功，必须具备基本的创业素质。

（一）强烈的创业意识

要想取得创业的成功，创业者必须具备自我实现、追求成功的创业意识。强烈的创业意识，帮助创业者克服创业道路上的各种艰难险阻，将创业目标作为自己的人生奋斗目标。创业的成功是思想上长期准备的结果，事业的成功总是属于有思想准备的人，也属于有创业意识的人。

（二）自信的创业精神

自信就是对自己充满信心，自信心能赋予人主动积极的人生态度和进取精神。要成为一名成功的创业者，必须坚持信仰如一，拥有使命感和责任感；信念坚定，顽强拼搏，直到成功。信念是生命的力量，是创立事业之本，信念是创业的原动力。大学生要相信自己有能力、有条件去开创自己未来的事业，相信自己能够主宰自己的命运，成为创业的成功者。

（三）优秀的创业品质

创业之路是充满艰险与曲折的，自主创业就等于是一个人去面对变化莫测的激烈竞争，以及随时出现的需要迅速正确解决的问题和矛盾。这需要创业者具有非常强的心理调控能力，能够持续保持一种积极、沉稳的心态，即有良好的创业心理品质。它是对创业者的创业实践过程中的心理和行为起调节作用的个性心理特征，它与人固有的气质、性格有密切的关系，主要体现在人的独立性、敢为性、坚韧性、克制性、适应性、合作性等方面，它反映了创业者的意志和情感。

创业的成功在很大程度上取决于创业者的创业心理品质。正因为创业之路不会一帆风顺，所以，如果不具备良好的心理素质、坚忍的意志，一遇挫折就垂头丧气、一蹶不振，那么，在创业的道路上是走不远的。宋代大文豪苏轼说："古之成大事者，不唯有超世之才，亦必有坚韧不拔之志。"只有具有处变不惊的良好心理素质和越挫越强的顽强意志，才能在创业的道路上自强不息、积极进取、顽强拼搏，才能从小到大、从无到有，闯出属于自己的一番事业。

（四）超强的创业能力

能力是保证活动得以顺利完成并影响活动效率的心理特征，因此创业能力是创业活动得以顺利完成的保障。创业能力越强，创业越易成功。对于大学生而言，必备的创业能力主要有人际交往能力、管理能力、经营能力、创新能力、终身学习能力、信息收集与处理能力、应变能力、言语能力、把握机遇能力、预见能力等。

（五）扎实的创业知识

知识经济时代的特点决定了知识是创业的基础。大学生必备的创业知识有专业知识、经营与管理知识以及其他综合性知识。

1. 一定的专业知识不仅使得大学生创业有一个较高的起点，而且使得其创业实践有专业理论的支撑。

2. 创业活动离不开一定的市场，必须懂得有关市场经济的基本理论与相关管理知识。

3. 对于大学生创业来讲，除了必备专业知识与相关经营及管理知识外，还要具备一些综合性知识，它主要包括心理学、政策、法规、人际交往、公共关系、写作知识等。

（六）一定的创业经验

经验是人们经由实践活动对客观事物的直接了解，是在感性认识过程中形成的，是人与客观事物直接相互作用的结果。它是一种非知识体系的东西，却有助于人们深刻地感悟创业这种实践活动。

综上所述，创业素质是一种包括知识、技能、能力、经验和人格在内的复杂结构，一种综合性的主体因素。因此，就提高和增强人们的创业素质而言，可以分别从上面所述的六个方面进行。但是，由于知识、技能、能力、经验和人格之间是密切联系的，因此，更应该注重对这六个层面的整体把握。

二、创业者职业素养培养的基本途径与方法

（一）职业素养的基本内容

1. 职业素养的含义

圣·费朗西斯科（San Francisco，美国）在其著作《职业素养》中这样定义职业素养：职业素养是人类在社会活动中需要遵守的行为规范，是职业内在的要求，是一个人在职业过程中表现出来的综合品质。职业素养具体量化表现为职商（Career Quotient，简称 CQ），体现一个社会人在职场中成功的素养及智慧。职业素养是劳动者对社会职业了解与适应能力的一种综合体现，是劳动者通过不断学习和积累，在职业生涯中表现并发挥作用的相关品质。

2. 职业素养的基本内容

人的素养体现在职场上就是职业素养，它包括专业能力（职业能力）、敬业（职业态度）和道德（职业道德）、职业意识、职业行为、职业技能等方面的内容。在表现形式上，职业素养分为内化素养和外化素养。内化素养是职业素养中最根本的部分，包含个人的世界观、价值观、人生观等范畴。外化素养指计算机、英语等属于技能范畴的素养，通过学习、培训可以获得，在实践运用中会日渐成熟。

职业素养教育是一种养成教育。圣·弗朗西斯科认为，职业素养的修炼需要经历以下七关：

（1）印象关——初入职场形象管理。

（2）心态关——学生向社会人转变。

（3）道德关——职场安身立命之本。

（4）沟通关——打造职场"人气王"。

（5）专业关——从生手变成熟手。

（6）信任关——取得职场长期居住证。

（7）忠诚关——走进高层核心圈。

（二）职业素养培养的意义

职场箴言

一个人事业上的成功，只有 15% 是由于他的专业技术，另外 85% 要依赖人际关系、处世技巧。

——卡耐基

职业素养不是以这件事做了会对个人带来什么利益和造成什么影响为衡量标准，而是以这件事与工作目标的关系为衡量标准。良好的职业素养是衡量一个职业人成熟度的重要指标。从个人的角度来看，适者生存，个人缺乏良好的职业素养，就很难取得突出的工作业绩，更谈不上建功立业；从企业角度来看，唯有集中具备较高职业素养的人才能实现企业生存与发展的目标，才能帮助企业节省成本、提高效率，从而提高企业在市场中的竞争力；从国家的角度看，国民职业素养的高低直接影响着国家经济的发展，是社会稳定的前提。因此，职业素养教育对实现国家人才战略显得尤为重要。

职场箴言

我公司聘请人的标准是敬业，当然，辞的原因就是不敬业。我认为，一个人的工作是他生存的基本权利，有没有权利在这个世界上生存，要看他能不能认真对待工作。

能力不是最主要的，能力差一点，只要有敬业精神，能力会提高的。如果一个人本职工作做不好，应付工作，最终失去的是信誉，再找别的工作、做其他的事情都没有可信度。

如果认真做好一个工作，往往还有更好的工作等着你去做，这就是良性发展。

——张朝阳

（三）培养职业素养的基本途径和方法

1. 加强职业指导，强化创业知识培训

创业知识是学生进行创业的基本要素，包括专业技术知识、经营管理知识和综合性知识。专业技术知识对于创业者了解创业现状，明确创业目标有着直接的作用，特别是在一些应用高科技的领域，扎实掌握专业技术知识能够使创业者具有竞争优势。经营管理知识的掌握，可以通过一些针对性的学习，如通过创业指导、市场经济和法律等课程，使大学生更好地了解市场运行规律，掌握经营管理企业知识和谈判技巧。而综合性知识，可以通过自学或创业实践，如模拟经营及其他相关领域课程的学习来获得。总之，只有具备了深厚的专业知识和广博的非专业知识，才能认清形势、抓住机遇、把握全局，实现创业目标。

2. 锻炼创业能力，提高自身综合素质

创业能力是大学生创业素质的一个重要方面，也是多数初入社会的大学生创业者所缺乏的一种综合能力。它主要包括以下五个方面：

（1）创新能力

创新能力主要包括制度创新、管理创新、产品创新等能力。创新精神是一个民族发展进步的灵魂，开拓创新也是创业获得市场竞争优势的关键。新的管理体制和产品开发

要求创业者善于推陈出新，打破传统思维的樊篱。

（2）管理能力

管理能力主要包括决策、组织、计划、控制、领导和协调等能力，还包括经营能力、市场调查分析能力、谈判和推销等能力。管理活动贯穿于组织运行过程的每一个环节。

（3）资源整合能力

创业者在创业之初不可能面面俱到，必须借用外力，利用自身的优势去整合他人资源，最终达到共赢的效果。

（4）语言表达和书面表达能力

创业者必须与投资者、政府部门、客户、消费者进行沟通，其口语表达要求清楚、流畅、准确、简洁、生动。另外，各类创业策划书和投资计划书的写作也对创业者的表达能力提出了较高要求。

（5）人际交往能力

人际交往是创业者同各行业、部门、人员打交道的过程中不可或缺的。因此，大学生在校期间必须有意识地培养与他人的协作能力，获得他人和社会的支持。

3. 塑造创业人格，形成自身人格魅力

阿玛尔·毕海德（Marv.Bhide，美国）在《新企业的起源与演进》中通过对现有的企业分析推论，得出企业家创建有前途的新企业需要一些特殊的品质。其中起决定作用的重要品质有：

（1）受家庭背景、文化程度和经验所影响的创业倾向。

（2）适应性调整能力。如控制内心冲突与发现因果关系的能力。

（3）获取资源的能力。

（4）应变能力、自制力、洞察力和销售技巧等。

相比较而言，如承担风险、创造性活动、愿望与远见、雄心壮志、领袖气质、运用权力、管理才能等是次要的品质。

国内也有学者根据对中国创业者的调查，得出成功企业的领导人应具有以下品质：

（1）诚实、谦虚以赢得别人的信任。

（2）克制、忍耐以获得良好的人际关系。

（3）热情、富有责任感以保持克服困难的决心，并感染别人。

（4）积极的心态和创造精神使创业者充分发挥潜能，不被束缚，开创新局面。

（5）公道正派、团结协作，具有自信心和较强的适用能力。

思考与拓展

一、问题思考

1. 在创业初期，创业团队工作的效率与效能是决定创业是否成功的重要因素，创业

者如何才能影响、领导和打造一支优秀的创业团队?

2. 良好的职业素养是企业实现可持续发展的强大动力源泉,初创企业如何培育创业团队成员的职业素养?

二、知识拓展

天道酬勤

宗庆后上山下乡 15 年,坚持理想,坚持挑灯夜读;1987 年创业,从儿童营养液到果奶、AD 钙奶、纯净水、非常可乐、营养快线、婴幼儿配方奶粉……推陈出新;每天超过 16 小时的工作时间(早上 7 点上班到晚上 11 点后下班);坚持自己走市场,看终端;每年出差 200 多天;每年亲笔撰写 100 多篇的销售通报。二十多年如一日!

2010 年大年三十,有媒体专门报道企业家如何过年,当说到宗庆后时,记者是这么写的:"年三十陪员工吃年夜饭,百桌宴后再回家陪家人,娃娃哈集团董事长宗庆后迎接新年的方式一贯如此,只不过,年夜饭吃的桌数越来越多,家人能等到他回家吃团圆饭的时间越来越晚。大年初一,比平时多睡了半个小时的觉,宗庆后就起身去上班。2 月份本来就短,又去掉春节 7 天,对于他来说,时间真是不够用。大年初四,开了一场市场分析会,而年初八还有零售商终端推广会。也因此,这几天的中午,宗庆后照样在办公室吃着盒饭。"

二十多年来,宗庆后就是凭着这样的一股劲,将娃娃哈打造成了国内饮料行业的龙头企业,同时,也被许多企业家和媒体誉为"中国最勤奋的企业家"。

【感悟思考】李嘉诚说过:"事业成功虽然有运气在其中,但主要还是靠勤奋,勤奋苦干可以提高自己的能力,而且会有很多机会降临在你面前。"作为一个企业家,宗庆后二十年如一日的行为给我们哪些启示呢?

第三章 创业机会及其识别与评价

应知要求：

1. 了解创业机会的概念与类型
2. 了解创业机会的基本特征
3. 了解寻找创业机会的几种常见方式
4. 了解创业机会评估的基本方法

应会要求：

1. 掌握创业机会识别与创业机会选择的基本方法
2. 掌握创业机会把握的关键因素
3. 掌握创业项目选择的基本原则与方法

▓ 案例导入

苏宁创始人张近东的创业故事

回眸张近东 15 年来的创业历程，始终离不开一个"快"字。20 世纪 80 年代末 90 年代初，中国出现一股"下海"潮流，年轻的张近东也在此时跃跃欲试，他利用工作之余承接了一些空调安装工程，为自己创业攒到了 10 万元资本。当时最热门也最赚钱的商品是家用电器，彩电、冰箱、洗衣机等供不应求，但张近东却没凑这个热闹，在冷静思考了几天后，他做出了令周围许多人惊讶的选择：专营那时还属于"奢侈品"的空调。1990 年 12 月，27 岁的张近东，凭着"初生牛犊不怕虎"的劲头辞去了固定工作，在远离闹市的南京宁海路上租下一个面积不足 200 平方米的小门面，成立了一家专营空调批发的小公司——苏宁家电，开始了个人和苏宁电器的创业历程。谁也不会想到，十几年后，从这家并不起眼的"小门面"竟驶出一艘中国屈指可数的家电连锁业"航母"——苏宁电器，而其掌舵人张近东则成为"中国连锁风云人物"。

富有前瞻性的第一步奠定了张近东事业的基础，当时正处于空调销售的暴利时代。

张近东下海第一年就使营业额达到了 6000 万元，净利润 1000 万元。此时的张近东年仅28 岁。在当时南京国有大商场眼中，民营企业苏宁无疑是半路杀入空调业的"程咬金"。1993 年，八大商场向苏宁发难，宣称将统一采购、统一降价，如果哪家空调厂商供货给苏宁，他们将全面封杀该品牌。这场商战是中国家电业第一次在卖方市场下出现的"价格战"，不过苏宁反而一战成名，凭借平价优势，当年空调销售额达到 3 亿元，一跃成为国内最大空调经销商，最终成为这场大战的赢家。但好景不长，1995 年以后，中国家电市场供大于求，许多制造商直接渗透零售市场。为此，张近东逐渐缩减批发业务，开始自建零售终端，卖家电也从单一空调逐步增加到综合电器。1996 年，苏宁进入扬州市场，标志其开始走出南京家电连锁探索之路。2000 年对于苏宁电器是个转折年。这一年苏宁停止开设单一空调专卖店，全面转型大型综合电器卖场，并喊出"3 年要在全国开设 1500 家店"的连锁进军口号。苏宁南京新街口店位于苏宁电器大厦内，该大厦位于南京最大商国——新街口商圈中心，属"黄金建筑"，大厦落成之初就有人劝张近东把这楼出租，一年至少可以净赚 3000 万元，但张近东却坚定地表示："哪怕亏 4000 万元，苏宁也要做家电卖场"。时间证明了张近东的正确选择，苏宁的全国连锁体系也在快速扩张。张近东当初准备亏 4000 万元开的南京新街口店，如今已成为全国家电销售第一店，年销售额达 10 亿元。

15 年下来，苏宁从当初的 10 个人壮大到 7 万人，从 200 平方米的一个店面扩张到全国的 300 家店，从年销售额 400 万元提高到近 400 多亿元。2005 年 5 月 1 日，苏宁在北京、上海、广州、深圳等城市同时新开出 22 家连锁店，打破了国美一日连开 11 家新店的"神奇纪录"，如果再算上 4 月份新开的近 40 家门店，苏宁 4 月 1 日到 5 月 1 日一个月内，一共开出近 60 家新店，创下家电连锁新纪录。

案例点评：

市场的资源是有限的，但商机却是无限的，创业机会是创业活动的起点，比别人早一步抓住机会，下一个成功的就是你。

第一节　创业机会认知

一、创业机会的概念

（一）创业机会的含义

对于创业者而言，创业机会的发现、开发、利用以及实现，是创业过程中的关键问题。同时，创业机会也是创业研究领域的核心概念。近年来，大量研究人员从经济学、管理学、心理学、行为学等不同方面对创业机会的内涵和性质进行研究，而不同的学者对创业机会的概念也有不同的理解。表 3.1 是从客观静态角度阐述创业机会的概念。

表 3.1 创业机会的概念

作者	概念
熊彼特（Schumpeter，1934，美国）	创业机会是通过把资源创造性地结合起来，满足市场的需要，创造价值的一种可能性
卡森（Casson，1982，美国）	创业机会是指在新的生产方式、新的产出或新的生产方式与产出之间的关系形成过程中，引进新的产品、服务、原材料和组织形式，得到比生产成本更高的价值的情形
卡森（Casson，1982，美国）	创业机会具有吸引力、持久性和适时性的特征，并能为购买者或使用者创造或增加使用价值的产品或服务
基尔默（Kilmer，1997，美国）	机会的最初状态是"未精确定义的市场需求，未得到利用或未得到充分利用资源的能力，"后者可能包括基本的技术，未找准市场的发明创造，或新产品，新服务的创意

站在动态的角度上阐述创业机会的含义，即随着市场的发展和细分，创业者明确了市场需求，各种资源也被精确地定义成潜在的用途，市场的资源在不断整合运转，市场的需求和潜在的创业机会也处于不断变化中。

综上所述，创业机会是被创造出来的，是在新的生产方式、新的产出或新的生产方式与产出之间形成过程中，引进新的产品、服务、原材料和组织形式，得到比生产成本更高价值的情形。

职场箴言

人生成功的秘诀就是当好机会来临时，立刻抓住它。

——狄斯累利，英国著名的政治家、文学家

（二）创业机会的类型

1. 创业机会的基本类型

创业机会产生于一定的环境中，创业机会的发现往往是因为环境的变动，市场的不协调或混乱，信息的滞后、领先或缺乏，以及各种各样的其他因素的影响。也就是说，在一个自由的企业系统中，当行业和市场中存在着变化的环境：混乱、混沌、落后、领先、知识和信息的鸿沟，及各种各样其他变化，如技术革新、消费者偏好的变化、法律政策的调整等，此时创业机会就产生了。

创业机会主要包括技术机会、市场机会和政策机会三种基本类型。

（1）技术机会

技术机会是指由于技术变化带来的创业机会，它主要来源于新的科技突破和社会的科技进步。技术上的任何变化或多种技术的组合都可能给创业者带来某种商业机会。技术机会主要表现为三种形式。

①新技术替代旧技术。

②实现新功能、创造新产品的新技术的出现。

③新技术带来的新问题。

（2）市场机会

市场机会是指富有吸引力的领域能给企业营销活动带来良好机遇与盈利的可能性。市场机会来源于环境的变化，表现为市场上尚未满足或尚未完全满足的需求。市场机会主要表现为下列四种情形：

①市场上出现了与经济发展阶段相关的新需求，相应地，就需要有企业去满足这些新的需求，这同样是创业者可以利用的商业机会。

②当产品出现供给不足产生新的市场机会。

③先进国家（或地区）产业转移带来的市场机会。

④从中外差距中寻找隐含的某种商机。

（3）政策机会

政策机会是指由于政府制定的法律、法规有所变动而带来的新的行业、新的市场、新的创业机会；或是由于国家发展计划重点的转移，原来没有受到重视的区域市场重新受到人们的重视，创业者也跟随政府开发这一没有开发的市场，从中获取新的创业机会。政策机会主要包括：

①法律法规开禁带来的创业机会。

②因政府实施地区政策上的差异而带来的创业机会。

③新政策的实施所带来的创业机会。

2. 阿迪奇维力创业机会类型图

研究表明，创业机会的类型对创业活动的发展和成败产生影响。阿迪奇维力（Ardichvili）等学者根据创业机会的识别与发展情况，为创业机会的分类构建了矩阵图。横坐标是探索到的价值，纵坐标是创造者创造价值的能力。探索到的价值可以是确定的（已知的）或不确定的（未知的）；创业者创造价值的能力也可能是确定或不确定的。一般来说，可确定的创业者创造价值的能力为：人力资源、资金、知识、技术等。在此矩阵图中，探索到的价值表示创业机会的潜在价值，创造价值的能力表示创业者自身的能力。

探索到的价值 / 创造价值的能力	未确定	确定
未确定	梦想 I	尚待解决的问题 II
确定	技术转移 III	业务形成 IV

图 3.1　阿迪奇维力创业机会类型

在第 I 象限中，创业机会的潜在价值是不确定因素，创业者的创造能力也不明确。此时的机会只是一个梦想，人们需要找寻新的技术和方法突破现有的局限，为机会寻找新方向。

在第 II 象限中，创业机会的潜在价值已被发现，但是创业者缺少解决问题的能力。"尚待解决的问题"，即指创业者已发现市场中未被满足的需求，但还没发现解决问题的方法。在此情况下，创业者应设计出能满足消费者需求的产品或服务，以满足市场需求。

在第 III 象限中，创业者的创造价值的能力已经被确定，但机会的潜在价值仍未能发现。在此情况下，创业者更需要着重寻找新科技的应用，而不是去发现产品或服务。

在第 IV 象限中，创业者的创造能力和市场机会的价值被确定，这时只要创业者抓住机会，对市场资源进行合理的配置，新的消费市场便会形成。

总体而言，这个矩阵图描述了创业者利用自身能力发现机会潜在价值的一个发展过程。从理论上讲，"探索到的价值"和"创造价值的能力"都已确定的创业机会，成功率会大于两者有其一不确定的创业机会。

二、创业机会的特征

（一）创业机会的来源

1. 来自问题的存在

创业的根本目的是满足顾客需求，而顾客需求在没有满足前就是问题。寻找创业机会的一个重要途径是善于去发现和体会自己和他人在需求方面的问题或生活中的难处。例如，上海有一位大学毕业生发现远在郊区的本校师生往返市区交通十分不便，于是创办了一家客运公司，这就是把问题转化为创业机会的成功案例。

2. 来自不断变化的环境

变化是创业机会的重要来源，人们通过这些变化，常常会发现新的创业机会。创业机会大多产生于不断变化的市场环境，环境变化了，市场需求、市场结构必然发生变化，这就会给各行各业带来商机。著名管理大师彼得·德鲁克将创业者定义为能"寻找变化，并积极反应，把它当作机会充分利用起来的人"。这种变化主要来自于产业结构的变动、消费结构升级、城市化加速、人口思想观念的变化、政府政策的变化、人口结构的变化、居民收入水平提高、全球化趋势等诸方面。如居民收入水平提高，私人轿车的拥有量将不断增加，这就会派生出汽车销售、修理、配件、清洁、装潢、二手车交易、代驾等诸多创业机会。

3. 来自创造发明

创造发明为市场提供了新产品、新服务，更好地满足顾客需求，同时也带来了创业机会。在人类发展史上，每次重大的发明创造都引起了产业结构的重大变革，产生了无数的创业机会。例如，随着计算机的诞生，计算机维修、软件开发、计算机操作的培训、图文制作、信息服务、网上开店等创业机会随之而来，即使不发明新的东西，也能成为销售和推广新产品的人，从而给自己带来商机。

4. 来自竞争对手

如果能弥补竞争对手的缺陷和不足，这也将成为自己的创业机会。细心观察你周围的公司，如果能比它们更快、更可靠、更便宜地提供产品或服务，就找到了自己的创业机会。

5. 来自新知识、新技术的产生

新知识可以改变人们的消费观念，新技术可以进一步满足人们的新需求，甚至使人们产生新的需求进而引导消费。例如，当生产微型计算机的技术形成后，中国的企业也获得了生产与维护计算机的创业机会，联想等企业便抓住了这个机会。

（二）创业机会的特征

1. 潜在价值性

潜在的价值是创业机会存在的基础，而创业者寻找创业机会的目的就在于成就事业，获得财富。若一个创业机会失去营利性，那么对创业者而言，也失去了吸引力。若苏宁公司连续多年亏损，那么还会有今天张近东的成功吗？答案当然是否定的。经济学家普遍认为，从获取预期消费者的角度来看，机会意味着创业者探寻到的潜在价值。创业机会的价值是潜在的，需要创业者通过经验、知识、技术去分析和寻找，才能识别出来。

2. 客观存在性

在一定时期，创业机会是客观存在于市场环境中，并能够被人们识别。无论人们能否发现，具有营利性的市场需求都会存在于市场中。许多人会认为显露出来的消费者需求才是创业机会，但事实并非如此，很多创业机会就在我们身边，生活中平常的事情，在有心人眼中就是机会。

3. 时间性

创业机会具有很强的时间性，一旦被别人把握住也就不存在了。而机会又总是存在的，一种需求被满足，另一种需求又会产生；一类机会消失了，另一类机会又会产生。未发现或未被利用的市场资源是一个动态的过程，如果创业者不想失去机会，就应该及时发现和利用机会，抓住市场机遇。

▓ 职场箴言

我极少能看到机会，往往在我看到机会的时候，它已经不再是机会了。

——马克·吐温

第二节 寻找和识别创业机会

一、寻找创业机会的几种方式

根据创业机会的来源和特征，创业机会的寻找大体有以下几种渠道：

（一）分析特殊事件来发掘创业机会

例如，美国一家高炉炼钢厂因为资金不足，不得不购置一座迷你型钢炉，而后竟然出现后者的获利率要高于前者的意外结果。再经分析，才发现美国钢品市场结构已产生变化，因此，这家钢厂就将投资重点放在能快速反应市场需求的迷你炼钢技术项目上。

（二）分析矛盾现象来发掘创业机会

例如，金融机构提供的服务与产品大多只针对专业投资大户，但占有市场七成资金的一般投资大众未受到应有的重视。这样的矛盾显示，提供一般大众投资服务的产品市场必将极具潜力。

（三）分析作业程序来发掘创业机会

例如，在全球生产与运筹体系流程中，就可以发掘极多的信息服务与软件开发的创业机会，于是管理咨询公司便应运而生。

（四）分析产业与市场结构变迁的趋势来发掘创业机会

例如，在国营事业民营化与公共部门产业开放市场自由竞争的趋势中，我们可以在交通、电信、能源产业中发掘极多的创业机会。

（五）分析人口统计资料的变化趋势来发掘创业机会

现今，老年化社会的现象、教育程度的变化、青少年国际视野的扩展，必然提供许多新的市场机会。

（六）分析价值观与认知的变化来发掘创业机会

人们对于饮食需求认知的改变，造就美食市场、健康食品市场、快速消费品市场等许多新兴行业。

（七）分析新知识的产生来发掘创业机会

当人类基因密码获得完全认识与破解，可以预期必然在生物科技与医疗服务等领域带来极多的新创业机会。

虽然大量的创业机会可以经由系统的研究来发掘，不过，最好的点子还是来自创业者的长期观察与生活体验。

二、创业机会的识别

创业机会识别是创业领域的关键问题之一。从创业过程角度来说，它是创业的起点。创业过程就是围绕着机会进行识别、开发、利用的过程。识别正确的创业机会是创业者应当具备的重要技能。

（一）影响创业机会识别的因素

部分而不是全部的人能看到一个机会，看到了机会的创业者有什么独特之处？普遍而言，下面的几类因素被认为是影响创业机会识别的基本因素，也是这些人具备的共同特征。

1. 工作经验

在特定产业中的工作经验有助于创业者识别机会。有调查发现，70%左右的创业机会，其实是在复制或修改以前的想法或创意，而不是全新创业机会的发现。

2. 专业知识

拥有某个领域更多专业知识的人，会比其他人对该领域内的机会更具警觉性与敏感性。例如，一位计算机工程师，就比一位律师对计算机产业内的机会和需求更为警觉与敏感。

3. 社会关系网络

个人社会关系网络的深度和广度影响着机会识别，这已是不争的事实。通常情况下，建立了大量社会联系网络的人，会比那些拥有少量联系网络的人容易得到更多的机会。

4. 创造性

从某种程度上讲，机会识别实际上是一个创造过程，是一个不断反复的创造性思维过程。在许多产品、服务和业务的形成过程中，甚至在许多有趣的商业传奇故事中，我们都能看到有关创造性思维的影子。

尽管上述特征并非导致创业成功的必然，但具备了这些特征，往往较其他创业者具有更多的优势，也更容易获得创业成功。

（二）创业机会识别的过程

创业者从繁杂和梦幻般的创意中选择心目中的创业机会，随之而来的是组织资源开发这一机会，使之成为真正的企业活动，直至最终收获成功。在这一过程中，机会在预期价值以及创业者的自身能力得到反复权衡，创业者对创业机会的战略定位也越来越明确，这一个过程称为机会的识别过程。机会识别包括三个截然不同的过程：（1）感觉或感知到市场需求和尚未利用的资源；（2）认识和发现在特殊的市场需求和特别的资源之间"相匹配的东西"；（3）这种"相匹配的东西"以新业务的形式展现出来。这些过程分别代表了感知、发现和创造，而不仅仅是"识别"。

创业机会识别的过程一般分为三个阶段。

1. 机会的搜寻

这一阶段创业者对整个经济系统中可能的创意展开搜索，如果创业者意识到某一创意可能是潜在的商业机会，具有现在的发展价值，将进入机会的识别阶段。

2. 机会的识别

相对整体意义上的机会识别过程，这里的机会识别应当是狭义上的识别，即从创意中筛选合适的机会。这一过程包括两个步骤：

一是对整体的市场环境，以及一般的行业分析来判断该机会是否在广泛意义上属于有利的商业机会，称为机会的标准化识别阶段。

二是对于特定的创业者和投资者来说，考察这一机会是否有价值，也就是个性的机会识别阶段。

3. 机会的评价

实际上机会评价已经带有部分调查的含义了，相对比较正式，考察的内容主要是各项财务指标、创业团队的构成等，通过机会的评价，创业者决定是否正式组建企业，吸引投资。

通常机会识别和机会评价是共同存在的，创业者在对创业机会识别时也有意无意地进行评价活动。在机会识别活动的初始阶段，创业者可以非正式地调查市场的需求、所需的资源直到断定这个机会是否值得考虑或进一步开发，这种评价变得较为直接，且主要集中于考察这些资源的特定组合是否能够创造出足够的商业价值。

（三）创业机会的识别

许多好的商业机会并不是突然出现的，而是对"一个有准备的头脑"的一种"回报"。在机会识别阶段，创业者需要弄清楚机会在哪里和怎样去寻找。

1. 现有的市场机会

对创业者来说，在现有的市场中发现创业机会，是很自然和较经济的选择。一方面，它与我们的生活息息相关，能真实地感觉到市场机会的存在；另一方面，由于总有尚未全部满足的需求，在现有市场中创业，能减少机会的搜寻成本，降低创业风险，有利于成功创业。现有的创业机会存在于不完全竞争下的市场空隙、规模经济下的市场空间、企业集群下的市场空缺等。

（1）不完全竞争下的市场空隙

不完全竞争理论或不完全市场理论认为，企业之间或者产业内部的不完全竞争状态，导致市场存在各种现实需求，大企业不可能完全满足市场需求，必然使中小企业具有市场生存空间，中小企业与大企业互补，满足市场上不同的需求。大中小企业在竞争中生存，市场对产品差异化的需求是大中小企业并存的理由，细分市场以及系列化生产使得小企业的存在更有价值。

（2）规模经济下的市场空间

规模经济理论认为，无论任何行业都存在企业的最佳规模或者最适度规模的问题，超越这个规模，必然导致效率低下和管理成本的增加。产业不同，企业所需要的最经济、最优成本的规模也不同。企业从事的不同行业决定了企业的最佳规模，大小企业最终要依据这一规律，来决定适合自身特点的产业发展。

（3）企业集群下的市场空缺

企业集群主要指地方企业集群，是一组在地理上靠近的相互联系的公司和关联的结构，它们同处在一个特定的产业领域，由于具有共性和互补性而联系在一起。集群内中小企业彼此间发展高效的竞争与合作关系，形成高度灵活专业化的生产协作网络，具有极强的内生发展动力，依靠不竭的创新能力保持地方产业的竞争优势。

2. 潜在的市场机会

潜在的创业机会来自于新科技应用和人们需求的多样化等。成功的创业者能敏锐地感知社会大众的需求变化，并能够从中捕捉市场机会。新科技应用可能改变人们的工作和生活方式，出现新的市场机会。通信技术的发展，使人们在家里办公成为可能；互联网的出现，改变了人们工作、生活、交友的方式；网络游戏的出现，使成千上万的人痴迷其中，乐此不疲；网上购物、网络教育的快速发展，使信息的获取和共享日益便利。

需求的多样化源自于人的本性，人类的欲望是很难得到满足的。在细分市场里，可以发掘尚未满足的潜在市场机会。一方面，根据消费潮流的变化，捕捉可能出现的市场机会；另一方面，根据消费者的心理，通过产品和服务的创新，引导需求并满足需求，从而创造一个全新的市场。

三、创业机会识别与创业项目生成模型

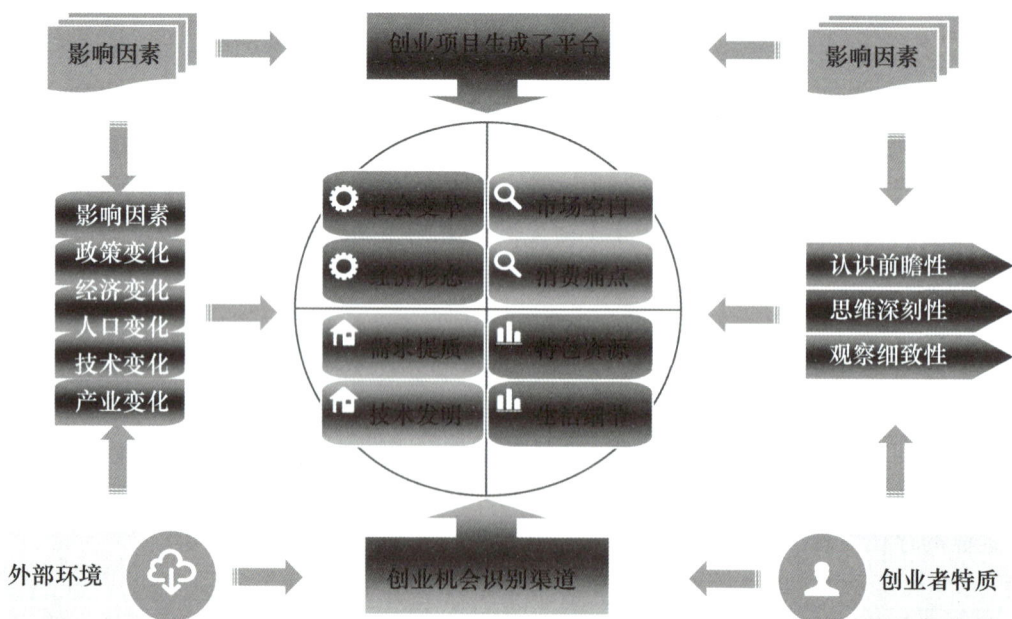

图 3.2　创业机会识别与创业项目生成模型

（一）外部环境

1. 政策变化

国家和地方出台的相关政策，影响着创业机会的出现。例：

（1）国家出台的农村土地家庭承包再延长30年，农村土地流转与农业结构的重新布局带来的创业机会。

（2）国家出台的加快城镇化建设政策，带来的城镇和新农村旅游业的创业机会。

（3）国家全面放开二孩政策，带来的婴幼儿教育和学前教育的创业机会。

（4）国家关于人口老龄化问题的政策，带来的老年人的就医、家政、护理与康复服务等创业机会。

2. 经济变化

社会经济发展状态的好坏，影响着创业机会的出现。例：

经济发展良好，社会和谐稳定，国富民强，人们旺盛的高质量生活需求带来的创业机会，如旅游行业的快速发展，就是经济发展向好的指向标。

3. 人口变化

区域人口的变化，人口受教育程度的变化，影响着创业机会的出现。例：

（1）区域人口结构与人口数量的变化，产生了服务质与量新的需求，从而带来了创业商机。

（2）人口受教育程度的提高，改变了人们传统的生活方式，新的生活方式带来了大量创业机会。

4. 技术变化

技术进步和技术发明，带来了工具的革新，推动了产业的科技进步，影响着创业机会。例：

（1）信息与网络技术的快速发展，带来的以互联网为平台的创业机会。

（2）智能制造与5G信息技术的发展，产生了物联网和智慧城市，开拓了新的市场，带来了创业机会。

（3）无人机技术的推广与普及，对工农业生产和人们的日常生活带来了变化，创造了很多创业机会。

5. 产业变化

国家对产业结构的调整，产业之间供需关系的变化，影响着创业机会。例：

产业结构的变化，由第一、第二产业为主，第三产业为辅，调整为多种经济结构并存并大力发展第三产业的经济形态，带来了服务业的快速发展和大量创业机会。

（二）创业者特质

1. 认知前瞻性

创业者对社会与经济发展趋势的认知，对新技术在未来的应用做出的前瞻性判断，影响着创业机会。例：

（1）对互联网技术发展的前瞻性认知——产生了互联网＋经济创业机会。

（2）对人工智能技术发展的前瞻性认知——产生了智能制造、智慧城市与智能家居等创业机会。

2. 思维深刻性

创业者对问题做出的系统的、持续的、深刻的思考，影响着创业机会。例：

（1）对资源匹配的时间与空间差异的思考，产生了物流与特殊资源异地营销的创业机会。

（2）对人们生活水平提高后需求的变化，产生了产品个性化定制的创业机会。

3. 观察细致性

创业者用心观察生活的个性特质，影响着创业机会。例：

对老年人生活状态的细心观察，产生了智能床、智能拐杖、老人机等创业机会。

（三）创业机会识别与创业项目生成平台

1. 社会变革

制度变革——生成了因改革引起的政策、法规、制度变化而产生的创业项目，如土地流转。

文化变革——生成了因文化传承与文化发展而带来的创业项目，如汉唐服饰表演与销售。

2. 经济形态

实体经济——生成设计、采购、生产、仓储、物流、营销、客服等创业项目。

网络经济——生成互联网＋经济、电商、微商等创业项目。

体验经济——生成产品体验店、玻璃桥、冒险、攀岩、蹦极等创业项目。

网红经济——生成新的产品推广、营销等创业项目。

3. 技术发明

创造发明——生成了新产品、新服务，在更好的满足顾客需求的同时带来了创业项目，如机器人问世。

新技术推广——生成了技术平台维护、技术管理、技术服务等创业项目，如3D打印技术。

4. 市场空白

市场空白——生成了填补市场空白的创业项目，如智能清洁机器人。

需求空白——生成了引导需求、满足需求的创业项目，如传统农耕。

5. 需求提质

产品提质——生成了增加产品的形式、功能与价值的新产品的创业项目，如照相手机。

服务提质——生成了满足人们不断增长的新的服务的创业项目，如有机蔬菜。

6. 消费痛点

消费痛点——生成了改变传统消费习惯和行为，注入了更高的消费满意度的创业项目，如偏心伞、智能书包、罐头开瓶器、便携式电扇。

7. 特色资源

空间资源——生成了因资源分布的空间差异而带来的创业项目，如特色水果的异地销售。

时间资源——生成了因资源的时间差异带来的创业项目，如瑞士的时间银行。

8. 生活细节

生活细节——生成了因观察生活细节产生创业灵感而带来的创业项目，如智能晾衣架、智能立体养花架、阳台立体菜园。

四、创业机会的选择

经过创业机会的识别以后，要进行机会的选择。在现实经济生活中，适合个人创业的机会并不是很多。创业者需要借助"机会选择漏斗"，经过一层又一层筛选，在众多机会中筛选出真正适于自己的创业机会。

（一）要筛选出优势的创业机会

一般而言，较好的创业机会有以下五个特点：

一是在市场前景中，前五年中的市场需求会稳步快速增长；

二是创业者能够获得利用该机会所需的关键资源；

三是创业者不会被锁定在"刚性的创业路径"上，而是可以中途调整创业的"技术路径"；

四是创业者有可能创造新的市场需求；

五是特定机会的商业风险是明朗的，并且至少有部分创业者能够承受相应风险。

（二）要筛选出利己的创业机会

面对较好的创业机会，特定的创业者需要回答以下四个问题：

一是创业者能否获得自己缺少但他人控制的资源；

二是遇到竞争时，自己是否有能力与之抗衡；

三是是否存在创业者可能创造的新增市场；

四是创业者是否有能力承受利用该机会的各种风险。

第三节　创业机会的评估与把握

一、创业机会的评估

在创业的初级阶段，创业者在寻找一项创业机会的同时，应该评估这项创业机会是否可行，是否具有商业潜力。创业机会就像一把双刃剑，给创业者带来利润和发展的同时，存在着风险。因此，对于创业项目的评估识别，必须慎重并全面考察。所有的创业行为都来自于最佳的创业机会，创业团队与投资者均对创业前景寄予极高的期望，创业者更是对创业机会在未来所能带来的丰厚利润满怀信心。但是，时常会有失败与悲剧发生。为了尽量避免悲剧的发生，创业者应该先以比较客观的方式对创业机会进行评估。评估从两个方面进行，即市场评估和效益评估。

（一）市场评估准则

1. 市场定位

评估创业机会的时候，可由市场定位是否明确、顾客需求分析是否清晰、顾客接触通道是否流畅、产品是否持续衍生等来判断创业机会可能创造的市场价值。创业带给顾客的价值越高，创业成功的机会也就越大。

2. 市场结构

对创业机会的市场结构从四个方面进行分析：进入障碍，供货商、顾客、经销商的谈判能力，替代性产品的威胁和市场内部竞争的激烈程度。由这四项分析可知该企业在未来市场中的地位及可能遭遇竞争对手反击的程度。

3. 市场规模

市场规模大者，进入障碍相对较低，市场竞争激烈程度也会略为下降。若是一个十分成熟的市场，那么利润空间会很小，不值得再进入；若是一个成长中的市场，只要进入时机正确，必然会有获利的空间。

4. 市场渗透力

对于一个具有巨大市场潜力的创业机会，市场渗透力评估是非常重要的。创业者应该知道选择在最佳的时机进入市场，这最佳的时机也就是市场需求正要大幅增长之际。

5. 市场占有率

一般而言，要成为市场的领导者，一般需要拥有 20% 以上的市场占有率，若低于 5% 的市场占有率，则这个新企业的市场竞争力不高，自然也会影响未来企业市场的价值。尤其是处在具有赢家通吃特点的高科技产业，新企业必须拥有成为市场前几名的能力，才具有较高的投资价值。

6. 产品的成本结构

从物料与人工成本所占比重之高低、变动成本与固定成本的比重以及经济规模产量大小，可以判断企业创造附加价值的幅度以及未来可能的获利空间。

（二）效益评估准则

1. 合理的税后净利

一般而言，具有吸引力的创业机会，至少需要能够创造 15% 以上的税后净利，如果创业预期的税后净利是在 5% 以下，那么这就不是个很好的投资机会。

2. 达到损益平衡所需的时间

合理的损益平衡时间应该是两年左右，如果三年还达不到，恐怕就不是值得投入的创业机会了。当然，有的创业机会确实需要经过比较长的耕耘时间，通过前期投入，创造进入障碍，保证后期的持续获利，这样的情况可将前期投入视为投资，才能容忍较长的损益平衡时间。

3. 投资回报率

考虑到创业面临的各种风险，合理的投资回报率应该在 25% 以上，而只带来 15% 以下的投资回报率就需要进行慎重的考虑。

4. 资本需求

资本需求量较低的创业机会，一般会比较受欢迎。资本额过高其实并不利于创业成功，甚至还会带来稀释投资回报率的负面效果。通常，知识越密集的创业机会，对资金的需求量越低，投资回报反而会越高。因此在创业开始的时候，不要募集太多资金，最好通过盈余积累的方式来创造资金，而比较低的资本额将有利于提高每股盈余，并且还可以进一步提高未来上市的价格。

5. 毛利率

毛利率高的创业机会，风险相对较低，也比较容易取得损益平衡。反之，毛利率低的创业机会，风险则较高，遇到决策失误或市场产生较大变化的时候，企业很容易就遭受损失。一般而言，理想的毛利率是 40%，当毛利率低于 20% 的时候，这个创业机会就需要进行谨慎考虑。比如，软件业的毛利率通常都很高，所以只要能找到足够的业务量，从事软件创业在财务上遭受严重损失的风险相对会比较低。

6. 策略性价值

能否创造新企业在市场上的策略性价值，也是一项重要的评价指标。一般而言，策略性价值与产业规模、利益机制、竞争程度密切相关，而创业机会对于产业价值链所能创造的附加值效果，也与它所采取的经营策略和经营模式密切相关。

7. 资本市场活力

当新企业处于一个具有高度活力的资本市场时，它的获利回收机会也相对较高。不过资本市场的变化幅度极大，在资本市场高点时投入，资金成本较低，筹资相对容易。但在资本市场低点时，投资新企业开发的诱因则较低，好的创业机会也相对较少。不过，对投资者而言，市场低点的成本较低，有的时候反而投资回报会更高。一般而言，新创企业活跃的资本市场比较容易创造增值效果，因此资本市场活力也是一项可以被用来评价创业机会的外部环境指标。

8. 退出机制与策略

所有投资的目的都在于回收，因此退出机制与策略就成为一项评估创业机会的重要指标。企业的价值一般也要由具有客观鉴别能力的交易市场来决定，而这种交易机制的完善程度也会影响新企业退出机制的弹性，由于退出的难度普遍要高于进入，所以一个具有吸引力的创业机会，应该要为所有投资者考虑退出机制以及退出的策略规划。

二、创业机会的把握

■ 拓展阅读

"钢铁大王"卡内基曾从"跑腿"发现商机

有人曾经计算，认为美国工业巨子安德鲁·卡内基创造的价值至今尚没有人能企及。卡内基是怎么起家的呢？他从小跟着家人从苏格兰移民美国，一上岸就当童工，时年13岁。他在纺织厂里上班，一天工作12个小时，一周工作6天，周薪1.2美元，他成为世界首富后说："我挣的钱早已以百万计了。但是，没有任何钱能比第一周那1.2美元给我更大的惊喜！"在干了12个小时后，他还拖着疲惫之躯去上夜校。15岁时，他终于有了另一份工作：给一家电报局当报童，也就是挨家挨户地送电报。他将此视为天赐良机，义无反顾地接受了。报童是典型的跑腿族，看起来无足轻重。但卡内基不这么想，当然，报童的工作一周薪水2.5美元，收入翻番，但这不是他想要的东西。1850年，电报就相当于今日的互联网。那时用电报的多是公司企业。跑跑腿看似很下层，但聪明的卡内基认为商业信息就捏在他手上，从哪里收发电报，哪家生意兴隆，商业网络怎么运行，他一清二楚。也就是从这里，他又跳到铁路公司，最终建起钢铁厂。那时苏格兰人在英国人眼里是叫花子，卡内基家也确实穷得叮当响。但是，最终他的工厂生产的钢铁量，超过了整个英国的钢铁产量。

创业者不仅要善于发现机会、评估机会，更需要正确把握并果敢行动，将机会变成现实，这样才有可能在最恰当的时候出击，获得成功。

把握创业机会，应注意以下几点：

（一）着眼问题把握机会

机会并不意味着无须代价就能获得，许多成功的企业都是从解决问题起步的。问题，就是现实与理想的差距。顾客需求在没有满足之前都是问题，而设法满足这一需求，就抓住了市场机会。

我们以车载空气净化器行业为例。随着生态环境的不断恶化、雾霾天气的频现、严重呼吸系统疾病的流行，以及国民物质生活水平的不断提升，消费者的健康消费意识有了极大提高，改善车内空气品质成为人们迫切的愿望和要求，加上中国汽车保有量的持续增长，中国车载空气净化器市场孕育着巨大的市场机会。

（二）利用变化把握机会

变化中常常蕴藏着无限商机，许多创业机会产生于不断变化的市场环境。环境变化将带来产业结构的调整、消费结构的升级、思想观念的转变、政府政策的变化、居民收入水平的提高。人们透过这些变化，就会发现新的机会。

任何变化都能催生出新的创业机会，需要创业者凭着自己敏锐的嗅觉去发现和创造。许多很好的商业机会并不是突然出现的，而是对"先知先觉者"的一种回报。聪明的创业者往往选择在最佳时机进入市场，当市场需求爆发时，他已经做好准备等着接单。

（三）跟踪技术创新把握机会

世界产业发展的历史告诉我们，几乎每一个新兴产业的形成和发展，都是技术创新的结果。产业的变更或产品的替代，既满足了顾客需求，同时也带来了前所未有的创业机会。

（四）在市场夹缝中把握机会

创业机会存在于为顾客创造价值的产品或服务中，而顾客的需求是有差异的。创业者要善于找出顾客的特殊需要，盯住顾客的个性需要并认真研究其需求特征，这样就可能发现和把握商机。有为数不少的创业者追求向行业内的最佳企业看齐，试图通过模仿快速取得成功，结果使得产品和服务没有差异，众多企业为争夺现有的客户和资源展开激烈竞争，企业面临困境。所以创业者要克服从众心理和传统习惯思维的束缚，寻找市场空白点或市场缝隙，从行业或市场在发展中形成的空白地带把握机会。

（五）捕捉政策变化把握机会

我国市场受政策影响很大，新政策出台往往引发新商机，如果创业者善于研究和利用政策，就能抓住商机站在潮头。例如，随着国家对环保的重视，像空气净化器这样的环保相关产业如果能把握机会，必能大有作为。

（六）弥补对手缺陷把握机会

很多创业机会是缘于竞争对手的失误而"意外"获得的，如果能及时抓住竞争对手策略中的漏洞而大做文章，或者能比竞争对手更快、更可靠、更便宜、更优质地提供产品或服务，也许就找到了机会。

拓展阅读

创业者如何抓住机会并且选择正确商机

第一步：确定新创公司的市场

创业是一项目的性很强的活动，任何一个创业者在确定创业之初，就应该清晰地明白公司经营的产品或服务的主要市场在哪里？谁是我们的消费者？并确定自己的产品或服务在市场上如何定位？

第二步：分析影响市场的每一种因素

知道自己的市场定位后，就要分析该市场的抑制和驱动因素，要意识到影响这个市场的环境因素是什么？哪些因素是抑制的，哪些因素是驱动的，此外还要找出哪些因素是长期的？哪些因素是短期的？

第三步：找出市场的需求点

在对市场各种因素进行分析之后，就很容易找出该市场的需求点在哪里。这就要对市场进行分析，要对市场客户进行分类，并了解每一类客户的增长趋势。

第四步：做市场供应分析

即多少人在为这一市场提供服务，在这一整个的价值链中，所有的人都在为企业提供服务。因位置不同，很多人是你的合作伙伴而不是竞争对手，不仅如此，还要结合对市场需求的分析，找出供应伙伴在供应市场中的优劣势。

第五步：找出新创空间的机遇

供应商如何去覆盖市场中的每一块领地，从这里找出一个商机，这就是创业者必须要做的工作。这样分析后最大的好处是，在关键购买因素增长极快的情况下，供应商却不能满足它，但是新的创业模式正好能补充它，填补这一空白，这也就是创业机会。

第六步：创业模式的细分

知道了市场中需要什么，关键购买因素是什么，以及市场竞争中的优劣势，就能找出新创公司竞争需要具备的优势是什么，可以根据要做成这一优势所需条件来设计商业模式。对于新创公司来讲，第一步是先把市场占住，需要大量的合作伙伴，但随着公司的发展，自有的知识产权越来越多，价值链会越来越长。

分析自然需要各种各样的信息，当然也需要正确的观念与思维模式，因此，创业商机的分析既不能缺少足够的信息收集，也要创业者自身具备够用的头脑。

第七步：风险投资决策

在完成上述六项工作之后，新创企业的风险投资决策就是最后的问题了。风险投资一方面需要创业者具备较强的投资决策能力，另一方面也需要创业者具备超强的风险承受能力。

思考与拓展

一、问题思考

1. 如何在传统行业里利用创新思维和互联网信息平台，发现或创造创业机会？

2. 高校作为一个相对稳定的社区和消费强劲的市场，具有很多的创业机会，创业者如何引导消费并抓住商机？

二、知识拓展

"牛仔大王"李维斯

当年李维斯像许多年轻人一样，带着梦想前往西部追赶淘金热潮，一日，突然间他发现有一条大河挡住了他前往西去的路。苦等数日，被阻隔的行人越来越多，但都无法过河。于是陆续有人向上游、下游绕道而行，也有人打道回府，更多的则是怨声一片。而心情慢慢平静下来的李维斯想起了曾有人传授给他的一个"制胜法宝"，这是一段话："太棒了，这样的事情竟然发生在我的身上，又给了我一个成长的机会。凡事的发生必有其因果，必有助于我。"于是他来到大河边，"非常兴奋"地不断重复着对自己说："太棒了，这样的事情竟然发生在我的身上，又给了我一个成长的机会。凡事的发生必有其因果，必有助于我。"果然，他真的有了一个绝妙的创业主意——摆渡。没有人吝啬一点小钱坐他的渡船过河，迅速地，他人生的第一笔财富居然因大河挡道而获得，一段时间后，摆渡生意开始清淡。

他决定放弃，并继续往西部淘金。来到西部，四处是人，他找到一块合适的空地方，买了工具便开始淘起金来。在刚到西部的那段时间，他多次被人欺负，有一次被人打完后，看着那些人扬长而去的背影，他又一次想起他的"制胜法宝"。终于，他又想出了另一个绝妙的主意——卖水。

西部黄金不缺，但似乎自己无力与人争雄；西部缺水，可似乎没什么人能想到它。不久他卖水的生意便红红火火。慢慢地，也有人参与了他的新行业，再后来，同行的人也越来越多，竞争越来越激烈。终于有一天，李维斯不得不再次放弃卖水生意。然而他立即开始调整自己的心态，再次强行让自己兴奋起来，又一次想起他的"制胜法宝"，并开始调整自己注意的焦点。他发现来西部淘金的人，衣服极易磨破，同时又发现西部到处都有废弃的帐篷，于是他又有了一个绝妙的好主意——把那些废弃的帐篷收集起来，洗洗干净，就这样，他缝成了世界上第一条牛仔裤！从此，他一发不可收拾，最终成为举世闻名的"牛仔大王"。

【感悟思考】李维斯是如何选择他的三个创业项目的？前两次为什么失败了？为什么第三次创业成功了？

"只有愚者才等待机会，而智者则造就机会。"培根的这句话也在启发着我们，创业机会需要我们去创造和发现。只要我们平时时刻注意周围的事情，观察生活中的点点滴滴，勇于开动大脑，找到灵感，我们就能寻找到机遇，然后再为此付出自己的汗水，就一定能开启一扇成功之门。

第四章 商业模式及其设计与创新

应知要求：

1. 了解商业模式的概念与类型
2. 了解商业模式的基本构成要素
3. 了解"互联网+"时代商业的特点

应会要求：

1. 掌握传统行业商业模式的基本形式
2. 掌握"互联网+"条件下商业模式创新方法
3. 理解并掌握"互联网+"时代的几种主要商业模式

案例导入

9平方米包子铺：最朴实的商业模式成就千万营收

卖包子的青年们

2013年4月的一个夜晚，郭立恒、程栋、韩俊、袁青蔚在一个路边摊小聚，待业半年的郭立恒说想开一家包子铺，并邀请其他三人入伙。这不是他第一次向好友们提及此事，在半年前，他们每个月都会聚会，谈论创业。不同的是，这一次他郑重其事地拿出一份包子铺创业计划书摊在大家面前。这份计划书赢得了其他三人的认可，觥筹交错间最终拍板，随后，其他三人陆续辞掉原来的工作，加入郭立恒的创业团队。

在过去的三年中，他们三个人都在一家武汉知名的面粉公司供职，每人每年的销售额可达到1000万元，平均年薪10万元左右。

最简单的调研往往能得到最真实的回报

随后，郭立恒去上海做了一些简单的市场调研——每天蹲在包子铺门口计算人流量，购买数量，观察产品品类，产品结构，总结分析购买群体。

上海巴比馒头已是风生水起，这个由安徽人刘会平一手打造的包子铺，通过加盟的方式在国内已有店面2035家，年销售额达到10亿元。在杭州，甘其食作为一个后起之秀，短短三年内门店扩张到 140 家，且全部为直营，2013 年的销售额为 3 亿元。而在武汉，这个以吃热干面闻名的城市，除了嘟嘟香这一家已经具有一定规模的包子铺外，还没有后来者。

拜师学艺和偷师学艺

回武汉后，从没拿过菜刀的郭立恒开始拜师学艺，先是去职校学习做包子，不见成效。后来又前去天门找大师拜师学艺，先是跟着师傅打下手，后来学和面、揉面、调馅等技术，其间也会主动去尝试不同馅料的调制。"还是成效不大，做出的包子口感不稳定。"郭立恒说。这就有了后来他所说的"卑鄙的学习方法"：面试大师傅的时候，大师傅用料之前，如醋，会称重，用完之后再称一次，用前者减去后者，就可以得出一次用量。然后对口感不错的包子，进行用料数据保留，自己再根据这一用量配料。量化分析一直是餐饮业缺乏的精神和方法！

选址的成功决定了生意的好坏

当创业决定被正式提上议事日程后，四个人分头行动。

程栋是武汉人，对武汉三镇较为熟悉，成为店面选址的不二人选；韩俊负责招聘大师傅，他通过网络，或者跑到门店和人闲聊，套取店里师傅的信息情况；而产品方面，则交给了袁青蔚，由于之前的工作经历，袁青蔚对武汉各大粮油市场十分熟悉，并拥有很多老客户，借此资源希望拿到最精良实惠的进货。

郭立恒是决策者，除了门面选址和师傅招聘，还要忙于各种开店手续办理。

按照计划书中的步骤，寻找大师傅被放在首位，想象中，他们觉得这是最难的事情，产品次之，门面选址排在第三。

"我们以为找门面很容易，找大师傅很难。"袁青蔚说，行动之后，发现事实完全本末倒置。为了找到一个合适的门面，大家不得不倾巢出动，四个人每天早晨出门选择街道蹲点，观察人流量、人群特质，然后拿笔记在小本子上，晚上开会研究，对一个店面的考察和分析完成需要 2 天时间。"好不容易看好一家，准备签合同时才发现不出几个月这个地方会拆迁。"韩俊说，各种层出不穷的状况让他们跑了 20 多天，才完成了选址工作。

45 天后，每人各出资 2 万元，总计 8 万元的"蒸好 7"实验店开张。

"3 个月的房租押金 7500 元，装修材料及人工 3000 元，门头 100 多元，加上设备等费用，启动成本不到 3 万元。"郭立恒给记者算成本，末了，他说："不要多少启动资金啊，就算我不是富二代，我们四个人去搬砖，不出几个月也能挣到 3 万元。"

严格的管理机制和考究的细节管理

四人合伙具有严格的管理机制。在工作管理条例中，明确写着上班时间不允许进行任何影音游戏。迟到一次罚半个月工资，迟到第二次开除，并清算个人全部股本。为此，他们还建立了一套完善的股东退出机制。工作时间不许发生争吵，所有人必须服从郭立恒的意见，如有异议，可申请公议，公议自申请后在两个工作日内完成。在这个会议上股东可畅所欲言，举手投票方式，郭立恒一人拥有两票，其他三人分别持有一票权利，少数服从多教做出最终决定。

相比对合伙人的严苛管理，对待店内的三名员工——一个大师傅、一个中工、一个学徒，管理则人性化许多。郭立恒仔细研究了"甘其食模式"，并力求改进。

例如，为了能够保证员工的良好休息环境，加固员工的架子床，以免翻身发出声响；每个店面配备为员工做饭阿姨，创始人童启华笑称"甘其食的做饭阿姨加起来足以开一家中等规模的家政公司"，阿姨们保证每顿饭四菜一汤，且一个星期内每天的荤菜不能重复，当阿姨做不到这一点时，童启华便会提醒甚至亲自陪同前去菜场买菜。"员工很辛苦，每天三点起床，晚上六点下班，我要让他们生活在一个备受尊重的环境中。"这是童启华的管理哲学。

"蒸好7"虽然目前只有三个员工，但是郭立恒也向此靠拢，如将架子床改为单人床。他坦言，这方面他还做得不够，这份工作的辛苦和农民工差不多，这一点四个人感同身受，每天他们和员工同处在没有风扇和空调的9平方米房间中做工。

用最朴实的商业模式踏踏实实做品牌

"他们的机制设计和对商业模式的慎重，绝对不是一个小作坊的做派。"一个对"蒸好7"有所了解的咨询管理公司经理说，具体到实际操作中，郭立恒对自己的要求是踏踏实实，步步为营。除了这些，如何将第一个实验店做出品牌来，是他们极为慎重的问题。事实上，包子并不是复杂的产品，从工业标准化角度来考量，包子的可控性很强。"蒸好7"包子的选料在参照他人的基础上自成体系，大到肉的选择，"我们只选用全国排名前二的五花肉，注意是前二，绝对不是前三"。郭立恒特别强调，小到葱这种调料，袁青蔚每天凌晨四点准时去菜场挑选最新鲜的那拨。用量最大的面粉，郭立恒希望父亲的公司能成为自己的供应商。一般情况下，该公司只为统一、康师傅、仟吉这样的大客户供货。一天，该公司的研发总监去了"蒸好7"，准备为其生产定制面粉。考虑到产品的标准化可控，郭立恒甚至不考虑加盟，采访期间，他接到了三个加盟电话——客气地拒绝了。"不仅是因为现在时机未到，时机到了也不会。"

虽然选料上乘，但在成本上郭立恒则十分"计较"。这几个"数据狂"在计算成本模型时，精细到每个包子用盐几克，包子的重量误差是正负两克。"一般的包子铺只会计算粗略成本，今天进账多少，刨除成本，剩下的就是利润。"尽管如此精打细算，开业两个月来，"蒸好7"的盈利微乎其微。做包子的倪师傅说，一般情况下，若只算原材料成本，一个牛肉包子的毛利润可以达到50%，而他们一个牛肉包子的毛利润却不足20%。在开张的第一个月，虽然有近5万元的营业额，但分掉给高昂的原料成本和财务管理成本后，所剩无几。郭立恒不在乎，对他们而言，实验店的意义在于品牌立足。质优味美价廉，最朴实的商业模式为顾客创造了价值，带来了实实在在的回报——顾客盈门，供不应求。

这个店地处一个老社区，每天前来排队买包子的多为公公婆婆。目前"最糟糕的就是，不仅让人排队，并且还不能给大家一个能否买到包子的答案，你说他等了两个小时，什么都没买到，他得多愤怒"。一位相熟的好友提醒郭立恒，不要因此丢掉了这些亲爱的顾客，这些老人是最能为品牌做口头宣传的群体。

在四人创业的蓝图中，包子只是一个开端，未来他们会开发婴儿粥等系列产品。"有个叫得响的牌子后，其他新品才能实现盈利。"而扩张版图也清晰可见，他们的计划是逐步在武汉开店达到 100 家。更进一步的设想是，"我们最终要把这个包子铺变成电商，靠物流配送赚钱"。不过具体方案他们还没想好，毕竟除了肯德基、麦当劳外，还没有人成功。

案例点评：

创业就是提出创意，设计好机制和商业模式，踏踏实实做品牌。商业模式需要朴实，切切实实能为顾客创造价值，就一定会得到实实在在的市场回报，这对于众多传统领域的创业者具有重要的启迪意义。

第一节　商业模式认知

商业模式已经成为挂在创业者和风险投资者嘴边的一个口头禅。几乎每一个人都确信，有了一个好的商业模式，成功就有了一半的保证。那么，到底什么是商业模式？它包含什么要素，又有哪些常见类型呢？

商业模式就是公司通过什么途径或方式来赚钱。比如：饮料公司通过卖饮料来赚钱；快递公司通过送快递服务来赚钱；网络公司通过点击量来赚钱；通信公司通过收话费来赚钱；超市通过平台和仓储来赚钱；等等。只要有赚钱的渠道，就有商业模式存在。

一、商业模式的基本概念

（一）商业模式的概念

商业模式的定义：为实现客户价值最大化，把企业运行的内外各要素整合起来，形成一个完整高效且具有独特核心竞争力的运行系统，并通过最优实现形式满足客户需求、实现客户价值，同时使系统达成持续盈利目标的整体解决方案。

商业模式的设计是商业策略的一个组成部分。将商业模式实施到公司的组织结构及系统中去是商业运作的一部分。商业模式和商业模式设计指的则是在公司战略层面上对商业逻辑的定义。

（二）商业模式的类型

根据上述理解，可以把商业模式分为两大类：运营式商业模式和策略型商业模式。

1. 运营性商业模式

重点解决企业与环境的互动关系，包括与产业价值链环节的互动关系。运营性商业模式创造企业的核心优势、能力、关系和知识，主要包含以下两个方面的主要内容：

产业价值链定位：企业处于什么样的产业链条中，在这个链条中处于何种地位，企业结合自身的资源条件和发展战略应如何定位。

盈利模式设计：企业从哪里获得收入，获得收入的形式有哪几种，这些收入以何种形式和比例在产业链中分配，企业是否对这种分配有话语权。

2. 策略性商业模式

策略性商业模式对运营性商业模式加以扩展和利用，应该说策略性商业模式涉及企业生产经营的方方面面。

业务模式：企业向客户提供什么样的价值和利益，包括品牌、产品等。

渠道模式：企业如何向客户传递业务和价值，包括渠道倍增、渠道集中、渠道压缩等。

组织模式：企业如何建立先进的管理控制模型，比如建立面向客户的组织结构，通过企业信息系统构建数字化组织等。

每一种新的商业模式的出现，都意味着一种创新和新的商业机会出现，谁能率先把握住这种商业机遇，谁就能在商业竞争中拔得头筹。

二、商业模式的构成要素与核心原则

（一）商业模式的构成要素

商业模式主要由四个密切相关的要素构成，这四个要素之间的相互作用便创造与实现了企业与客户价值。

1. 客户价值主张

凡是成功的公司都能够找到一种为客户创造价值的方法，即帮助客户完成工作满足需求。在此，"工作"的含义是指在特定情境下需要解决的一个关键问题。客户工作的重要性越高，公司提供的解决方案比其他可选方案越好，客户价值主张就越优秀。企业提出客户价值主张的最佳时机是：其他可选产品和服务的设计并未考虑客户真正的需求，无法帮助客户完成工作时，就是公司针对客户的工作或需求设计出圆满解决方案的最佳时间。

2. 盈利模式

盈利模式是对公司如何既为客户提供价值、又为自己创造价值的详细计划，包括以下构成要素：

（1）收入模式：产品单价 × 销售数量。

（2）成本结构：直接成本、间接成本和规模经济。成本结构主要取决于实施商业模式所需关键资源的成本。

（3）利润模式：在已知预期数量和成本结构的情况下，为实现预期利润要求每笔交易贡献的收入。

（4）利用资源的速度：为了实现预期营业收入和利润，我们需要实现多高的库存周转率、固定资产及其他资产的周转率，并且还要考虑从总体上该如何利用好资源。

人们往往把"盈利模式"和"商业模式"的概念混为一谈。事实上，盈利模式只是商业模式的一部分。

3. 关键资源

关键资源是指人员、技术、产品与厂房设备及品牌这类资产，用以向目标客户群体传递价值主张。企业关注的是可以为客户和公司创造价值的关键要素，以及这些要素间的相互作用方式。每个公司都拥有一般资源，但这些资源无法创造出差异化的竞争优势。

4. 关键流程

成功企业都有一系列的运营流程和管理流程，确保其价值交付方式能够被大规模复制和扩展，这包括员工的培训与发展、生产制造、预算与规划、销售和服务等重复发生的工作。此外，关键流程还包括公司的制度和条例、绩效指标等。

上述四个要素是每个企业的商业模式的构成要素。客户价值主张和盈利模式分别明确了客户的价值和公司的价值；关键资源和关键流程则描述了如何实现客户价值和公司价值。四个要素中的任何一个发生大的变化，都会对其他要素和整体产生影响。成功企业都会设计一个比较稳定的系统，将这些要素以连续一致、互为补充的方式联系在一起。

（二）商业模式的核心原则

商业模式的核心原则是对商业模式定义的延展和丰富，是成功商业模式必须具备的属性。企业能否持续盈利是我们判断其商业模式是否成功的唯一标准。持续盈利是对一个企业是否具有可持续发展能力的最有效的考量标准，盈利模式越隐蔽，越有出人意料的好效果。

一个成功的商业模式不一定是在技术上的突破，或是对某一个环节的改造，或是对原有模式的重组创新，甚至是对整个游戏规则的颠覆。商业模式的核心原则是指商业模式的内涵、特性，它包括：客户价值最大化原则、持续盈利原则、资源整合原则、融资有效性原则、组织管理高效原则、创新原则、风险控制原则和合理避税等八大原则。

1. 客户价值最大化原则

一个商业模式能否持续盈利，是与该模式能否使客户价值最大化相关联的。一个不能满足客户价值的商业模式，即使盈利也一定是暂时的、偶然的，是不具有持续性的。反之，一个能使客户价值最大化的商业模式，即使暂时不盈利，但终究也会走向盈利。所以我们把对客户价值的实现再实现、满足再满足当作企业应该始终追求的目标。

2. 持续盈利原则

企业能否持续盈利是我们判断其商业模式是否成功的唯一的外在标准。因此，在设计商业模式时，盈利和如何盈利也就自然成为重要的原则。当然，这里指的是健康可持续盈利。持续盈利是指既要"盈利"，又要能有发展后劲，具有可持续性，而不是一时的偶然盈利。

3. 资源整合原则

整合就是优化资源配置，就是要有进有退、有取有舍，就是要获得整体的最优。

在战略思维层面上，资源整合是系统论的思维方式，是通过组织协调，把企业内部彼此相关但却彼此分离的职能，把企业外部既参与共同的使命又拥有独立经济利益的合作伙伴，整合成一个为客户服务的统一体，取得1+1>2的效果。

在战术选择层面上，资源整合是优化配置的决策，是根据企业的发展战略和市场需求对有关的资源进行重新配置，以凸显企业的核心竞争力，并寻求资源配置与客户需求的最佳结合点，目的是要通过组织制度安排和管理运作协调来增强企业的竞争优势，提高客户服务水平。

4. 创新原则

韩国三星董事长李健熙说："除了老婆和孩子外，其余什么都要改变！"时代华纳前首席执行官迈克尔·恩（Michael，美国）说："在经营企业的过程中，商业模式比高技术更重要，因为前者是企业能够立足的先决条件。"创新是企业的灵魂，企业只有不断创新，不断寻求满足客户和企业价值最大化的商业模式，企业才能实现可持续发展。

5. 融资有效性原则

融资模式的打造对企业有着特殊的意义，尤其是对中国广大的中小企业来说更是如此。我们知道，企业生存需要资金，企业发展需要资金，企业快速成长更是需要资金。资金已经成为所有企业发展中绕不开的障碍和很难突破的瓶颈。谁能解决资金问题，谁就赢得了企业发展的先机，谁就掌握了市场的主动权。

从一些已成功的企业发展过程来看，无论其表面上对外阐述的成功理由是什么，但都不能回避和掩盖资金对其成功的重要作用，许多失败的企业就是没有建立有效的融资模式而失败了。如巨人集团，仅仅为几千万的资金缺口而轰然倒下；曾经与国美不相上下的国通电器，拥有过30多亿元的销售额，也仅因为几百万元的资金缺口而销声匿迹。所以说，商业模式的设计很重要的一环就是要考虑融资模式。甚至可以说，能够融到资并能实现资金最大价值的商业模式就已经是很成功的商业模式了。

6. 组织管理高效原则

高效是每个企业管理者都梦寐以求的境界，也是企业管理模式追求的最高目标。用经济学的眼光衡量，决定一个国家富裕或贫穷的砝码是效率；决定企业是否有盈利能力的也是效率。

按现代管理学理论来看，一个企业要想高效率地运行，首先要解决的是企业的愿景、使命和核心价值观，这是企业生存、成长的动力，也是员工干好的理由。其次是要有一套科学实用的运营和管理系统，解决系统协同、计划、组织和约束问题。最后还要有科学的奖励激励方案，解决如何让员工分享企业的发展果实，这是向心力的问题。只有把这三个问题解决好了，企业的管理才能实现高效。现实生活中的万科、联想、华润、海尔等大公司，在管理模式的建立上都是可圈可点的，也是值得大学生创业者学习的。

7. 风险控制原则

设计再好的商业模式，如果抵御风险的能力很差，就会像在沙丘上建立的大厦一样，经不起任何风浪。这个风险既指系统外的风险，如政策、法律和行业风险，也指系统内的风险，如产品变化、人员变更、资金断流等。

8. 合理避税原则

合理避税，不是逃税。合理避税是在现行的制度、法律框架内，合理地利用有关政策，设计一套利于利用政策的体系。合理避税做得好也能大大增加企业的盈利能力，千万不可小觑。

三、商业模式的设计与创新

（一）商业模式的设计

商业模式是一个企业创造价值的核心逻辑，价值的内涵不仅仅是企业利润，还包括为客户、员工、合作伙伴、股东提供的价值，在此基础上形成了企业竞争力与持续发展力。商业模式的设计就是怎样将战略、策略、战术打包成盈利的一整套方法，因此商业模式就是战略的应用工具。商业模式的核心就是资源的有效整合，其经营表现形式为销售、运营、资本三种模式。

1. 商业模式的设计要素

（1）企业盈利
（2）自我保护
（3）资源整合
（4）模式调整
（5）财务退出

2. 商业模式应该遵循的要点

商业模式必须能盈利。盈利是企业存在的目的。新创企业常常短期无法盈利，也很少有企业开业就正常盈利。但是企业需要多长时间才能盈利，如果超过预计的盈利日期很久还没能盈利，就得想法解决问题。

商业模式必须能自我保护，构建企业被复制的壁垒。这些壁垒包括专利、品牌、排他性的推销渠道协议、商业秘密（如可口可乐的配方），以及先行者的优势。

商业模式必须能最大限度整合资源。资源的高效整合与匹配，是企业获取利润的最有效渠道。

商业模式必须可调整。依赖大量客户或合作伙伴的商业模式远没有可以随时调整的商业模式灵活。

商业模式要有财务退出策略。如果你能创立起一摊生意然后把它卖掉或上市，你就能从你建立起的公司净值中套现。

3. 商业模式的表现形式

商业模式的表现形式，从经营的角度可分为销售模式、运营模式和资本模式，其核心就是资源的有效整合。

销售模式是指产品或服务的销售方式。

运营模式是指企业内部人、财、物、信息等各要素的结合方式，这是商业模式的核心，也是商业模式的最基本体现。

资本模式是指企业获得资本以及资本运行的方式，这是商业模式的支撑体系。

（二）商业模式的创新

商业模式创新就是对企业的经营方法进行变革，一般而言有四种创新方法：改变收入模式、改变企业模式、改变产业模式和改变技术模式。

1. 改变收入模式

改变收入模式就是改变一个企业的用户价值定义和相应收入模型。这就需要企业从确定用户的新需求入手，并非只是寻找用户新需求，而是从更宏观的层面重新定义用户需求，即去深刻理解用户购买你的产品需要完成的任务或要实现的目标是什么。其实，用户要完成一项任务需要的不仅是产品，而是一个解决方案。一旦确认了解决方案，也就确定了新的用户价值定义，并可依次进行商业模式创新。

国际知名电钻企业喜利得公司就从此角度找到用户新需求，并重新确认用户价值定义。喜利得一直以向建筑行业提供各类高端工业电钻著称，但由于全球激烈竞争使电钻成为低利标准产品。于是，喜利得通过专注于用户所需要完成的工作，意识到他们真正需要的不是电钻，而是在正确的时间和地点获得处于最佳状态的电钻。因此，喜利得随即改动它的用户价值定义，不再出售而出租电钻，并向用户提供电钻的库存、维修和保养等综合管理服务。喜利得公司变革其商业模式，从硬件制造商变为服务提供商，并把制造向第三方转移，同时改变盈利模式。

2. 改变企业模式

改变企业模式就是改变一个企业在产业链中的位置和充当的角色，也就是说，改变其价值定义中"造"和"买"的搭配，一部分由自身创造，其他由合作者提供。一般而言，企业的这种变化是通过垂直整合策略或出售及外包来实现的。例如，谷歌公司在意识到大众对信息的获得已从桌面平台向移动平台转移，自身仅作为桌面平台搜索引擎会逐渐丧失竞争力，就实施垂直整合，大手笔收购摩托罗拉手机和安卓移动平台操作系统，进入移动平台领域，从而改变了自己在产业链中的位置及商业模式，由软变硬。IBM公司也是如此。它在20世纪90年代初期意识到个人电脑产业无利可寻，即出售此业务，并进入IT服务和咨询业，同时扩展它的软件部门，一举改变了它在产业链中的位置和它原有的商业模式，由硬变软。

3. 改变产业模式

改变产业模式是最激进的一种商业模式创新，它要求一个企业重新定义本产业，进入或创造一个新产业。例如，IBM公司通过推动智能星球计划和云计算，重新整合资源，进入新领域并创造新产业，如商业运营外包服务和综合商业变革服务等，力求成为企业总体商务运作的大管家。亚马逊公司也是如此，它正在进行的商业模式创新向产业链后方延伸，为各类商业用户提供如物流和信息技术管理的商务运作支持服务，并向他们开放自身的20个全球货物配送中心，并进入云计算领域，成为提供相关平台、软件和服务的领袖。

4. 改变技术模式

产品技术创新往往是商业模式创新的最主要驱动力。企业可以通过改良或引进新技术来主导自身的商业模式创新，例如，当年众多企业利用互联网进行商业模式创新。当今，最具潜力的技术是云计算，它能提供诸多崭新的用户价值，从而提供企业进行商业模式创新的契机。目前，3D打印技术的成熟与推广，对很多企业而言，创新企业的盈利模式已是迫在眉睫。

当然，无论采取何种方式，商业模式创新需要企业对自身的经营方式、用户需求、产业特征及宏观技术环境具有深刻的理解和洞察，这是成功进行商业模式创新的前提条件。

▦ 拓展阅读

商业模式应该遵循的核心战略应该包括五个方面：以价值创新为灵魂，以占领客户为中心，以经济联盟为载体，以应变能力为关键，以信息网络为平台。

（1）以价值创新为灵魂。商业模式的灵魂在于价值创新。企业经营的核心是市场价值的实现，必须借助商业模式进行价值创造、价值营销和价值提供，从而实现企业价值最大化。商业模式应该回答一系列的问题：向什么顾客提供价值，向顾客提供什么样的价值，怎么样为顾客提供价值等。所谓轻资产重经营，是在资源有限的基础上科学配置各种资源，以最少投入实现企业价值最大化。

（2）以占领客户为中心。商业模式创新必须以客户为中心，由企业本位转向客户本位，由占领市场转向占领客户，必须立足以客户为中心，为客户创造价值。从消费者的角度出发，认真考虑顾客所期望获得的利益，只有把竞争的视角深入到为用户创造价值的层面中，才能进入到游刃有余的竞争空间。

（3）以经济联盟为载体。当今科技的高速发展和产品的日益复杂化，无论企业实力多么雄厚，单独控制所有产品和所有技术的时代已一去不复返。而传统的价值链中可挖掘的潜力已越来越少，向组织内部寻找有效的生产力提高的来源也越来越难。

（4）以应变能力为关键。如果说商业模式决定了企业的成败，应变能力则是商业模式成败的关键。应变能力是企业面对复杂多变市场的适应能力和应变策略，是竞争力的基础。

（5）以信息网络为平台。随着互联网的迅速崛起，全球经济网络化、数字化已成为时代主旋律，网络经济正以经济全球化为背景，以现代信息技术为手段，深刻地影响着人类经济和社会的发展。新的商业模式必须重视信息网络的力量，脱离信息网络平台，企业将无竞争力可言。

构造虚拟经济的竞争力，比如以"虚拟＋现实"的商业模式，在网络时代首次实现了"真实生活"与"虚拟生活"的对接。加快企业商务电子化，传统企业管理只有与信息技术有机融合，通过企业商务电子化，强化物流、资金流、人员流及信息流的集成管理，推动企业全面的管理变革，才能不断提高运行效率和应变速度，为企业的发展带来新的增长空间。推动流程再造和信息技术的飞速发展，从根本上改变了组织收集、处理、利用信息的方式，从而推动组织形式的巨大变革。

上述五条核心战略也是创新商业模式的指导原则和基本要求。

第二节　传统行业的商业模式创新

一、10个传统行业未来商业模式分析

在移动互联网的冲击下，各个传统行业都将发生显著的商业模式改变，"价值重塑战略"将越来越成为传统企业的必然选择。

（一）快餐等服务业的价值重塑：高品质化＋客户聚焦＋O2O

在中国，无论哪个行业，只要有企业愿意多付出10%把产品或服务做得更好，一定有消费者愿意买单，这是中国市场的分层结构决定的。以快餐为代表的服务业一定会有更多增值挖潜的空间。以写字楼快餐销售为例，将出现越来越多的高品质送餐服务，这种高品质一方面表现在食材、汤料、包装、口味等产品本身，也表现在通过线上互动的服务模式上。

（二）家电业的价值重塑：硬件低价化＋可运营生态链＋大数据服务

家电商品的特点是，与消费者衣食住行结合紧密，与消费者日常最经常的消费行为密切相关。在这些商品逐步智能化之后，可以通过对消费者行为监测，建立起对消费者的完整、深刻理解，挖掘消费者生活中的其他商机。

（三）教育业的价值重塑：平台化＋免费服务圈地＋增值服务收费

在互联网的冲击下，越来越多教育培训机构改变单一的学校模式，教育培训变得越来越平台化、生态圈化。从内容上类似教育、科技电视台，从沟通方式上类似垂直用户社区，从盈利模式上类似后向收费的媒体。英语、职业教育、课外辅导等教育培训将被首先突破，大量受众从线下教育向线上迁移。

（四）音乐业的价值重塑：遴选好的原创音乐为核心 + 生态体系延伸

音乐领域的最实在的商业模式，就是做音乐赚钱，形成一批好的原创词曲作者、歌手、乐手、制作人、录音棚、唱片公司、发行公司，然后延伸出去，建立内容生产者和利益相关者的联盟，保护自己的权益。唱片公司和音乐网站与硬件商深度合作，提高音质和耳机质量，提供便捷的支付手段，打通最后一里路，让用户付费付得心甘情愿。不同音乐有自己不同的盈利模式，免费听歌，付费买唱片，常出新歌，常办演出，偶尔代言或参加活动；将不同级别和阶段的艺人培养衔接起来，建立起一个周边的利益相关联盟（乐器商、KTV、中国好声音、综艺节目等），将蛋糕做大。

（五）医疗业的价值重塑：智能健康终端 + 云服务 + 创新型运营企业

移动互联网时代最典型的平台架构是基于云和端构成的，可称之为"云 + 端"平台模式。

在端这一侧，智能健康终端的爆发式增长为智能医疗创造了条件，智能手环、智能运动鞋、智能体重计、智能血压计甚至测基因的设备已经在消费和技术的双重驱动下迅速爆发。

在云这一侧，传统医疗设备厂家和专业体检中心在积极探索云健康服务。在关键的运营平台方面，健康服务公司或创新型医院有可能作为运营者，担当起中间的连接者，统一收集个人各类终端采集的数据，能提供医患双方的服务平台，并将带动更多医院逐步加入。

（六）鞋服业的价值链重塑：商品智能化 + 店面智能化 + 用户社群化 + 大数据挖掘

鞋服业将越来越成为用户进入移动互联网的入口与载体，也是用户行为数据被记录的感应器。例如，运动鞋不仅仅是一双鞋，而是获得用户生活、运动、健康基础数据的载体和门户，在此基础上可以深入到用户的健康管理之中。一般商品的"功能价值"在降低，而其"信息价值"在放大。商品开始成为基于基础功能载体的信息探头与门户。

同时，用户在零售店面的体验将发生极大变化，店面将转变成为用户表达个性需求的触点，也是记录用户试衣及咨询的数据记录触点，用户将获得前所未有的良好体验。借助线上和线下两种手段以及有效的运营，鞋服产品的用户将逐步开始粉丝化、社群化。

最大的改变将发生在：鞋服从一次性售卖商品将逐渐变为可长期运营的生活服务，并以大数据为依托，为用户提供更完整的生活服务与健康服务。

（七）招聘等人力资源服务行业的价值重塑：基于大数据的智能中介服务

利用大数据技术进行招聘的过程，相较于当前的企业招聘模式，无疑是革命性的进步。大数据创新会有助于推动充分市场化、专业化的职场环境，这将带来人力资源价值的充分释放。人才、用人企业、人才中介机构对于人力资源管理过程中每一步，进行定量化积累、跨领域分享及模型化挖掘，形成一个运作有序的人才价值交换市场。

例如，职业人在各企业的综合表现、薪资福利、职业历程、职业信用信息，在职业社交平台上的发布信息、互动信息、人脉信息，在职业测评中的测评信息，在职业转换中的相关信息等，这些都需要进行量化积累，同时需要借助某种共享平台实现信息分享，在此基础上，进行专业的挖掘与提取。数字化职业生涯管理，对于人力资源管理的改变将是巨大的，无论是企业的 HR 人员、职业生涯规划咨询师、猎头机构或培训机构，都需要具备以职场人为中心，以数据运用和挖掘为手段的数字化职业生涯管理技术，并以此为基础构筑自己的核心竞争力。

（八）证券业的价值重塑：互联网免费模式 + 增值服务获利

未来，交易佣金也不再是券商经纪业务的唯一收入，经纪业务主要内容是金融产品的销售，为客户提供一体化服务，包括客户开户、咨询、购买产品等多项业务，而不仅仅是买卖股票。未来的券商以极低佣金吸引基础客户的同时，将大力发展资产管理、证券咨询等增值服务，这些将取代经纪业务收入成为券商新的利润来源，另一些券商则会专注于高净值客户服务，或者走投行模式。

互联网证券服务的出现将加速目标客户的分层，鏖战之后差异化竞争定位将更为清晰。仅需要通道的客户会从传统营业部转移到网络渠道，而对服务有需求的客户会得到更好的服务。面对不同的客户群，线上渠道和线下渠道采用不同的佣金率水平，实现客户差异化分层与差异化服务。

（九）保险业的价值重塑：互联网低成本渠道 + 产品创新 + 大数据服务

保险业向互联网转型趋势明显。一方面，互联网可以有效降低保险公司获得客户的成本；另一方面，借助移动互联网手段，保险业可以更深入地理解用户，甚至将保险服务与用户的生活服务、健康服务更好结合，为保险业提供未来增长的空间。

为满足客户的多重需求，互联网保险行业势必要走上不间断的产品创新之路。互联网保险时代，产品设计的理念将会发生质变，能够首先设计出与互联网及互联网客户特性相匹配、抓住客户需求的保险产品，是保险公司在今后市场竞争中取得优势的关键。

随着互联网的渗入，以保险产品为主导的销售模式将逐渐转化为以客户需求为核心的销售模式。保险企业应发挥核心竞争力，以数据分析优势实现无缝衔接。由于很多客户不知道自己的个性化需求，保险公司需要把客户的需求碎片化，进行大数据处理，再重新打包，做到个性化产品定制与服务定制，并延伸到客户的生活之中。

（十）基金业的价值重塑：反向基金产品 C2B+ 提升高附加值服务 + 优化客户体验

传统基金业的售卖产生 80% 利润集中在 20% 的客户，原因是基金到达不了更多的80% 的客户。今天通过互联网，使整个成本下降，长期被忽略的散户、小户借助互联网的长尾效应整体形成了惊人的规模。互联网金融释放的创新红利将继续惠及基金行业，长尾效应尚未结束。互联网金融投资品，更容易获得大量投资者的热捧，特别是社区互联网将成为互联网金融消费者的分享空间。一旦投资这样的分享平台形成规模，就必然形成金融创新的基础，不再是基金公司自己设计投资产品了，很可能是一类特定的投资者，形成一个投资需求，由基金公司来响应投资者的投资需求，从而形成一个金融投资产品，也就是形成基金的 C2B 模式。

二、颠覆未来的 11 种最佳免费商业模式

企业之间的较量，具体的战场体现在营销上。追究营销问题的源头，是"供求关系"之间的失衡。简单地说，就是我们的供应远远超出了市场的需求。产能过剩、产品过剩，也成了我们这个时代的烙印与标志。

如何改变供求之间的关系，如何让供在短期内小于求，如何获得更多的客户，这是多数企业家每天不得不面对的问题。在竞争与思索中，诞生了一种全新的营销模式——免费模式。

免费模式是在这种矛盾下应运而生的新型模式。免费模式在未来的几年中，将会不断地渗透到各个行业中，这不单单是加速了行业内部的洗牌速度，更是加速了行业之间的洗牌速度。

未来，免费模式会让行业之间的界限变得更加模糊，尤其是边缘行业之间。随着时间的推移，它会彻底颠覆我们对原有行业的认知。有人说它是一个天使，也有人说它是一个魔鬼，但不论如何，它已悄然而至，而你我要做的就是快速适应它的变革。

免费模式的核心是"设计企业隐性的利润空间"，即延长企业的利润链条，通过设计免费的项目，最大限度地吸引客户，而后在下一个阶段实现企业的盈利。

根据性质与行业的不同，免费商业模式可以分为以下 11 种模式：

（一）体验型模式

客户往往对待一个新的产品抱着怀疑与渴望的双重态度，如何让客户感觉到安全与信任，就成了企业营销的核心。体验型模式是通过客户先进行体验，获得客户的信任后，再进行成交的方式。这种模式，具体可以分为两种：一种是企业设计可以用于体验的产品，客户可以免费体验该产品，感觉良好后再进行消费；另一种是与时间挂钩的免费体验，就是客户在规定的时间内，可以免费体验该产品，而后进行付费长期使用。如按摩椅的销售。

（二）第三方付费模式

我们需要客户，而有一些企业更需要我们的客户。从而"我们"转化成了一个资源对接的平台。简单来说，消费我们产品的客户将会获得免费，而向我们付费的是想拥有我们客户的第三方，如报纸、电视、广播、杂志等。消费者是免费获得的，而付费方是第三方的企业。

（三）产品型模式

免费获得产品，对于消费者来说，具有极大的吸引力。通过某一产品的免费来吸引客户，而后进行其他产品的再消费的方式。如套餐销售、捆绑销售等。

产品型模式是一种产品之间的交叉型补贴，即某一个产品对于客户是免费的，而该产品的费用由其他的产品进行了补贴。产品型模式分为三种：

（1）诱饵产品的设计：设计一款免费的产品，目的是培养大量的潜在目标客户。

（2）赠品的设计：将一款产品变成另一款产品的免费赠品；或者将同行业或边缘行业的主流产品变成我方的免费赠品。

（3）产品分级的设计：普通版的产品，客户可以免费得到，高级版本或个性化的产品客户需要付费。

（四）客户型模式

人类是群居性的动物，在人群中一部分人群对于另一部分人群来说，具有强大的吸引力。通过对其中一部分人群进行免费，从而获得另一部分人群的消费。

该模式是企业找到一部分特定的客户进行免费，对另一部分客户进行更高的收费，实现客户与客户之间的交叉性补贴。

这种模式设计的关键核心在于找到特定的客户群。比如，可以女士免费男士收费、小孩免费大人收费、过生日者免费朋友收费、老人免费家属收费等。

（五）时间型模式

有些行业具有明显的时间消费差异。如电影院，上午看电影的人群非常少，那么可以在上午对客户进行免费，从而吸引大量的客户在上午进入电影院，而电影结束时往往是中午，客户会进行餐饮等其他消费。

时间型模式是指在某一个规定的时间内对消费者进行免费。例如，一个月中的某一天，或一周中的某一天，或一天中的某一个时间段。

采用这种模式要将具体的时间固定下来，让客户形成时间上的条件反射。该模式，不但对客户的忠诚度、宣传上有极大的作用，另外客户还会消费其他的产品，可以进行产品之间的交叉补贴。

（六）功能型模式

有一些产品的功能，可以在另一些的产品上体现，于是可以将另一种产品的功能对客户进行免费。功能型免费模式是指将其他产品的功能在我们的产品上进行体现，让客户获得免费的使用。例如，手机免费了相机、U盘等功能。

（七）空间型模式

企业为了拉动某一特定空间的客户数量，对于指定的空间，客户可以获得相关的免费。

空间型模式是指该产品或服务对于客户来说是收费的，但是指定的空间或地点客户可以享受到免费的待遇。

（八）跨行业型模式

将其他行业的产品当成我们的诱饵产品或赠送产品，来吸引客户消费我们行业的主流产品。

跨行业型模式是指企业将其他行业的产品纳入我们的产品体系，而纳入的产品对于客户来说是免费获得的，条件是消费我们的主流产品。

这种模式将使得行业之间的界限越发模糊，会将一个行业的部分或全部并入另一个行业。

（九）耗材型模式

有一些产品的使用，需要大量的相关耗材，从而对该产品进行免费，而耗材进行收费。

消费型模式是指客户将免费获得我们的产品，但是由该产品引发的产品（耗材）客户需要付费。

（十）增值型模式

为了提高客户的黏性与重复性消费，我们必须对客户进行免费的增值型服务。例如，服装店可以做到免费烫洗；化妆品商店可以做到免费美容培训；咖啡厅可以做到免费的英语培训；等等。

（十一）利润型模式

利润型模式是指客户将免费获得我们的产品，甚至是服务、营销及产品的使用。条件是我们将参与产品所产生利润收益的分配。例如，一些医疗器械，医院可以免费获得，而器械提供者要参与该产品的利润分成。

第三节 "互联网＋"时代的商业模式

一、"互联网＋"时代商业模式基本概念

（一）互联网思维

互联网思维，就是在（移动）互联网、大数据、云计算等科技不断发展的背景下，对市场、用户、产品、企业价值链乃至对整个商业生态进行重新审视的思考方式。

所谓互联网思维，就是一个开放的共享的思维。一个网状结构的互联网，是没有中心节点的，它不是一个层级结构。虽然不同的点有不同的权重，但没有一个点是绝对的权威。所以互联网的技术结构决定了它内在的精神，是去中心化，是分布式，是平等。

在一个网状社会，一个"个人"跟一个"企业"的价值，是由连接点的广度跟厚度决定的。你的连接越广、连接越厚，你的价值越大，这也是纯信息社会的基本特征，你的信息含量决定你的价值。所以开放变成一种生存的必须手段，你不开放，你就没有办法去获得更多的连接。

互联网已经渗透到企业运营的整个链条中，从基础应用（如 Email 发邮件、微信发通知、百度查信息）到商务应用（如在线协同办公、在线销售、在线客服），乃至用互联网思维去优化整个企业经营的价值链条。在日经 2013 年全球 ICT 论坛（信息与通信技术 Information and Communications Technology，简称 ICT）上，时任华为公司轮值 CEO 的胡厚昆说："在互联网时代，传统企业遇到的最大挑战是基于互联网的颠覆性挑战。为了应对这种挑战，传统企业首先要做的是改变思想观念和商业理念，要敢于以终为始地站在未来看现在，发现更多的机会，而不是用今天的思维想象未来，仅仅看到威胁。"所以，互联网思维正在成为最根本的商业思维。

当互联网不再是小众的喜好，而是成为大众日常中不可或缺的一样工具、一种生活方式，互联网必将成为现代社会真正的基础设施之一，就像电力和道路一样。互联网不仅仅是可以用来提高效率的工具，它是构建未来生产方式和生活方式的基础设施，更重要的是，互联网思维应该成为我们一切商业思维的起点。

（二）什么是"互联网＋"

"互联网＋"是互联网思维的进一步实践成果，推动经济形态不断地发生演变，从而注入社会经济实体以生命力，为改革、创新、发展提供广阔的网络平台。随着互联网和互联网思维的发展，"互联网＋"创业概念的提出就显得顺理成章了。

2014 年 11 月，李克强出席首届世界互联网大会时指出，互联网是大众创业、万众创新的新工具。其中"大众创业、万众创新"正是此次政府工作报告中的重要主题，被称作中国经济提质增效升级的"新引擎"，可见其重要作用。

2015 年 3 月，全国两会上，全国人大代表马化腾提交了《关于以"互联网＋"为驱动，推进我国经济社会创新发展的建议》的议案，表达了对经济社会创新的建议和看法。他呼吁，我们需要持续以"互联网＋"为驱动，鼓励产业创新、促进跨界融合、惠及社会民生，推动我国经济和社会的创新发展。

2015 年 3 月 5 日上午十二届全国人大三次会议上，李克强总理在政府工作报告中首次提出"互联网＋"行动计划。李克强在政府工作报告中提出，"制定'互联网＋'行动计划，推动移动互联网、云计算、大数据、物联网等与现代制造业结合，促进电子商务、工业互联网和互联网金融（ITFIN）健康发展，引导互联网企业拓展国际市场"。

2015 年 7 月 4 日，经李克强总理签批，国务院印发了《关于积极推进"互联网＋"行动的指导意见》，这更是推动互联网由消费领域向生产领域拓展的一剂强心针，将"互联网＋"作为加速提升产业发展水平，增强各行业创新能力，构筑经济社会发展新优势和新动能的重要举措。

2016 年 9 月 25 日，国务院印发了《国务院关于加快推进"互联网＋政务服务"工作的指导意见》，2017 年，党的十九大报告中明确指出要"推动互联网、大数据、人工智能和实体经济深度融合"，"互联网＋"已经成为当今社会商业活动的一种主要形态。

（三）"互联网＋"时代商业的特点

1. 跨界融合

"＋"就是跨界，就是变革，就是开放，就是重塑融合。敢于跨界了，创新的基础就更坚实；融合协同了，群体智能才会实现，从研发到产业化的路径才会更垂直。融合本身也指代身份的融合，客户消费转化为投资、伙伴参与创新等不一而足。

2. 创新驱动

中国粗放的资源驱动型增长方式早就难以为继，必须转变到创新驱动发展这条正确的道路上来。这正是互联网的特质，用互联网思维求变，自我革命，才更能发挥创新的力量。

3. 重塑结构

信息革命、全球化、互联网业已打破了原有的社会结构、经济结构、地缘结构、文化结构，权力、议事规则、话语权不断在发生变化，"互联网＋"社会治理、虚拟社会治理与传统社会治理会出现很大的不同。

4. 尊重人性

人性的光辉是推动科技进步、经济增长、社会进步、文化繁荣的最根本力量，互联网的力量之所以强大，最根本是来源于对人性的最大限度的尊重、对人们生活体验的敬畏、对人的创造性发挥的重视。例如分享经济中的共享单车、共享汽车等。

5. 开放生态

"互联网＋"是一种开放的商业活动形态。推进"互联网＋"，其中一个重要的方向就是要把过去制约创新的环节化解掉，把孤岛式创新连接起来，让技术研发成为起决定作用的市场驱动力，让创业者有机会实现价值。

6. 连接一切

连接是有层次的，可连接性是有差异的，连接的价值是相差很大的，但是连接一切是"互联网＋"的目标。

综上所述，"互联网＋"就是"互联网＋各个传统行业＋新业态"，但这并不是简单的两者相加，而是利用信息通信技术以及互联网平台，让互联网与传统行业进行深度融合，创造新的发展生态。它代表一种新的社会形态，即充分发挥互联网在社会资源配置中的优化和集成作用，将互联网的创新成果深度融合于经济、社会各领域之中，提升全社会的创新力和生产力，形成更广泛的以互联网为基础设施和实现工具的经济发展新形态。

电子商务和微商

一、电子商务

电子商务简称为电商，通常是指在全球各地广泛的商业贸易活动中，在因特网开放的网络环境下，基于浏览器/服务器应用方式，买卖双方不谋面地进行各种商贸活动，实现消费者的网上购物、商户之间的网上交易和在线电子支付以及各种商务活动、交易活动、金融活动和相关综合服务活动的一种新型的商业运营模式。

要了解完整的电子商务内涵，首先要将电子商务划分为广义和狭义的电子商务。广义的电子商务定义为，使用各种电子工具从事商务活动；狭义电子商务定义为，主要利用互联网从事商务或活动。无论是广义还是狭义的电子商务概念，电子商务都涵盖了两个方面：一是离不开互联网这个平台，没有了网络，就称不上电子商务；二是通过互联网完成的是一种商务活动。

人们一般理解的电子商务是指狭义上的电子商务。

二、电子商务的分类

电子商务业务内容涵盖范围很广，要了解电子商务的模式分类，首先要了解在参与电子商务中最常见的三种角色，即代理商、商家和消费者（Agent、Business、Consumer，即 ABC）。一般来说，电子商务可以按照以下几种方式进行分类：企业对企业、企业对消费者、个人对消费者、商家对代理、企业对政府、线上对线下、商业机构对家庭、供给方对需求方、门店在线等 9 种模式，还有新近提出的消费者对企业也开始兴起，并被企业家认为是电子商务的未来。

在电商模式中，较为常见和突出的还是 B2B 和 B2C，以及后起之秀 B2M。

（1）企业对企业（B2B）

企业与企业之间的电子商务将是电子商务业务的主体，约占电子商务总交易量90%。代表企业有阿里巴巴。就目前来看，电子商务在供货、库存、运输、信息流通等方面大大提高企业的效率，电子商务最热心的推动者是商家。企业和企业之间的交易是通过引入电子商务能够产生大量效益的地方。对于一个处于流通领域的商贸企业来说，由于它没有生产环节，电子商务活动几乎覆盖了整个企业的经营管理活动，是利用电子商务最多的企业。通过电子商务，商贸企业可以更及时、准确地获取消费者信息，从而准确订货、减少库存，并通过网络促进销售，以提高效率、降低成本，获取更大的利益。

（2）企业对消费者（B2C）

从长远来看，企业对消费者的电子商务将最终在电子商务领域占据重要地位。但是由于各种因素的制约，目前以及比较长的一段时间内，这个层次的业务还只能占比较小的比重。它是以互联网为主要服务提供手段，实现公众消费和提供服务，并保证与其相关的付款方式电子化。目前，在互联网上遍布各种类型的商业中心，提供从鲜花、书籍到计算机、汽车等各种消费商品和服务。

（3）商家对职业经理人（B2M）

这种应用系统目前正在逐步完善其管理模式、交易方式等细节问题。B2M与传统电子商务相比有了巨大的改进，除了面对的用户群体有着本质的区别外，B2M具有一个更大的特点优势，B2M模式能将网络上的商品和服务信息完全地走到线下，企业发布信息，经理人获得商业信息，并且将商品或者服务提供给所有的消费者，不论是线上还是线下。

三、微商

微商也就是电商，微商是对通过移动互联网和微信客户端的电商从业人员的称谓，是指通过碎片时间进行自由创业的个人或小团队，是一种轻松创业及分享经济模式。

微商相对于传统的电商模式而言，最大的不同和优势在于沉淀用户，实现分散的线上线下流量完全聚合，以及主动出击、精准定位，其余与传统电商较为类似。从模式上来说主要分为两种：基于微信公众号的微商称为B2C微商，基于朋友圈开店的称为C2C微商。微商和淘宝一样，有天猫平台（B2C微商）也有淘宝集市（C2C微商）。从微商的流程来说，微商主要由基础完善的交易平台、营销插件、分销体系以及个人端分享和推广微客四个流程组成。现在的微商，早已从一件代发的模式逐渐发展成招募代理商的模式，也就是ABC模式，代理级别越高，需要存货越多，相应的利润也越大。

对企业而言，微商是去中心化的电商形态。淘宝是PC时代的产物，大多数传统零售企业在淘宝基本不赚钱，而且面临如何沉淀用户等难题。一方面，无论是B店还是C店，为商家带来订单的用户属于淘宝平台，并非商家所有；另一方面，用户主要通过搜索完成下单，商家缺乏与用户主动、直接沟通的渠道，无法了解用户真实需求。

微商模式最大的好处便是将N种渠道所接触的客户通通汇聚起来，形成一个属于企业自己的大数据库，从而实现个性推送、精准营销。而微信的社交属性，又使得微商有了一个绝佳的客户管理平台，将各渠道的客户汇聚进来后便能实现畅通无阻的通道模式，直接消除了一切中间障碍，商家在公众号上就能和消费者建立直接接触的能力。

在微信生态体系的微商模式中，有三种常见的营销方式：公众号、微信群、朋友圈。

微信公众号：定位非营销工具，利用基本功能围绕服务价值营销，效果好但难度大，需要专业团队维系，不适合一般的小商户进行微商运营。

微信群：通过兴趣聚合，投其所好的多点互动营销更具传播、销售潜力。在兴趣聚合群里进行有价值的互动营销效果更好，除了意向加群能迅速获得好友，恰当的互动增加黏度之外，更深层次的心理诉求在于兴趣认同、情感维系、群体智慧。

微信朋友圈：主要是在熟人关系中进行展示推广产品，其展示容易产生信息过载的副作用，将其与刷屏画等号，多数情况下引起朋友的反感被屏蔽，转发传播的效果更是有限。

二、传统企业如何走进互联网

（一）互联网对传统企业的挑战

在"互联网+"时代，企业的行业格局、商业模式、产品策略、渠道运营、员工管理等，传统企业都面临巨大的挑战，那么互联网到底给传统企业带来了哪些冲击呢？

1. 竞争模式的变化

传统企业的业务扩张是以空间拓展和空间竞争为主，传统企业通过不断地进行市场拓展和丰富产品线来获得竞争优势，而在互联网时代，客户更加关注交付周期，造成企业之间的竞争由空间竞争向时间竞争转变。比如说，客户在线上下单，他不太会关注产品是从广东来的，还是上海来的，他更关注你是 24 小时到货，还是 12 小时到货。

2. 主力消费群体的变化

与企业内部员工一样，社会主力消费群体也在发生巨变，一方面 80 后、90 后甚至 00 后这些互联网土著已经习惯了基于互联网的消费模式，另外即便是 70 后、60 后也有越来越多的人开启互联网消费模式。

3. 产品被彻底颠覆

小米是一家典型的基于互联网发展起来的实体企业，小米科技董事长雷军曾经有一句名言：我们只做让客户尖叫的产品。是的，在产品同质化和产品过剩如此严重的今天，传统产品设计与交付的模式已经被彻底颠覆。

传统企业的产品设计与开发更多的是基于市场调研，其实对目标客户的研究和把握还是存在一定的问题，传统企业对于目标客户的定位是一个区间，而非特定的客户群体，因此，企业在做产品定义和设计的时候也很难做到满足任何一个客户的需求。

4. 行业格局正在被打破

每个传统行业都会有行业巨头，原来行业小兄弟们想要超越这些巨头，确实很难。但在互联网时代，这种难度被大大降低。林氏木业创立于 2007 年，从其在 2014 年"双 11"天猫家具销售排行名列第一便可见一斑。

拓展阅读

林氏木业电商布局之路

林氏木业是一家知名的家具企业，现在拥有卡伊莲、林氏、卡法尼、克莎蒂、亚兰蒂斯等多个品牌。林氏木业创立于 2007 年 5 月，总部坐落在佛山南海九江沙头镇，林氏木业自创立伊始便布局电商，实施自己的互联网战略，经过 7 年的发展，林氏木业也发展成为中国互联网家具领导品牌，并在 2014 年"双 11"当天实现 1.75 亿元的销售额，一举拿下家具行业头把交椅。

2007 年 5 月，林氏木业正式注册淘宝店。

2008 年 8 月，旗下品牌"卡伊莲"进驻天猫。

2008 年 11 月，旗下品牌"林氏木业"进驻天猫。

2009 年 6 月，旗下品牌"林氏"进驻天猫。

2010 年 6 月，旗下品牌"持家太太"进驻天猫。

2010 年 11 月，旗下原木家具品牌"克莎蒂"进驻天猫。

2010 年 12 月，旗下品牌"林氏木业"进驻腾讯拍拍商城。

2011 年 5 月，林氏木业进驻北京爱蜂潮体验馆，双线结合的购物新模式正式开始。

2011 年 9 月，珠三角垂直家装服务全线启动。

2012 年 7 月，旗下淘宝品牌店"林氏木业浪漫田园生活馆"正式开业。

2012 年 8 月，线下家居体验深圳馆正式开业。

2013 年 1 月，旗下法式品牌"卡法尼"进驻天猫。

2014 年 8 月，林氏木业首家 O2O 线下体验馆开业。

2014 年，被评为"第八届中国家具行业年度总评榜"2014 中国家具行业年度最具影响力品牌。

2015 年，被评为 2014--2015 中国家居产业（北京）十大家居电商品牌。

2015 年，林氏木业荣获电商"奥斯卡"金麦奖营销类铜奖。

2016 年，林氏木业荣膺第十届中国品牌节"金谱奖"。

2016 年，金麦奖品牌类最具影响力品牌奖。

从林氏木业发展历程来看，这是一家地地道道的互联网实体企业，从 2007 年 5 月正式注册淘宝店到现在，林氏木业一直致力于打造全球最佳网货品牌。

（二）传统企业"触网"的四重境界

概括来说，传统企业"触网"总结为四重境界，即传播层面（网络销售）、渠道层面（电子商务）、供应链层面（C2B）、价值链层面（互联网思维重构）。

网络营销是传统企业"触网"的开始。绝大多数企业"触网"的第一步都是从官网、官方微博、官方微信等的建设开始的；电商是传统企业"触网"的第二步，随着淘宝、天猫、1 号店、京东、唯品会、美丽说、蘑菇街等电商平台的推出，越来越多的企业开始在这些平台上开网店或者旗舰店；传统企业"触网"的更高境界是改变传统 B2C 的运营模式，调整为 C2B，以客户为中心，从客户核心需求出发，进而触发内部流程改善，O2O 便是这个阶段的典型代表；传统企业"触网"的最高境界就是利用互联网思维全面再造内部商业模式和运营模式，打通产业链，打造让企业所有利益相关方在同一个平台上跳舞的机会。

（三）传统企业如何拥抱互联网

传统企业互联网转型不仅仅是开一两家电商旗舰店，也不是盲目地跟随别人去做微商和推广，而是一项系统工程，需要从以下几个方面加以改变。

1. 思维转型

传统企业拥抱互联网的第一步就是要转变思维模式，用互联网思维全面武装自己。产业选择上体现跨界思维、战略和商业模式选择平台思维、产品研发方面体现极致思维和简约思维、供应链管理上体现用户思维和迭代思维、营销和服务方面体现流量思维和社会化思维，而在职能战略方面则实施大数据思维。

2. 战略转型

传统企业互联网战略转型主要包括以下五个方面：商业模式（C2B、B2C、O2O）转变、营销战略（品牌建设及传播、市场推广、渠道策略、客户服务）转型、产品策略（目标客户群体定义、目标客户核心需求挖掘、产品定义与实现）调整、供应链（供应商、企业、代理商、客户）再造、核心业务流程再造与流程型组织变革。

3. 商业模式再造

传统企业在定义自身商业模式的时候，通常是这种思维模式：

（1）商业机会：我们目前的商业机会受到了哪些挑战？新的商业机会在哪里？

（2）客户需求：客户的核心诉求已经发生了哪些变化？客户新的利益诉求是什么？我们应该如何满足？

（3）盈利模式：新的盈利模式是什么？现有组织能力、资本能力是否具备？我们需要塑造哪些核心能力？

而在互联网时代，这种思维模式已经受到了严重的挑战，首先企业要用全新的用户体验去挖掘客户的真实需求，其次按照C2B的模式重新定义自己的产品和服务，并在此基础上去思考新的商业模式。

4. 营销模式转型

传统企业的营销遵循4Ps（产品、价格、渠道、促销）、4Cs（顾客、成本、便利、沟通）营销理论，基本上都是围绕产品展开宣传、推广、促销、价格和营销渠道建设，而在互联网时代，这种传统的营销模式显然已经不能有效帮助企业提升销量，企业需要发挥流量思维和粉丝经济、网红经济、客户体验的作用和价值。

互联网时代的客户不再需要企业告诉他应该用什么或者不用什么，应该选择什么或者不选择什么，应该买什么或者不买什么，用户需要自己做选择。传统企业依靠市场调查的营销模式是没有办法满足每个人的需求和价值主张的，而这一点在互联网时代就变得极其简单，因为在互联网时代每个人根据其喜好、年龄、职业、消费习惯、消费层次、朋友圈等多个维度被定位和区分，进而根据每个人的需求由企业提供个性化的产品和服务。

比如沃尔玛通过大数据分析发现周末啤酒和尿布的销量之间存在关联，因此沃尔玛将这两个产品捆绑销售，使得两种不同类型的产品的销售额同时得到了增加。

5. 产品模式转型

任何一家企业都是围绕满足顾客某种至关重要的需求而存在的，也就是说，不管这家企业是卖运动服饰（如耐克、阿迪达斯、李宁），还是卖手机（如苹果、三星、小米、华为），都离不开产品（服务）的设计与开发。大家都知道苹果的成功正是源于乔布斯对于产品的精益求精，小米的成功在于它能提供让客户尖叫的产品。中国有句老话，"酒香不怕巷子深"，好的产品（服务）是企业成功的关键因素。

当然，以客户为中心的产品模式在互联网时代显得尤为重要。

6. 供应链模式转型

随着企业经营微利时代的到来和互联网浪潮的冲击，传统企业就如夹心饼干，受到来自市场和供应商的双重压力，一方面供应价格不断上涨，另外一方面销售价格越来越低。在这种情况下，越来越多的企业开始关注并重视供应链体系的整合。对于企业而言，供应链整合能力的提升，意味着成本的减低，企业利润的增加。现代企业的竞争不再是企业个体之间的竞争，而是企业供应链之间的竞争，甚至是供应链生态圈之间的竞争。

面对残酷的竞争，企业之间，特别是上下游之间究竟是竞争，还是合作？这已经成为摆在很多中国企业面前很现实的问题了。企业如果采取竞争，势必会导致供应链上下游企业之间的不断博弈和敌对，但如果选择合作，则有可能变得更加强大，强强联合，从而给整个供应链上的各个企业都带来丰厚的利润和回报。

传统企业的供应链体系以企业为中心，是一种封闭的链式生产，只在最终环节面向客户；而互联网企业以用户为中心，用户可以参与到各个环节，强调个性化营销、柔性化生产和社会化供应。

三、"互联网+"时代的六大商业模式

职场箴言

当今企业之间的竞争，不是产品之间的竞争，而是商业模式之间的竞争。

——现代管理学之父彼得·德鲁克

"互联网+"企业四大落地系统：商业模式、管理模式、生产模式、营销模式，其中最核心的就是商业模式的互联网化，即利用互联网精神（平等、开放、协作、分享）来颠覆和重构整个商业价值链，目前来看主要分为六种商业模式。

（一）工具+社群+商业模式

互联网的发展，使信息交流越来越便捷，志同道合的人更容易聚在一起，形成社群。同时互联网将散落在各地的星星点点的分散需求聚拢在一个平台上，形成新的共同的需求，并形成了规模，解决了重聚的价值。

如今互联网正在催熟新的商业模式，即"工具+社群+电商/微商"的混合模式。比如微信最开始就是一个社交工具，先是通过各自工具属性、社交属性、价值内容的核

心功能过滤到海量的目标用户，加入了朋友圈点赞与评论等社区功能，继而添加了微信支付、精选商品、电影票、手机话费充值等商业功能。

（二）长尾型商业模式

"长尾"概念由克里斯·安德森（Chris Andersen，美国）提出，这个概念描述了媒体行业从面向大量用户销售少数拳头产品，到销售庞大数量的基础产品的转变。虽然每种基础产品相对而言只产生小额销售量，但产品销售总额可以与传统面向大量用户销售少数拳头产品的销售模式媲美。通过 C2B 实现大规模个性化定制，核心是"多款少量"。所以长尾模式需要低库存成本和强大的平台，并使得基础产品对于兴趣买家来说容易获得。

（三）跨界商业模式

凯文·凯利曾说："不管你们是做哪个行业的，真正对你们构成最大威胁的对手一定不是现在行业内的对手，而是哪些行业之外你看不到的竞争对手。"如雷军的小米科技成功跨界，小米做了手机，做了电视，做了农业，还要做汽车、智能家居。

（四）免费商业模式

小米科技董事长雷军曾说："互联网行业从来不打价格战，它们一上来就免费。传统企业向互联网转型，必须深刻理解这个'免费'背后的商业逻辑的精髓到底是什么。"

"互联网＋"时代是一个"信息过剩"的时代，也是一个"注意力稀缺"的时代。怎样在"无限的信息中"获取"有限的注意力"，便成为"互联网＋"时代的核心命题。注意力稀缺导致众多互联网创业者们开始想尽办法去争夺注意力资源，而互联网产品最重要的就是流量，有了流量才能够以此为基础构建自己的商业模式，所以说互联网经济就是以吸引大众注意力为基础，去创造价值，然后转化成盈利。

很多互联网企业都是以免费、好的产品吸引到很多的用户，然后通过新的产品或服务给不同的用户，在此基础上再构建商业模式，如 360 安全卫士、QQ 用户等。互联网颠覆传统企业的常用打法就是在传统企业用来赚钱的领域免费，从而彻底把传统企业的客户群带走，继而转化成流量，然后再利用延伸价值链或增值服务来实现盈利。

如果有一种商业模式既可以统摄未来的市场，也可以挤垮当前的市场，那就是免费的模式。信息时代的精神领袖克里斯·安德森在《免费：商业的未来》中归纳基于核心服务完全免费的商业模式：一是直接交叉补贴，二是第三方市场，三是免费加收费，四是纯免费。

（五）O2O 商业模式

2012 年 9 月，腾讯 CEO 马化腾在互联网大会上的演讲中提到，移动互联网的地理位置信息带来了一个崭新的机遇，这个机遇就是 O2O，二维码是线上和线下的关键入口，将后端蕴藏的丰富资源带到前端，O2O 和二维码是移动开发者应该具备的基础能力。

O2O狭义理解就是线上交易、线下体验消费的商务模式，主要包括两种场景：一是线上到线下，用户在线上购买或预订服务，再到线下商户实地享受服务，目前这种类型比较多；二是线下到线上，用户通过线下实体店体验并选好商品，然后通过线上下单来购买商品。广义的O2O就是将互联网思维与传统产业相融合，未来O2O的发展将突破线上和线下的界限，实现线上线下、虚实之间的深度融合，其模式的核心是基于平等、开放、互动、迭代、共享等互联网思维，利用高效率、低成本的互联网信息技术，改造传统产业链中的低效率环节。

O2O的核心价值是充分利用线上与线下渠道的各自优势，让顾客实现全渠道购物。线上的价值就是方便、随时随地，并且品类丰富，不受时间、空间和货架的限制。线下的价值在于商品看得见摸得着，且即时可得。从这个角度看，O2O应该把两个渠道的价值和优势无缝对接起来，让顾客觉得每个渠道都有价值。

（六）平台商业模式

互联网的世界是无边界的，市场是全国乃至全球。平台型商业模式的核心是打造足够大的平台，产品更为多元化和多样化，更加重视用户体验和产品的闭环设计。

海尔创始人张瑞敏对平台型企业的理解就是利用互联网平台，企业可以放大，原因有：第一，这个平台是开放的，可以整合全球的各种资源；第二，这个平台可以让所有的用户参与进来，实现企业和用户之间的零距离。在互联网时代，用户的需求变化越来越快，越来越难以捉摸，单靠企业自身所拥有的资源、人才和能力很难快速满足用户的个性化需求，这就要求打开企业的边界，建立一个更大的商业生态网络来满足用户的个性化需求。通过平台以最快的速度汇聚资源，满足用户多元化的个性化需求。所以平台模式的精髓，在于打造一个多方共赢互利的生态圈。

对于传统企业而言，不要轻易尝试做平台，尤其是中小企业不应该一味地追求大而全的平台，而是应该集中自己的优势资源，发现自身产品或服务的独特性，瞄住精准的目标用户，发掘出用户的痛点，设计好针对用户痛点的极致产品，围绕产品打造核心用户群，并以此为据点快速地打造一个品牌。

思考与拓展

一、问题思考

1. 传统行业商业模式的基本形式有哪些？在网络信息化和现代智能化条件下，如何改造传统行业的商业模式？

2. "互联网＋"条件下商业模式的基本形式有哪些？

二、知识拓展

分析滴滴打车的商业模式

滴滴打车的商业初衷很简单，就是整合线下出租车源，将打车的消费者整合到一个平台上，为他们提供打车和接送服务，其现在发展的主要业务有顺风车、快车、出租车、专车服务。

1. 推广模式

首先，滴滴打车软件在刚上线的推广过程中，采用样板案例和样板市场为案例推广，主要依靠出租车公司推广安装滴滴打车软件，虽然期间经历几次失败，但在北京它还是拿下了昌平地区的一家出租车公司，并以此作为市场推广样板大势推广。

其次，滴滴打车、快的、代步甚至其他移动端公司都一样，它们的策略都是培养消费者的习惯，而培养消费者的习惯就是补贴，如打车车费补贴，培养消费者支付习惯就用支付补贴，如用微信支付立减10元等；开拓司机市场采用的也是补贴形式，以抢占市场出租车或司机数量。

最后，线上＋线下推广，2014年3月3日，滴滴打车宣布与湖北卫视《我为喜剧狂》开启快乐营销，该节目从2014年2月13日播出以来，即以"黑马"的姿态稳步爬升，创下连续八周全国省级卫视晚间节目收视率与市场份额双料冠军的佳绩。这一跨界联合足以让竞争对手措手不及，双方宣布合作后，即在三八节期间推出了"打车找乐"联合活动，将电视、手机APP、微博、微信多平台互通，让人眼前一亮。随后在愚人节期间，滴滴打车与《我为喜剧狂》在继续合作"打车找乐"活动的同时，还在北京、上海、武汉、深圳四大城市推出了"狂笑总动员"落地活动，将线上热度成功延伸到了地面，开创了电视节目与打车软件"线上＋线下"深度合作的新模式，既强化了品牌的关联度，又直观地向目标人群传递了有效信息，大大提升了跨界合作的附加值。

随后，这种开创性的跨界模式得到滴滴打车推崇，俨然成为其营销"新宠"。乐视TV就紧随《我为喜剧狂》之后，在2014年3月底，联合滴滴打车发起了一场"打车送电视"活动，与前者线上活动合作创意如出一辙。2014年4月2日，滴滴打车再与百丽旗下优购商城合作，推出"用滴滴添新衣"活动，实行"补贴＋购物卡"的奖励模式。打车软件营销转型的路径日渐清晰。

综上可以看出，滴滴打车的营销推广模式都是围绕着"钱"来推广的，采用的就是烧钱营销模式。

2. 盈利模式

滴滴打车前期无任何盈利，主要是培养用车市场的习惯，以补贴的策略来培养客户打车习惯，同时也是为了发展用户数据，提升市场占有率。其后期的盈利模式主要可以分为以下几个方面：

（1）界面广告的收入。

在APP上插入广告界面和链接页面，客户点击即收取相关费用。

（2）信息挖掘服务。

收集用户的地理位置信息补上即时定位信息的短板，同时还可以提供各城市实时路况信息，目前很多打车软件和地图公司合作，这也是未来的盈利点。

（3）收取交易手续费。

当消费者打车成为习惯后就可以向出租车收取交易费用了，比如说广州 2 万辆出租车，每车每天 800 元收入，其中 20% 为电招收入，一天就有 320 万元，按照 1% 的交易手续费，一天就有 3.2 万元，一个月就有 96 万元；全国共有 70 个大中城市，那么一个月收入有 6720 万元，一年就有 8.064 亿元（这个还不包含三线城市）。

（4）精准营销。

腾讯只有少量的即时定位信息，而滴滴打车可以补齐短板，自从腾讯入股大众点评和京东商城后，就可以预期这些客户用户信息，给其带来大量流量，从而提高转化率。

（5）抢占支付市场。

（6）互联网金融。

滴滴打车宣布独家接入微信，可以依托微信叫车和支付。

（7）预定专车服务，从乘客的车费中抽取部分佣金或全部费用。

【感悟思考】滴滴打车就是依靠商业模式发家的，而戴尔、宜家、亚马逊等也都是一批优秀的商业模式的代表。成功的企业都有它赖以成名的商业模式，那么这些商业模式都有哪些可遵循的特征呢？成功的商业模式都有哪些不同于其他企业的独特性呢？

商业模式就像鞋，一穿上就知道适合不适合自己。无论王健林，还是董明珠，还是雷军，都是多样化的商业环境中的不同商业模式代表，只是他们不在同一频道而已。

第五章　创业资源与创业环境分析

应知要求：

1. 了解创业资源的概念与分类
2. 了解创业资源整合的一般方法与技巧

应会要求：

1. 掌握创业资源整合的方法与技巧
2. 掌握创业资源管理的办法与途径

▦ 案例导入

他说服父母将结婚费用拿来创业

徐寅2008年毕业于南京邮电大学通信工程专业。读书时这个无锡小伙子就喜欢逛商场，寻觅名品打折机会。如果能提前知道哪家商场有打折的名品就好了，于是他萌发了一个念头：自己可以创建这样的专业网站，把所有实时打折信息整合给消费者。

为了锻炼自己的市场运营能力，他在汽车4S店里做营销，第一个月就攀升到团队的第一；又去商场卖东西，了解顾客的心理。3年后，他觉得自己做好准备，可以创业了，于是说服父母把给自己准备结婚的钱拿出来创业，并向父母承诺，今后挣不到钱就不结婚。2011年，他在南京租了房子，注册了摩客网（www.mallog.com.cn），利用微信公众平台向网民推销名品信息，利润来自商家的回报。

功夫不负有心人，公司的业务很有声色，南京市各主要商场3000个销售名品的柜台都与网站建立了实时数据对接，消费者只要打开"摩客网"输入文字或语言播报关注的品牌，立即可以获得各商场各柜台的折扣信息及优惠活动截止日期，图文并茂，目前每天平均有200人次的点击消费。"摩客网"与高德地图紧密合作，精准地为顾客和商家服务，今后还将针对消费者的需求创造新的商机。

案例点评：

徐寅是一个有准备的创业者，善于观察创业资源以及资源如何有效地整合成创业的项目，他敢于把用于结婚的钱投入创业，说明对自己和事业充满信心，又能通过不断的市场历练，把握市场环境，提升自己适应并创造市场的能力。

第一节　创业资源

资源与创业者的关系就如同颜料和画笔与艺术家的关系。获取不到创业所需的资源，创业机会对创业者而言则毫无意义。机会识别的实质是创业者判断是否能够获取足够的资源来支持可能的创业活动。基尔默（Kirzner，1979，美国）和卡森（Casson，1982，美国）认为，创业机会的存在本质上是部分创业者能够发现特定资源的价值，而其他人不能做到这一点。就整个创业过程来说，创业机会的提出来自于创业者依靠自身的资源财富对机会的价值确认。例如，同样的产品或者盈利模式，一些人会付出行动去创收，其他人却往往放任机会流失。对于后者来说，往往是缺乏必要的创业资源，因此，从这一角度看待，创业就是把创业机会的识别与创业资源的获取结合起来。

一、创业资源的概念

常言道："巧妇难为无米之炊。"同样，没有资源，创业者也只能望（商）机兴叹。

资源就是任何一个创业主体，在向社会提供产品或服务的过程中，所拥有或者所能够支配的能够实现自己目标的各种要素以及要素组合。创业资源是企业创立以及成长过程中所需要的各种生产要素和支撑条件。创业本身就是资源的重新整合。简言之，创业资源就是创业者所需具备的一些创业条件。

二、创业资源分类及其作用

根据不同的分类标准，创业资源分成很多类型。按照资源对企业参与程度，把创业资源分为直接资源与间接资源；按照资源对企业产生的影响，把创业资源分为核心资源与非核心资源；按照资源的来源，把创业资源分为自有资源和外部资源；按照影响企业生存状况，把创业资源分为起码资源和差异资源；按照资源的职能属性，把创业资源又细分为人力和技术资源、财务资源、生产经营性资源等。

（一）直接资源和间接资源

按照资源要素对企业战略规划过程的参与程度，创业资源有间接资源和直接资源之分。财务资源、管理资源、市场资源、人才资源是直接参与企业战略规划的资源要素，可以把它们定义为直接资源；政策资源、信息资源、科技资源这三类资源要素对于创业成长的影响更多的是提供便利和支持，而非直接参与创业战略的制定和执行，因此，对于创业的战略规划是一种间接作用，可以把它们定义为间接资源。

（二）核心资源与非核心资源

根据资源基础论，创业资源可分为核心资源与非核心资源。识别核心资源，立足核心资源，发挥非核心资源的辐射作用，实现创业资源的最优组合，这就是创业资源运用机制的基本思路。

核心资源主要包括技术、管理和人力资源。这几类资源涉及创业企业有别于其他企业的核心竞争力，是创业机会识别、机会筛选和机会运用几大阶段的主线。创业企业必须以这几类要素资源为基点，扩展企业发展外延。人力资源对于企业来说，主要是一种知识财富，是企业创新的源泉。高素质人才的获取和开发是现代企业可持续发展的关键。管理资源又可理解为创业者资源。创业者自身素质对创业企业的成长有至关重要的作用。创业者的个性、对机遇的识别和把握、对其他资源的整合能力，都直接影响创业的成败。科技技术资源是一种积极的机会资源。

非核心资源主要包括资金、场地和环境资源。如何有效地吸收资金资源，并保持稳定的资金周转率，实现预期盈利目标，是创业成功与否的瓶颈课题。场地资源指的是高科技企业用于研发、生产、经营的场所。良好的场地资源能够为企业大幅度降低运营成本，提供便利的生产经营环境，短期内累积更多的顾客或质优价廉的供应商。而环境资源作为一种外围资源影响着创业企业发展。

（三）自有资源和外部资源

自有资源是来自内部机会积累，是创业者自身所拥有的可用于创业的资源，如创业者自身拥有的可用于创业的自有资金，自己拥有的技术，自己所获得的创业机会信息，自建的营销网络，控制的物质资源和管理才能，等等，甚至在有的时候，创业者所发现的创业机会就是其所拥有的唯一创业资源。

自有资源的拥有状况将在很大程度上影响甚至决定我们获取外部资源的结果。"打铁还要自身硬"，立志创业者首先致力于扩大、提升自有资源。自有资源的拥有状况（特别是技术和人力资源）可以帮助我们获得和运用外部资源。

外部资源可以包括例如朋友、亲戚、商务伙伴或其他投资者、投资人资金，或者包括借到的人、空间、设备或其他原材料（有时是由客户或供应商免费或廉价提供的），或通过提供未来服务、机会等换取到的，有些还可能是社会团体或政府资助的帮扶计划。外部资源更多的来自于外部机会发现，而外部机会发现在创业初期起着决定性作用。创业者在开始创业的时期面临的一个重要问题即资源不足。一方面，企业的创新和成长必须消耗大量资源；另一方面，企业自身还很弱小，无法实现资源自我积累和增殖。所以，企业只有识别机会，从外部获取到充足的创业资源，才能实现快速成长，这也是创业资源有别于一般企业资源的独特之处。对创业者来说，运用外部资源，是一种非常重要的经营手段，在企业的创立和早期成长阶段尤其如此。

（四）起码资源和差异资源

按照影响企业生存状况，把创业资源分为起码资源和差异资源。一般来说我们不可能拥有企业创办和成长所需的所有资源，但进入创业阶段也必须要符合两个条件：一是要有进入一个行业的起码的资源，另一方面是具备差异性资源。如果任何条件均不具备，创业成功的可能性很小。对于准备创业的人来说，首先必须用书面的方式列出：进入这个行业的起码资源有哪些？我已经具备哪些？尚未具备的如何获取？进入这个行业的差异性资源是什么？我已经具备哪些？尚未具备的如何获取？只有做到"知彼知己"，才能达到"百战不殆"。

（五）人力和技术资源、财务资源、生产经营性资源

按照资源的职能属性，把创业资源又细分为人力和技术资源、财务资源、生产经营性资源。人力资源为创业时期中最为关键的因素，创业者及其团队的洞察力、知识、能力、经验及社会关系影响到整个创业过程的开始与成功；同时，在企业新创时期，专门的知识技能往往掌握在创业者等少数人手中，因而此时的技术资源在事实上和人力资源紧密结合，并且上述两种资源可能成为企业竞争优势的重要来源。在物资资源中，创业时期的资源最初主要为财务资源和少量的厂房、设备等。从而，细分后的创业资源经过重新归纳，主要为以下几种：①人力和技术资源，包括创业者及其团队的能力、经验、社会关系及其掌握的关键技术等；②财务资源即以货币形式存在的资源；③其他生产经营性资源，即在企业新创过程中所需的厂房、设施、原材料等。

三、创业资源整合

（一）创业资源整合的基本内涵

所谓资源整合，就是将一些看起来彼此不相关的事物加以组合，创造出一种新生事物，使各种资源自身的价值得到增值的过程。从现代领导科学的研究来看，资源整合能力的高与低，往往是衡量一位领导者领导水平高低的一个非常重要的标志。善于整合资源的领导者，本身并不一定拥有太多资源，但却具有独到的眼光，能够看到这些资源背后潜藏的价值，能够从这种价值增值中获取自己的收益。

资源并不能自动产生竞争优势，要想让资源产生竞争优势，形成企业核心竞争力，就必须对不同类型资源进行有效整合。资源整合是一个动态的过程，对于一个企业或组织来说，必须要时刻学会将与企业战略密切相关的资源融合到企业的核心资源体系中来，这项任务伴随着企业的整个生命周期。在企业的整个资源体系中，资源整合始终处于一个非常关键的位置，它是创造新资源、提高资源使用效率和效能的前提。

（二）整合资源的能力远胜于拥有所有创业资源

大学生在初次创业的时候，资源都是十分欠缺的。大量例证也表明创业之初创业者可支配的资源几乎是微不足道的。对于创办一个小企业来说，并不需要多少资本。在企业家把企业做到一定规模之后，与之相比企业的初创资本可以忽略不计。这一规律不仅在知识经济时代，即使是资源经济时代也可举出许多例证。例如，惠普公司的创始人休立特和帕卡德创业之初身无分文，是用特曼教授所借的538美元租用汽车房创立惠普公司的；苹果电脑公司是沃茨尼亚克和乔布斯于1976年在自家的汽车房创立的；沃尔玛的创始人山姆·沃尔顿1962年由一个小店起家，现已发展为全球4000多家连锁店；中国刘氏家族（刘永好、刘永行等兄弟）创办的希望集团仅以1000元起家，现已发展成为中国最大的民营企业之一；香港上市公司金利来的创始人曾宪梓创业之初仅有

6000 港元的资本。

　　创业资源的优化配置是创业者实现成功创业必须仔细斟酌的问题。成功创业者大多具备整合外部资源的能力和思维。实践表明：绝大部分初创企业创业者面临的最大挑战不是筹集资金，而是如何在没有资金的情况下把事情办好的智慧和干劲。可以说，创业成功并不需要 100% 拥有所有资源，整合资源的能力远胜于拥有所有创业资源。很多人创办企业，他本人并不完全具备一切创业所需的资源，但是通过自身的能力，将一些适用的资源（人力、物力）整合在一起并合理地运用，就形成了一个强有力的多资源团队。

　　实际上，所有成功创业者在新创企业成长的各个阶段，都会做到用尽可能少的资源推进企业往前发展。同时，对他们而言，资源的所有权并不是关键，关键的是对其他资源的控制、影响程度。因此，整合资源的能力远胜于拥有所有创业资源，在企业生产经营活动过程中所具有的选择、汲取、配置、激活和融合企业资源的能力，将决定着企业资源的效能能否得到充分有效发挥。

■ 拓展阅读

　　库军强是华东理工学院 2003 级电子计算机专业在校大学生，经过充分的市场调查，得出"开拓西式婚礼市场必定会有丰厚的回报"的结论，决定进军这一领域。2006 年 10 月 28 日，他注册了江西省抚州市永恒西式婚庆公司，并于 11 月 2 日在互联网上开设婚庆网站。但是，库军强没有西式婚庆所需的教堂、婚庆用品，也没有业务推广和报纸电视广告的经费，他是如何解决这些问题的呢？答案就是整合他人的资源。

　　首先是场地问题——教堂，抚州市的两个教堂在江西省是最雄伟的。库军强以详细的计划书使教堂负责人相信，抚州市第一家西式婚庆公司很有前景，双方成功签了一个三年的合作协议。对于婚庆用品，库军强经过两个月的奔波，和抚州市一家大酒店以及几家婚庆用品店达成协议，租用它们的婚庆用品，它们也成了婚庆公司的长期合作伙伴。至于广告，则想办法吸引媒体眼球，让他们主动报道——库军强在学校就业指导课上的模拟招聘会中得到启发，他做了一个模拟婚庆。2006 年 11 月 2 日，库军强公司和米兰婚纱摄影店在抚州市最繁华的街道赣东大道上，举行了一场模拟婚庆，吸引了抚州市的许多媒体，当天的报纸都用了相当的篇幅报道婚庆的事情。库军强将模拟婚庆的视频上传到了婚庆公司的网页，让全国的朋友都能看到。模拟婚庆的视频传上网页后的第二天，公司就接到了浙江一对新人的电话，这是公司的第一笔业务，他们报价 10 万。自此，公司的婚庆业务便红火起来。

（三）资源整合的方法与技巧

　　大学生创业者能否成功地开发出机会，进而推动创业活动向前发展，通常取决于他们掌握和能整合到的资源，以及对资源的利用能力。许多大学生创业者早期所能获取与利用的资源都相当匮乏，而优秀的创业者在创业过程中所体现出的卓越创业技能之一，就是创造性地整合和运用资源，尤其是那种能够创造竞争优势，并带来持续竞争优势的战略资源。

与进入成熟发展期的大公司相比，创业型企业资源比较匮乏，但实际上创业者所拥有的创业精神、独特创意以及社会关系等资源，却同样具有战略性。因此，对创业者而言，一方面要借助自身的创造性，用有限的资源创造尽可能大的价值，另一方面更要设法获取和整合各类战略资源。

1. 善用资源整合技巧

创业总是和创新、创造及创富联系在一起。一位创业者结合自身创业经历提出了这样的观点：缺少资金、设备、雇员等资源，实际上是一个巨大的优势。因为这会迫使创业者把有限的资源集中于销售，进而为企业带来现金。为了确保公司持续发展，创业者在每个阶段都要问自己，怎样才能用有限的资源获得更多的价值创造？

学会拼凑。很多创业者都是拼凑高手，通过加入一些新元素，与已有的元素重新组合，形成在资源利用方面的创新行为，进而可能带来意想不到的惊喜。创业者通常利用身边能够找到的一切资源进行创业活动，有些资源对他人来说也许是无用的、废弃的，但创业者可以通过自己的独有经验和技巧，加以整合创造。例如：很多高新技术企业的创业者并不是专业科班出身，可能是出于兴趣或其他原因，对某个领域的技术略知一二，却凭借这个略知的"一二"敏锐地发现了机会，并迅速实现了相关资源的整合，如废弃泡沫镍的再加工。

整合已有的资源，快速应对新情况，是创业的利器之一。创业者善于用发现的眼光，洞悉身边各种资源的属性，将它们创造性地整合起来。这种整合很多时候甚至不是事前仔细计划好的，而往往是具体情况具体分析、"摸着石头过河"的产物。而这也正体现了创业的不确定性，并同时考验创业者的资源整合能力。

步步为营。创业者分多个阶段投入资源并在每个阶段投入最有限的资源，这种做法被称为"步步为营"。步步为营的策略首先表现为节俭，设法降低资源的使用量，降低管理成本。但过分强调降低成本，会影响产品和服务质量，甚至会制约企业发展。比如：为了求生存和发展，有的创业者不注重环境保护，或者盗用别人的知识产权，甚至以次充好。这样的创业活动尽管短期可能赚取利润，但从长远而言，不利于公司发展。所以，需要"有原则地保持节俭"。

步步为营策略表现为自力更生，尽量减少对外部资源的依赖，目的是降低经营风险，加强对所创事业的控制。很多时候，步步为营不仅是一种做事最经济的方法，也是大学生创业者在资源受限的情况下寻找实现企业理想目的和目标的途径，更是在有限资源的约束下获取满意收益的方法。习惯于步步为营的创业者会形成一种审慎控制和管理的价值理念，这对创业型企业的成长和向稳健成熟发展期的过渡，显得尤为重要。

2. 发挥资源杠杆效应

尽管存在资源约束，但创业者并不会被当前控制或支配的资源所限制，成功的创业者善于利用关键资源的杠杆效应，利用他人或者别的企业的资源来完成自己创业的目的：用一种资源补足另一种资源，产生更高的复合价值；或者利用一种资源撬动而获得其他资源。其实，大公司也不只是一味地积累资源，它们更擅长于资源互换，进行资源结构更新和调整，积累战略性资源，这是大学生创业者需要学习的经验。

对创业者来说，容易产生杠杆效应的资源，主要包括人力资本和社会资本等非物质资源。创业者的人力资本由一般人力资本与特殊人力资本构成，一般人力资本包括受教育背景、以往的工作经验及个性品质特征等。特殊人力资本包括产业人力资本（与特定产业相关的知识、技能和经验）与创业人力资本（如先前的创业经验或创业背景）。调查显示，特殊人力资本会直接作用于资源获取，有产业相关经验和创业经验的创业者能够更快地整合资源，更快地实施市场交易行为。而一般人力资本使创业者具有知识、技能、资格认证、名誉等资源，也提供了同窗、校友、老师以及其他连带的社会资本。

相比之下，社会资本有别于物质资本、人力资本，是社会成员从各种不同的社会结构中获得的利益，是一种根植于社会关系网络的优势。在个体分析层面，社会资本是嵌入、来自于并浮现在个体关系网络之中的真实或潜在资源的总和，它有助于个体开展针对性行动，并为个体带来行为优势。外部联系社会交往频繁的创业者所获取的相关商业信息更加丰富，从而有助于提升创业者对特定商业活动的深入认识和理解，使创业者更容易识别常规商业活动中难以被其他人发现的顾客需求，进而更容易获得财务和物质资源。

3. 设置合理利益机制

资源通常与利益相关，创业者之所以能够从家庭成员那里获得支持，就因为家庭成员之间不仅是利益相关者，更是利益共同体。既然资源与利益相关，创业者在整合资源时，就一定要设计好有助于资源整合的利益机制，借助利益机制把包括潜在的和非直接的资源提供者整合起来，借船出海。因此，整合资源需要关注有利益关系的组织或个人，要尽可能多地找到利益相关者。同时，分析清楚这些组织或个体和自己以及自己想做的事情之间的利益关系，利益关系越强、越直接，整合到资源的可能性就越大，这是资源整合的基本前提。

利益关系者之间的利益关系有时是直接的，有时是间接的，有时是显性的，有时是隐形的，有时甚至还需要在没有的情况下创造出来。另外，有利益关系也并不意味着能够实现资源整合，还需要找到或发展共同的利益，或者说利益共同点。为此，识别到利益相关者后，逐一认真分析每一个利益相关者所关注的利益非常重要，多数情况下，将相对弱的利益关系变强，更有利于资源整合。

然而，有了共同的利益或利益共同点，并不意味着就可以顺利实现资源整合。资源整合是多方面的合作，切实的合作需要有各方面利益真正能够实现的预期加以保证，这就要求寻找和设计出多方共赢的机制。对于在长期合作中获益、彼此建立起信任关系的合作，双赢和共赢的机制已经形成，进一步的合作并不很难。但对于首次合作，建立共赢机制尤其需要智慧，要让对方看到潜在的收益，为了获取收益而愿意投入资源。因此，创业者在设计共赢机制时，既要帮助对方扩大收益，也要帮助对方降低风险，降低风险本身也是扩大收益。在此基础上，还需要考虑如何建立稳定的信任关系，并加以妥善维护。

第二节 创业环境分析

一、创业环境的概念

创业环境是指创业者周围的境况，是创业者在创立企业的过程中，围绕着创业企业生存和发展变化，对其产生影响或制约其发展的一系列外部因素，是创业者及其企业产生、生存和发展的基础，是创业活动的基本条件。创业环境是指与创业活动相关联的因素的集合，包括宏观环境、中观环境和微观环境。

（一）宏观环境

宏观环境又称一般环境，是指影响一切行业和企业的各种宏观力量。不同行业和企业根据自身特点和经营需要，都涉及政治（Political）、经济（Economic）、社会（Social）、技术（Technological）这四大类因素。因此，在战略研究中，宏观环境分析通常被称为PEST分析。

（二）中观环境

中观环境又称行业环境，是指提供同一类产品（或服务）或提供具有可替代性产品（或服务）的企业群。行业分析的内容包括行业的生命周期阶段、行业的进入与退出障碍、行业的需求及竞争状况、行业主导技术的发展趋势及行业的发展前景。

（三）微观环境

微观环境是指企业的顾客、竞争者、营销渠道和有关受众等对企业营销活动有直接影响的各种因素。创业环境的微观因素是决定企业生存和发展的基本环境因素，除了企业能够直接控制的内容环节之外，还包括企业生产的产品或服务的性质、特点，以及它们在国民经济中所起作用的不同而形成的行业。这是企业生存与发展的具体环境，创业者应特别重视对创业环境的微观因素分析，要分析研究市场、行业等。

二、创业环境的分析评价

（一）对宏观环境因素的分析评价

1. 政治法律因素

一些政治因素对创业的行为有直接的影响，但一般来讲，政府主要是通过制定一些法律和法规来间接影响创业活动的。因此，作为创业者应具备一定的政治头脑与法律意识。

2. 经济因素

一个企业经营成败与否，在很大程度上取决于整个经济运行情况，创业者要善于对经济因素进行分析。与企业经营有关的经济因素主要包括整个国民经济的发展状况、产业结构的构成与发展、价格的升降和货币升贬值、银行利率的升降和信贷资金的松紧程度等。

3. 社会因素

社会因素包括社会文化、社会习俗、社会道德观念、社会公众的价值观念、职工的工作态度以及人口统计特征等。变化中的社会因素影响社会对企业产品或劳务的需要，也能改变企业的战略选择。因此，创业者需要在创业前对有关的社会因素加以考虑。

4. 技术因素

技术的进步可以减少或消除企业间的成本壁垒，缩短产品的生产周期，极大地影响企业的产品、服务、市场及竞争地位，可以带来比现有竞争优势更为强大的新的竞争优势。对于创业者来说，能正确识别和评价关键的技术机会与威胁是至关重要的。

5. 自然环境因素

自然环境主要指企业所在地的全部自然资源。对于创业者而言，应该基于资源进行创业，对于选定的创业项目，需要认真地分析企业是否有足够的资源来支持该项目的生存与发展。

（二）对区域环境因素的分析评价

创业者在对地区的环境因素进行评价时要考虑这样几个方面：创业者对该地区的熟悉程度；创业者和企业在该地区有多大的影响力；新创企业在这个地区内将会有何影响；地区的人力资源和支持体系是否完善；地区的基础设施是否完善；等等。

（三）对行业环境因素的分析评价

1. 新进入者的威胁

新进入者是行业的重要竞争力量，它会对本行业带来很大威胁，这称为进入威胁。进入威胁的大小取决于进入障碍和原有企业的反击程度。如果进入障碍高，原有企业激烈反击，进入者难以进入本行业，进入威胁就会小；反之，进入威胁就会增大。

2. 其他利益相关者

这些利益相关者可能是股东、员工、政府、社区、借贷人、贸易组织以及一些特殊利益集团。它们各自对各个企业的影响大小不同。创业者从创业初始就应该适当考虑与利益相关者的价值均衡问题及它们对创业的影响。

3. 现有竞争者的抗衡

行业内企业之间存在着竞争，其竞争程度是由一些结构性因素制约的。每个行业的进入和退出障碍是不同的，理想的情况是进入障碍高而退出障碍低。这样，新进入者扩张会受到阻挡，而不成功的竞争者将很容易退出该产业，企业就会获得稳定收益。

4. 替代品的竞争压力

所谓替代品就是满足同一市场需求的不同性质的产品。例如，合成塑料替代钢材、空调替代电扇、洗衣液代替洗衣粉和肥皂等。科学技术的发展将导致替代品不断增多。创业者在制定战略时，必须顺应时代潮流，识别替代品的威胁及其程度，尤其对于采用最新技术、最新材料的新产品，更需要注意技术的更新、变革与替代。

三、创业环境评价的原则

（一）全面性原则

影响创业环境的因素有很多，既有内部因素，也有外部因素；既有宏观因素，也有微观因素；既有社会因素，也有自然因素。这些因素涉及市场、行业、经济、环境、政治、社会等各个方面，因此，在评价创业环境时，要全面考虑，综合评价。

（二）科学性原则

创业环境评价的科学性体现在评价指标的科学性和评价方法的科学性上。对于评价指标而言，科学性表现在两个方面：第一，指标是在实证的基础上确定的；第二，指标是在参考国外评价指标体系的基础上，结合中国实际确定的。评价方法的科学性体现在对关键指标要采取定性分析方法，然后结合定量分析方法进行评价。

（三）重要性原则

在坚持全面性原则的基础上，我们对影响创业环境的指标进行分类，对影响创业机会的关键指标采用定性的方法，这也是创业环境评价的第一步；同时，考虑不同地区、不同省份、不同历史阶段的差异性，对创业环境指标体系进行调整，保留那些影响创业环境的关键要素，去掉对创业环境影响不大的因素。

四、把握好创新创业的新机遇

我们正处在新一轮科技革命和产业变革浪潮之中，技术革命的到来，互联网和智能化技术使人类面临空前的变化和机遇，创新创业都是和机遇连在一起的，这是一个大学生投身于创新创业实践的伟大时代。

产业结构调整也给创新创业带来了重大机遇。其实创新创业不仅和机遇有关，也和压力有关。短短几十年间，一大批由于第二产业产能过剩、过度竞争而形成的蓝领大军必须找到新的出路，而在制造业向制造服务业转型的过程中，大力发展创新创业可以使社会结构调整平稳，有效降低失业率。

移动互联网等技术创造出的新的商业模式，给大学生从事创新创业带来极大的便利。工业时代是用规模化大生产来实现就业的，而当今时代，个人或小范围的人群可以成为创新主体，这些创新创业主体用互联网相互连接，编织成硕大无比的商业帝国，像淘宝网就是靠无数个小微企业组成的交易平台。

资本市场的发展极大地催生了创新创业。体量巨大的社会资金都在寻找盈利和投资机会，这就使得今天的创新创业与以往有很大不同。只要有好的创新创意出来，就会迅速被资本市场发现，这就是许多创业者一夜暴富的原因。而创新创业者的财富故事又会吸引更多人投身其中。

"80后""90后"大学生，拥有良好的大学教育，使得新一代创新创业者有更好的系统分析能力和资讯掌控能力，他们可以回避掉一些初级的风险，这就极大地激发了他们的创新创业热情。

创新创业是一个价值发现的过程，其生命力在于创造价值，通过与以往不同的方式达到增值的目的。创新创业往往和技术进步有关，但又不完全依靠技术，更多地依赖创意，即商业模式的创新。高科技会带来一些创新创业的机会，但更多的创新创业发生在已有技术的组合上。在自主创新领域中有三种创新模式：一是原始创新，需要大量人力和财力，一般要由国家的大学、科研院所和大企业研究院来做；二是引进、消化、吸收再创新，这也是过去几十年改革开放中我国企业的主要创新模式；三是集成创新，即把各种创新要素集合起来完成新的创新，就是"把做面包的技术用在蒸馒头上"，这种创新方式目前正成为我国大学生创业的重要创新模式。

2015年6月，国务院印发了《国务院关于大力推进大众创业万众创新若干政策措施的意见》，这被称为鼓励创新创业的"国十一条"，提出了创新创业的9大层面、30条政策措施。值得关注的是，"国十一条"还提出"要为创业失败者再创业提供必要的指导和援助机制"，我们要有宽容失败的社会环境，给失败者以安慰与关怀，鼓励失败者再创新创业。值得注意的是，任何创新创业都要认真筹划，重要的是把握机遇、寻找商机。

选择业务方向时要如履海冰、如临深渊、战战兢兢，选定后就要扎扎实实、执着坚守。冒险不应是大学生创新创业者必然的选择，创业做生意要量力而行，打有准备、有把握之仗。总的来讲，创新创业既要满腔热情，又要认真务实，当代青年大学生要把创新创业当作一种人生态度、一种民族精神、一种社会风尚。

▨ 拓展阅读

在生活中寻找创新创业的机会

"大众创业、万众创新"的时代，创新创业的机会在哪里？换句话说，去哪里寻找有市场、能创富、有大好发展前景的项目？

"人之需万千，不能尽由己足，方有商。"人们的生活需求就是商机。发达国家之"发达"，往往意味着市场的饱和，人们生活所需的一切产品和服务都已经被开发和经营，有人用"城市的每一寸草坪都被人工修剪过"来形容这种饱和状态。市场饱和了，于是就需要创新和创造需求，苹果公司就是用自己研发的新产品创造出新的市场需求，也创造了发展奇迹。

作为发展中国家，人们生活中的不如意还很多，差距和不如意就蕴含着商机。假冒伪劣商品从城市"转战"农村，"山寨货"大行其道，这表明低价商品仍大有市场，等待物美价廉的正品去占领；农户分散养殖是食品质量监管的难点，也是食品安全问题时有发生的重要原因，同时也意味着工厂化养殖业发展的美好前景；入托难、打车难、找保姆难、找对象难等生活中的难题，表明城市生活服务业拥有巨大的发展空间；当许多产品和服务让人"信不过"时，诚信经营本身就有极高的市场价值……中国经济要迈向中高端水平，需要以人们生活消费水平的升级为基础。对正品、品牌、方便、舒适、优良品质等的追求，正孕育着"大众创业、万众创新"的无限商机。

现实生活中已有大量这样的实例。外卖盒饭，本来平常，可近来的网络订餐软件，盯准了没精力买菜做饭的都市白领，实现对接名店、提前点餐、线上支付的功能，让上班族到家就能吃上热热乎乎的饭菜，即使企业赢得了利润，又改变了人们生活。打车软件以及依托这种软件出现的"专车"服务，其实也是开发新商机的实例，虽然还不时出现一些问题，但创新的思路是对的。

有些领域，人们以前可能想也不敢去想，如今却可能成为创业的"新蓝海"。比如市场监管，本是政府的职责，但市场经营活动量大面广，监管任务极其繁重，仅靠政府部门很难监管到位，而制售假冒伪劣商品、偷排污染物等现象又是久治不愈的顽症，为什么不能发动群众，依靠社会力量，来一场监督治理的"人民战争"？政府购买服务已纳入转变政府职能的改革事项。鼓励社会力量组成网络化组织，针对制假售假、违规排污等现象开展监测、监督、举报工作，这对政府而言是一种监管创新，对有志者来说则是开辟了一个就业创业的新领域。谁敢说这里不会成长起一批以守护公共安全为己任、做政府监管执法的好助手？谁敢说这里不会树立起一块公正无私、专司监测监督的"金字招牌"的企业？

创业可以模仿和移植，从发达国家经验中学习是一条路子，人家有的我们这里还没有，拿来试试。但更需要创新，就如乔布斯的名言："企业的目标就是去创造那些消费者需要但无法形容和表达的需求。"创新的本质不仅在于创造人们没见过、没用过的实物，更包括那些未听过、未曾想见的事物，以此刺激新的消费需求，创造新的生活方式。相对竞争惨烈、渐入夕阳的传统产业和已知市场，未知的新业态、新市场必将超越陈旧的产业边界，打破落后的游戏规则，绽放后发优势，实现后来者居上。

■ 思考与拓展

一、问题思考

1. 大学生具备哪些创业资源？初创企业如何整合创业资源？
2. 以农村为例，谈谈如何实现传统农业的创新性变革。

二、知识拓展

"零投入"创业的大学生

比起刚刚到手的毕业文凭，南京晓庄师范学院应届毕业生李欢拿到个体经管执照的时间更早些。根据学校鼓励大学生创业的政策，李欢领取了工商营业执照后，拿了学校给予的1000元奖励金。

李欢是仪征人，家在农村，不富裕的家庭状况逼他更多地思考毕业后怎么办？他选择了创业。李欢学的是环保专业，他想创业需要知识，他成了校图书馆的常客，大量阅读书籍、杂志；常看央视的创业节目，从成功人士中汲取经验教训；积极参加各类创业实践活动。前不久，南京市人事局举办了一期大学生创业知识培训班，他作为学员，系统地触摸了创业活动的脉搏。临毕业，他反复思考，选择了"全自动筷子消毒机"营销项目，在江宁租房注册了"森绿环保科技服务中心"，开始创业起步。

第一台机器的销售反映了他的执着。他选中学校一家快餐店为目标。为了弄清快餐店和老板的状况，他连续6天去吃蛋炒饭，吃饭时漫不经心地与服务员交谈，逐渐摸清了对方的情况。与老板交谈时，他采取的方法是帮老板算账：你一个月用一次性筷子约需200元，一年2400元。而用消毒筷子一次性投入600元，可反复使用，而且环保、安全，3个月收回成本，一年少花1800元。老板半信半疑，尝试着用用看，结果成了他的客户。

李欢说，他是个内向的人，以前跟人说话都会脸红，但缺乏创业资金，他只有选择营销策略，用自己的诚意和技巧，打动客户，取得佣金。现在，李欢信心满满。他说，他天天"扫街"，边走边扫描店家：太小的店不适合用，太大的店看不上，只选中型的、使用一次性筷子的店。对老板文化高的，他讲环保；对文化不高的，他帮老板算账，为他节约资金，短短一个月，他就推销了6台机器，获利5000多元。

李欢是学环保专业的，推销臭氧消毒的环保筷子，仅是他事业的开头。他谈了自己的人生规划，边做筷子机，边寻找新的环保产业商机。不多的资金，使他更倾向以市场营销或名优产品代理销售为创业方向。

【感悟思考】李欢注册了营业执照，通过地毯式"扫街"寻找客户，投入了大量精力和智慧。为了卖出机器，他曾多次遭到店家冷眼，于是更换营销艺术，如主动帮老板印制和发放宣传册，老板终被感动，"你一名学生能帮我宣传，比我的员工更关心饭店"。好心得到好报，生意终于成功。

"零投入"仅仅指的是资金的零投入或少投入，同时则意味着需要知识和精力的大投入。创业资源包括有形资源和无形资源，无形资源是撬动有形资源的重要杠杆。

第六章　创业风险及其识别与管理

应知要求：

1. 了解创业风险的来源与分类
2. 了解大学生创业风险分析的基本方法
3. 了解大学生创业风险控制要点

应会要求：

1. 掌握大学生创业风险分析方法
2. 掌握创业团队培育及团队风险防范措施
3. 掌握财务管理与风险防范措施
4. 掌握营销风险分析与风险规避办法

案例导入

没有实战经验不要轻易创业

杨同学从吉林市某高校英语专业本科毕业，先是在一所外语学校当英语老师，后来又出国深造了 3 年，回国后，他在吉林市经营一家少儿英语培训机构。现在他的培训机构经营状况不错，每年的纯利润达 20 余万元。

回顾创业来时路，杨同学认为，如果没有任何社会实践经验，千万不要轻易创业，对于刚刚走出校门的大学生来说，我不建议他们一毕业就创业。因为没有当过员工的老板，是不可能成为一名好老板的。应该先积累一定的社会实战经验和创业资源，因为这些是初创业者所必备的。

杨同学还提到，创业团队的选择，对于青年创业者来说也是个相当大的问题。杨同学举例说道："我身边就有很多因团队不和谐而导致创业失败的例子，大多是因为年轻气盛，当团队意见发生分歧时，一吵架就退股，团队也就散了，企业也就不了了之了，所以，大学生创业者应意识到创业不是'过家家'，要有责任感和团队意识，团队成员要学会有胸怀有担当，应该以诚相待，以理服人，为大局着想。"

案例点评：

创业具有很多不确定性风险，并且创业风险伴随着创业的整个过程，如何认清创业过程中存在和可能出现的风险与危机，并寻找到合理的解决办法，是创业能否持久的关键。

第一节　创业风险认知

一、创业风险的来源与分类

（一）创业风险的来源

创业环境的不确定性，创业机会与创业企业的复杂性，创业者、创业团队与创业投资者的能力与实力的有限性，这些都是创业风险的根本来源。

研究表明，由于创业的过程往往是将某一构想或技术转化为具体的产品或服务的过程，在这一过程中，存在着几个基本的、相互联系的缺口，它们是上述不确定性、复杂性和有限性的主要来源，也就是说，创业风险在给定的宏观条件下，往往就直接来源于这些缺口。

1. 融资缺口

创业者策划的创业计划书常常可以证明其构想的可行性，但往往没有足够的资金将创意或创业项目实现商品化，从而给创业带来一定的风险。通常，只有极少数资金拥有者愿意鼓励创业者跨越这个缺口，如富有的个人，专门进行早期项目的风险投资公司，政府创业资助计划和高校的创业扶持资金等。

2. 研究缺口

研究缺口主要存在于仅凭个人兴趣所做的研究判断和基于市场潜力的商业判断之间。当一个创业者最初证明一个特定的科学突破或技术突破可能成为商业产品基础时，他仅仅停留在自己满意的论证逻辑上。然而，这种程度的论证，在将预想的产品真正转化为商业化产品过程中，即具备有效的性能、低廉的成本和高质量的产品，能从市场竞争中生存下来的过程中，需要大量复杂而且可能耗资巨大的后续研究工作，从而形成创业风险。

3. 信息和信任缺口

信息和信任缺口存在于技术专家和管理者（投资者）之间。也就是说，在创业中，存在两种不同类型的人：一是技术专家；二是管理者（投资者）。这两种人接受不同的教育，对创业有不同的预期、信息来源和表达方式。技术专家知道哪些内容在科学上是有趣的，哪些内容在技术层面上是可行的，哪些内容根本就是无法实现的。管理者（投资者）通常比较了解将新产品引进市场的程序，但当涉及具体项目的技术部分时，他们不得不相信技术专家，可以说管理者（投资者）是在拿别人的钱冒险。如果技术专家和管理者（投资者）不能充分信任对方，或者不能够进行有效的交流，那么这一缺口将会变得更深，带来的风险也会更大。

4. 资源缺口

资源与创业者之间的关系就如颜料和画笔与艺术家之间的关系。没有了颜料和画笔，艺术家即使有了构思也无从实现。创业也是如此。没有所需的资源，创业者将一筹莫展，创业也就无从谈起。在大多数情况下，创业者不一定也不可能拥有所需的全部资源，这就形成了资源缺口。如果创业者没有能力弥补相应的资源缺口，要么创业无法起步，要么在创业中受制于人。

5. 管理缺口

管理缺口是指创业者并不一定是出色的企业家，不一定具备出色的管理才能。进行创业活动主要有两种：一是创业者利用某一新技术进行创业，他可能是技术方面的专业人才，但却不一定具备专业的管理才能，从而形成管理缺口；二是创业者往往有某种"奇思妙想"，可能是新的商业点子，但在战略规划上不具备出色的才能，或不擅长管理具体的事务，从而形成管理缺口。

（二）创业风险的分类

1. 按风险来源的主客观性划分

按风险来源的主客观性划分，可分为主观创业风险和客观创业风险。主观创业风险，是指在创业阶段，由于创业者的身体与心理素质等主观方面的因素导致创业失败的风险。客观创业风险，是指在创业阶段，由于客观因素导致创业失败的风险，如市场的变动、政策的变化、竞争对手的出现、创业资金缺乏等。

2. 按创业风险的内容划分

按创业风险的内容划分，可分为技术风险、市场风险、政治风险、管理风险、生产风险和经济风险。技术风险，是指由于技术方面的因素及其变化的不确定性而导致创业失败的风险。市场风险，是指由于市场情况的不确定性导致创业者或创业企业蒙受损失的风险。政治风险，是指由于战争、国际关系变化或有关国家政权更迭，政策改变而导致创业者或企业蒙受损失的风险。管理风险，是指因创业企业管理不善产生的风险。生产风险，是指创业企业提供的产品或服务从小批量试制到大批量生产的风险。经济风险，是指由于宏观经济环境发生大幅度波动或调整而使创业者或投资者蒙受损失的风险。

3. 按风险对所投入资金即创业投资的影响程度划分

按风险对所投入资金即创业投资的影响程度划分，可分为安全性风险、收益性风险和流动性风险。创业投资的投资方包括专业投资者与投入自身财产的创业者。安全性风险，是指从创业投资的安全性角度来看，不仅预期实际收益有损失的可能，而且专业投资者与创业者自身投入的其他财产也可能蒙受损失，即投资方的财产安全存在危险。收益性风险，是指创业投资的投资方资本和其他财产不会蒙受损失，但预期实际收益有损失的风险。流动性风险，是指投资方的资本、其他财产以及预期实际收益不会蒙受损失，但资金有可能不能按期转移或支付，造成资金运营的停滞，使投资方蒙受损失的风险。

4. 按创业过程划分

按创业过程划分，可分为机会识别与评估风险、准备与撰写创业计划风险、确定并获取创业资源风险和新创企业管理风险。机会识别与评估风险，指在机会的识别与评估过程中，由于各种主客观因素，如信息获取量不足、把握不准确或推理偏误等使创业一开始就面临方向错误的风险。准备与撰写创业计划风险，指在创业计划的准备与撰写过程中的风险。创业计划往往是创业投资者决定是否投资的依据，创业计划制订过程中各种不确定性因素与制订者自身能力的限制，也会给创业活动带来风险。确定并获取资源风险，是指由于存在资源缺口，创业者无法获得所需的关键资源，或即使可获得，但获得的成本较高，从而给创业活动带来一定风险。新创企业管理风险，主要是指新创企业在管理企业过程中存在的风险。

二、大学生创业风险分析与管理

（一）大学生创业风险分析

大学生在自主创业中遇到的创业风险主要有如下几种：

1. 项目选择风险

创业项目选择风险是指在创业初期因选择的创业项目不当，导致企业无法盈利而难以生存的风险。目前，大学生创业的项目选择多集中在高科技领域和智力服务领域，如软件开发、网络服务、家教中介、设计工作室等。此外，快餐、零售等连锁加盟店也是大学生青睐的创业项目。大学生创业时如果缺乏前期市场调研和论证，不去了解市场，只是凭自己的兴趣和想象来决定创业项目，甚至仅凭一时心血来潮做决定，不去做大量细致的市场调研与论证，不结合自身掌握的资源状况做出决定，那么其在创业过程中一定会碰得头破血流，创业会非常艰苦甚至会走向失败。

2. 技能不足风险

大学生从象牙塔走出来就进行创业，期间还未实现由学校人向社会人的完全转变，其年龄、阅历、心理等与有一定社会经验的人相比处于劣势。创业本身是一个复杂的系统工程，市场不会因为创业者是学生就网开一面，在单纯的校园环境中成长起来的大学生，思考问题理想化，对创业面临的困难估计不足，面对社会和市场时，比有社会经验的人更容易迷失和迷茫，另外，大学生还缺乏创业必备的知识和能力，不了解创业的相关政策法规，也没有相关企业的工作、实践的经历，缺乏能力和经验。同时还表现在职业技能、技术、管理等方面的欠缺。所以，我国大学生创业成功的概率并不高，技能不足也是主要的因素之一。

3. 环境风险

创业环境与创业活动是相互作用的，对创业的成功起着决定性作用。不管是企业还是个人都处于一定的环境之中，如社会环境、企业治理环境、经济环境等，这些环境的变化，都会对大学生的创业造成较大的影响。这种影响尤其表现在创业的中后期，不利影响一旦发生，就可能给企业带来致命性的危害。

4. 资源风险

这里所说的资源风险主要是由于社会资源匮乏而产生的风险。社会资源是企业以及个人在社会上获得成功的重要因素之一，社会资源越是广泛，其获得成功的可能性就越大，因为企业需要与各方进行沟通和联系，如政府，社会团体、供应商、销售商等。企业的所有工作都需要调动足够多的社会资源，然而，初入社会的大学生拥有社会资源毫无疑问相对较少，尽管有老师和同学的帮助，在一些地方，也有政府创业机构的支持，但这些帮助与支持对于大学生的创业尤其是创业企业的持续经营而言，可以说是杯水车薪。所以，当大学生走入社会进行创业时，在广告宣传、市场营销、工商税务等方面会遇到很多阻碍，在面对这些困难时，往往会显得一筹莫展，并会为此耗费大量人力、物力以及财力，之后不得不怀着受挫后的复杂心情而选择放弃。

5. 财务风险

财务风险是指因资金不能适时地筹集而导致创业失败的风险。可以说，财务风险贯穿于创业活动的整个过程。我国大学生自主创业资金主要来源于家庭支持、银行贷款、风险投资、典当融资、股权融资和融资租赁等渠道。其中，除去家庭支持外，其他资金的获得都需要一定的资质和担保，这对于刚进行创业的大学生而言，是非常困难的，因为不管是银行，还是风险投资担保机构，都需要有实业或者其他企业机构的担保才会提供资金。当今社会，"空手套白狼"式的创业奇迹越来越少，如果没有广泛的融资渠道，创业活动无从谈起；如果没有足够的流动资金，很可能会导致在创业初期就遭遇失败。因此，财务风险是创业者创业前期的命门。

6. 管理风险

管理风险是指在创业管理运作过程中因信息不对称、管理不善、判断失误等影响管理水平与管理决策，而导致创业失败的风险。企业的管理不仅仅需要知识，还需要阅历，更需要在平常工作中日积月累形成的经验。一些大学生创业者虽然可能接受过创业方面的培训，但是其了解到的大部分有关创业的信息来自于书本，过于理想化。他们怀抱着一腔热情和抱负纸上谈兵，经营理念淡薄，产品营销方式呆滞，信息闭塞，特别是绝大部分大学生知识单一、经验缺乏，资金实力和心理素质明显不足，更会增加其创业管理风险。

（二）大学生创业风险控制

1. 创业能力和防范风险的教育

在高校教育中开设大学生创业教育课程和讲座，一方面有助于提升大学生创业能力，另一方面有助于进行风险意识教育。在教育中，要培养适合社会发展的人才，激发大学生创业意识，丰富创业理论和创业实践经验，使大学生充分意识到创业的艰难和不确定性。而且，创业的复杂性也是不容忽视的，这种复杂导致了创业风险，也会使得大学生能够清醒地认识这一点，并针对创业过程危机进行认真的防范。实际上，这种由于创业风险而导致的各种危机和问题，是一种常见的现象，只要针对大学生开展必要的创业指导和讲座，就可以帮助他们正确对待所发生的问题，有效化解风险，真正使得他们的创业能力得到提升。

2. 创业能力和风险意识培养

对于大学生而言，一方面要具备强大的创业能力，另一方面还要有足够的风险防范意识。这是因为，能力是前提，风险意识是减少创业风险，对风险进行合理控制的重要前提。创业能力代表着大学生能够在创业的过程中通过自己的努力而展现强大的潜力，取得成绩，风险意识是大学生应对危机和风险所具备的能力和最基本的意识，这二者在教育的过程中缺一不可，也是大学生创业教育的主要任务之一。能力和防范意识的培养，可以提升大学生的觉悟，养成良好的自控力。在风险意识方面，需要有侧重点，教会学生如何进行市场调研，捕捉市场最前沿的信息，分析并理解市场的最新动态，不管是经济、产业还是消费结构，都要进行详细的调研，捕捉最前沿的动态。因为时代在不断变化，市场亦是瞬息万变，若不能及时掌握一手资料，对现有情况了如指掌，一旦风险和危机来临，就很容易惊慌失措，不知如何应对。因此，需要增强能力，提升防范意识，这样才能培养敏锐的市场嗅觉，从容面对各种各样的风险。

3. 创业风险的管理

大学生进行创业时，首先就是创业项目的选择，这是创业成败的关键。大学生在选择项目之前，必须要进行细致的调研工作，不要好高骛远，眼高手低，要在充分了解市场的基础上，根据自身实际情况和资金状况选择项目。

在选择项目的同时，大学生必须要不断提升自身综合素质，了解创业的各方面知识，具有优秀的创业能力。并且，还要具备足够的风险防范意识，不仅要了解各种法律法规，还要培养规避风险的能力。大学生创业者还要不断提升自身的创新意识，了解管理学、经济学等方面的知识，并能够体现在具体应用上，这样，在创业中才能正确认识并合理规避风险。

综上所述，创业是与风险并存的。针对大学生创业所存在的风险进行合理的控制，不仅需要成功的创业教育，更需要有针对性地对大学生的风险防范意识开展教育，在提升大学生创业能力的同时，使大学生能够深刻了解在创业中可能出现的各种危机，逐步培养处理危机和问题的能力。

第二节 团队风险的认知与控制

一、创业团队风险认知

（一）创业团队的风险形成

资料表明，绝大多数的新创企业会在短期内失败，尤其是初创立的高新技术企业平均寿命不到 3 年。而那些能够在艰难环境中存活下来的企业，大都十分重视创业中的团队建设。单凭个人的能力，创业设计的资源获取、技术研发和有效利用等多项商业活动等都难以完成，而团队力量可以对此提供很大的帮助。风险投资者在选择投资项目时，也开始重视创业团队的影响，对创业团队的考评占其总评的 50%。

随之而来的问题是创业团队的发展困难重重。在团队初期时所有成员都能全心全力投入新产品的开发和推广，但随着时间的推移，企业产生剩余利润，管理步入正轨，就逐渐暴露创业团队中的许多矛盾，造成关键成员的流失，导致企业的发展速度放慢。

（二）创业团队的风险成因

1. 盲目照搬成功的组建模式

创业团队的组建基本可以分成三种模式：关系驱动、要素驱动和价值驱动。

关系驱动是指以创业领导者为核心的人际关系圈内成员构成团队。他们因为经验、友谊和共同兴趣结成合作伙伴，彼此发现商业机会后共同创业。

要素驱动是指创业团队成员分别贡献创业所需的创意、资源和操作技能等要素。由于这些要素相互互补，团队成员之间处于相对平等的地位。

价值驱动是指创业成员将创业视为一种实现自我价值的手段，他们的使命感很强，成功的冲动也很强。

不同的组建模式适用的条件不尽相同。如果盲目照搬照套某种组建模式，会给企业带来较大的风险。现在应用最广泛的是关系驱动模式，它比较适用中国文化的特点，其团队的稳定性相对较高。但是，关系的远近亲疏经常会成为制约团队发展的瓶颈。要素驱动模式比较符合西方文化的特点，现在的互联网创业团队大多属于这种模式，如果成员之间磨合顺利，可以缩短企业成功所需的时间，但是如果磨合不顺利，就很容易发生解散风险。价值驱动模式中的团队成员虽然是为了追求自我实现组合在一起，但是一旦产生分歧，就是路线斗争，没有妥协的余地。

2. 团队成员选择具有随意性和偶然性

创业团队是要将个体的力量整合为聚集的攻击力，并保持这种攻击力的持久性。英国学者贝尔宾（Belbin Team Roles）曾经考察了 1000 多支团队，研究理想创业团队的构成，最后提出了"九种角色"论，即成功的团队必须包含九种不同角色的人。这九种角色分别是：提出创新观点并做出决策的创新者；将思想语言转化为行动的实干者；将目标分类，进行角色认知与义务分配的协调者；促进决策实施的推进者；引进信息与外部谈判的信息者；分析问题与看法并评估别人贡献的监督者；给予个人支持并帮助他人的凝聚者；强调任务的时效性并完成任务的完美主义者；具有专业技能和知识的专家。

但是，在团队组建初期由于规模和人数的限制，创业团队在成员选择方面考虑不够全面，过于随意和偶然，甚至只是因为碰巧谈到创业问题而一拍即合，所以不可能具备所有这九种角色，之后又没有进行及时的补充，或是在团队中承担某种角色的人才过多，团队成员之间角色和优势重复，这些都会引发各种矛盾，最终导致整个创业团队的散伙。西安海星集团作为一家民营高科技企业，最初的创业团队是海星集团现任总裁荣海和他的大学室友以及同学共同组建的，两年多的时间里海星集团创造了30万元的利润，但是创业团队却面临着大分裂，每个人都认为自己有能力挣钱，这与团队成员能力和优势重复以及利润分配不合理有着密切的关系。

3. 缺乏明确和一致的团队目标

心理学家马斯洛指出：杰出团队的显著特征是具有共同的愿景与目标。凝聚人心的愿景与经营理念，是团队合作的基础。目标则是共同愿景在客观环境中的具体化，能够为团队成员指明方向，是团队运行的核心动力。

事实上，在创业初期，创业团队的目标一般并不十分清晰和明确，可能只是一个朦胧的发展方向，有些人甚至不明白自己为什么会走上创业的道路。而且即使创业领导者的目标明确，也不能保证其他成员都能够正确理解团队目标的含义。

随着创业进程的推进以及外界环境的变化，团队成员可能会发现原先确定的目标和现实之间存在差距，必须对目标进行适当调整，此时如果团队成员之间意见难以调和，或是个人目标与组织目标出现较大的不一致，那么团队就会面临着解散的风险。

4. 激励机制尤其是利润分配方式不完善。

有效激励是企业长期保持团队士气的关键。如果缺乏有效激励，团队或者组织的生命都难以长久，有效激励的重点是给予团队成员合理的"利益补偿"。根据《企业管理调查》的数据统计分析：影响创业团队散伙的主要原因有团队矛盾、利益分配和有效沟通。团队矛盾的背后或多或少存在利益的影响，因此可以看出，利益分配对于创业团队的持续发展有着重要的意义。

实际上，在团队组建初期，由于企业前途未卜，各成员在创业企业中的作用和贡献无法准确衡量，因此团队无法给出一个明确的利润分配方案，可能只是简单地采取平均主义的做法，这样，随着企业的发展和利润的增加，团队成员在利润分配时就会出现争议，从而导致创业团队解散。无锡尚德太阳能电力有限公司在创业初始的两年里一直处于亏损状态，后来业务稍有起色，就因为利润分配方案不健全等原因，五个人的创业团队走了四人，只剩下施正荣支撑尚德公司，而且离开的四人后来均进入了光伏电池行业，成了施正荣的竞争对手。

拓展阅读

一天晚上，盛田昭夫按照惯例走进职工餐厅与员工一起就餐、聊天。他多年来一直保持着这个习惯，以培养员工的合作意识和与他们的良好关系。这天，盛田昭夫忽然发现一名年轻员工郁郁寡欢，满腹心事，埋头吃饭，谁也不理。

于是，盛田昭夫就主动坐在这名员工对面，与他交谈。几杯酒下肚之后，这名员工终于开口："我毕业于东京大学，毕业后有一份待遇十分优厚的工作。但是，我在进入索尼公司之前，对索尼公司崇拜得发狂。当时，我认为我进入索尼公司，是我一生的最佳选择。但是，现在才发现，我不是在为索尼工作，而是为课长干活。坦率地说，我这位课长是个无能之辈，更可悲的是，我所有的行动与建议都得课长批准。我自己的一些小发明与改进，课长不仅不支持、不解释，还挖苦我癞蛤蟆想吃天鹅肉，有野心，对我来说，这名课长就是索尼。我十分泄气，心灰意懒。这就是索尼？这就是我崇拜的索尼？我居然放弃了那份优厚的工作来到这种地方！"这话令盛田昭夫十分震惊，他想，类似的问题在公司内部员工中恐怕不少，管理者应关心他们的苦恼，了解他们的处境，不能堵塞他们的上进之路。于是盛田昭夫产生了改革人事管理制度的想法。之后，索尼公司开始每周出版一次内部小报，刊登公司各部门的"求人广告"，员工可以自由而秘密地前去应聘，他们的上司无权阻止。另外，索尼原则上每隔两年就让员工调换一次工作，特别是对于那些精力正盛、干劲十足的人，不是让他们被动地等待工作，而是主动地给他们施展才能的机会。索尼公司在实行内部招聘制度以后，公司中有能力的人大多能找到自己较中意的职位，而且人力资源部门可以发现那些"流出"人才的上司所存在的问题。

【感悟思考】一个企业的成功离不开一个团结高效的团队，索尼公司的成功也得益于团队建设的成功：重视每一个人的作用，通过每一个人的努力实现公司与个人的利益最大化。

二、创业团队成长与发展困境

（一）创业团队的成长

创业团队的成长分为创立期、动荡期、稳定期、高产期和调整期五个阶段。

1. 创立期

团队成员在企业创立初期都比较谨慎，相互也不十分了解，这时要加强相互之间的联系，充分地沟通，这样才有利于团队成员之间的合作与协助。团队领导也应尽力让团队成员知道团队存在的价值和愿景，认同团队的目标，让大家有一种奋发向上的精神，明确自己的角色与职责，让每个成员对自己、对其他成员、对团队都有一个清醒的认识。

2. 动荡期

经过一段时间成员之间的相互了解，人与人之间的矛盾开始出现，团队的问题开始暴露。这时候，团队就会进入一种很危险的状态。人对组织的认同感和归属感还很低，思想比较混乱，但是可以通过职业经理或者团队领导的努力，改变这种现象。

3. 稳定期

团队度过动荡期后进入稳定期，经过相互磨合后，大家建立了相互间的信任，团队效率得到明显提升，团队成员愿意承担更多的责任。此时，团队成员对团队很认同，精神状态也很好，团队形成了真正的团队规则，大家都按规则行事。这个时候团队建设的重点是团队内部拓展，主要是团队文化与团队精神拓展，让每个成员都具备相同的团队气质。

4. 高产期

特征表现：团队信心大增，具备多种技巧，能协力解决各种问题，用标准流程和方式进行沟通、化解冲突、分配资源。团队成员自由而建设性地分享观点与信息。团队成员能够自我约束，自我管理。处于最佳状态的团队成员会有一种完成任务的使命感和荣誉感，团队精神和团队凝聚力得到强化。

5. 调整期

边际效应使高产期发展到一定程度之后进入衰退期。团队中成员容易出现居功自傲、不思进取或墨守成规等现象。这时团队面临着解散、休整的危险，需要依据企业的使命和战略重新调整创业团队成员。

（二）创业团队的发展阻碍

创业团队从创立到调整期，特别是从创业阶段向集体化阶段过渡的过程中，随着企业从不规范到正常经营管理状态，很多矛盾很容易暴露出来，而这些矛盾将会是导致创业团队分裂的主要原因。

（1）随着企业规模的扩张，部分成员因其能力有限难以适应更大规模、更规范的企业经营管理的需要。这一点在我国众多的中小乡镇企业中体现明显。许多乡镇企业的创业者文化程度不高，当初的成功往往是因为敢拼敢干、吃别人不能吃的苦、干别人不敢做的事而取得的，但随着企业进入一个规范发展的时期，自身素质和能力的制约反而成了企业发展的阻碍。

（2）创业团队成员经营理念不一致，成员之间对于公司的目标和价值观有冲突，这种情况是非常普遍的，一个典型的例子就是联想的倪光南和柳传志。柳传志是一位有科技背景的企业管理者，而倪光南是一名科学家，他们的分歧是经营理念的不一致，柳传志是市场导向，而倪光南是技术导向，这一根本的分歧导致了曾被称为"中关村最佳拍档"的联想创业团队的分裂。

（3）创业成员之间性格、兴趣不合，难以磨合，企业气氛不融洽，创业活动难以正常开展。群体性的创业团队中容易出现这种情况。群体性的创业团队经常由一些私交很好而在一起的伙伴来共同创业，例如朋友、同学、亲戚等，多是由人际关系来寻找共同创业的伙伴；或是有相似的理念和观点，例如具有相近技术研发背景的人，基于对某一技术的狂热而结合。然而，人际上的交集是群体性创业团队成员最重要的条件，在这种情况下，团队成员在性格上的差异和处理问题的不同态度就容易被掩盖。当这样的团队缺乏真正的沟通，那么这些伙伴实际上并未形成真正的团队，难以达成 1+1>2 的效果。

（4）团队在创立初期没有制定一个明确的利润分配方案，随着企业的发展，利润的增加，在利润分配时出现争执。这种情况在民营企业中是非常普遍的，很多中小民营企业的创业团队在发展初期，没有明确提出未来具体的利润分配方案，等到企业规模扩大的时候利润分配问题随之出现。

（三）创业团队成长困境消除途径

1. 选择合理的团队成员

建立优势互补的创业团队是保持创业团队稳定性的关键，也是规避和降低团队风险的有效手段。在团队创建初期，人数不宜过多，能满足基本的需求即可。在成员选择上，要综合考虑成员在能力和技术上的互补性，基本保证具备理想团队所需的九种角色。而且，成员的能力和技术应该处于同一等级，不宜差异过大。如果团队成员在对项目的理解能力、表达能力、执行能力、社会资源能力、思维创新能力等方面存在较大的差异性，就会产生严重的沟通和执行障碍。

此外，在选择成员时还要考虑创业激情的影响。在企业初创期，所有成员每天都需要超负荷工作，如果缺乏创业激情和对事业的信心，不管其专业水平多高，都可能成为团队中的消极因素，对其他成员产生致命的负面影响。

2. 确定清晰的创业目标

创业团队在实践中要不断总结和吸取教训，形成一致的创业思路，勾画出共同的创业目标，以此作为团队成员努力的方向，鼓励团队成员主动熟悉工作内容和职责，竭诚与他人合作交流。

创业团队的目标必须清晰明确，能够集中体现出团队成员的利益，与团队成员的价值趋向一致，并保证所有团队成员都能正确理解，这样才能发挥鼓励和激励团队成员的作用。此外，创业团队的目标还必须切实可行，既不应太高也不应太低，而且能够随着环境和组织的变化及时更新和调整。

3. 制定有效的激励机制

正确判断团队成员的"利益需求"是有效激励的前提。实际上，不同类型的人员对于利益的需求并不完全一样，有些成员将物质追求放在第一位，而有些成员则是希望能够获得荣誉、发展机会、提高能力等其他利益。因此，创业团队的领导者必须加强与团队成员的沟通交流，针对各成员的情况采取合理的激励措施。

创业团队的利润分配体系必须体现出个人贡献价值的差异，而且要以团队成员在整个创业过程中的表现为依据，而不仅仅是某一阶段的业绩。其具体分配方式要具有灵活性，既包括诸如股权、工资、奖金等物质利益，也包括个人成长机会和相关技能培训等内容，并且能够根据团队成员的期望进行适时调整。

三、创建学习型创业团队

纵观国内外，一些著名企业的发展，无一离开"学习"二字。美国排名前 25 位的企业中，有 80% 的企业是按照学习型组织模式进行改造的。国内一些企业也通过创办学习型企业而给企业带来了勃勃生机。《细节决定成败》（汪中求著）一书中写道：在创业过程中，第一代老板靠胆子，第二代老板靠路子，第三代老板靠票子，第四代老板靠脑子。毫无疑问，随着科技的进步和知识更新速度的加快，不管是作为创业者，还是守业者，一定要不断地学习，更新自己的知识，才能适应日趋激烈的竞争。作为员工，也只有不断学习，使自己成为知识型员工，才能适应企业发展的需要。

现在，一个新观点正在被越来越多的企业所接受，这就是：培训是最大的福利。许多企业也不惜重金使员工接受新观念，充实新知识。培训是间接投资，虽然培训不是今天投一万元，明天就立刻能产出二万元的利润，但是只要坚持下去，那些善于学习的团队一定是最后的赢家。

一个团队学习的过程，就是团队成员思想不断交流、智慧火花不断碰撞的过程。英国作家萧伯纳有一句名言：两个人各自拿着一个苹果，互相交换，每人仍然只有一个苹果；两个人各自拥有一个思想，互相交换，每个人就拥有两个思想。如果团队中每个成员都能把自己掌握的新知识、新技术、新思想拿出来和其他团队成员分享，集体的智慧势必大增，就会产生 1+1>2 的效果，团队的学习力就会大于个人的学习力，团队智商就会大大高于每个成员的智商，整体大于部分之和。作为团队领导，不但要自己会钓鱼，还要教会员工钓鱼。给人以鱼只能使他做对的事情，授人以渔则可以使他以正确的方法做事情，即不仅要做正确的事，还要会正确地做事。

在打造学习型企业的时候要注意，避免进入以下的误区，致使学习的效果不好，而且劳民伤财。

（一）打造学习型团队必须和自身的企业的情况相结合

学习不能停留在表面上，要结合企业的实际状况和发展愿景，深刻理解，同时要将学习到的东西融入我们自己的岗位工作中去，对我们学习到的内容加以整合和改造，再进行实践。我国许多知名企业的成功实践充分说明了这一点，像海尔、蒙牛、格力的学习型文化是非常适合自己的企业的。

（二）学习不能停留在粗浅认识上

有许多员工认为，打造学习型团队就是办班讲课、读书看报，没有什么新鲜的。我们说培训是要搞的，专家讲课也是必要的，书报更是必看不可。但这些做法只是从外部支援的角度为企业和个人协助学习，只提供了理论上的解释和操作上的咨询，本身并不是打造学习型团队的必经环节，更不是学习型团队的本质意义。因此打造学习型团队应当是自己亲手去做的事情。如果一个团队整天学习而不创造，那就不是一个真正意义上的学习型团队，只能算是一个形而上学的团队。学习型团队的学习特别强调把学习转化为工作时间，有学有习，而且习重于学。

（三）学习不同于思想政治教育

现代企业都很注重打造学习型团队。有人认为，只要我们将思想政治工作的标签换一下，跟着喊就行了。这种观点是有偏颇的。打造学习型企业固然可以借鉴思想政治工作中的一些做法，但绝不等同于思想政治工作。打造学习型企业的目的：一是工作学习化，即把工作的过程看成是学习的过程，工作跟学习是同步进行的；二是学习工作化，学习型团队要求，上班不仅仅是工作，而是要把生产、工作、学习和研究这四件事情有机地联系起来。

（四）学习不能等、靠、要

有人说既然管理者这么重视学习型企业，我们只要按要求做就行了。建立学习型组织的动力来自于企业发展的内在需求，应当是一项自发、自主的工作。所以要彻底改变那种上级下文件、订计划，基层照方吃药、跟着执行的等、靠、要的做法。换句话说，就是应该以提高企业的核心竞争力为目的，切实加强自主性、针对性、创造性的学习。

（五）学习需要的是坚持

不能把打造学习型企业当作一项应急活动或短期工作，刮一阵风就完事，而应当成为团队成员工作、学习的职责，持之以恒地延续下去。纵观国内外成功的学习型企业，它们的创建过程多为几年甚至十几年。所谓成功，也只能说是基本完善了学习型企业构建的形式和机制。所以，管理者提出，这种学习的过程应用 N 来表示，即没有具体数值。因此，我们必须破除急于求成的思维方式，必须破除一阵风式的行为模式。

总之，创建学习型企业是一个漫长的、艰苦的过程，必须结合本企业的实际情况，不断探索、不断总结，以期建立起具有自身鲜明特色的学习型组织，真正促进企业的长远发展。

▦ 拓展阅读

孔子曰：生而知之者上也，学而知之者次也，困而学之又次，困而不学下民也！

孔子说：生来就知道的是最上等的，通过学习才知道的是次一等的，遇到困难才学习的又是次一等的，遇到困难仍然不学习的人是最下等的了！

从孔子的话中我们应该明白三点：一是学习在任何时代、任何社会、任何组织中都是永恒的话题。二是主动学习，让学习成为企业永远保持长青的最好的方式和方法，学习使人进步，使企业保持生机和活力，使企业在当今激烈的竞争中永远保持不败。三是学习能让自己和企业成为社会和行业的引领者，而如果是出现困难了才去学习，那最后的结果是永远跟在别人的后面，谈不上创新和开拓。

第三节 财务管理与风险防范

一、财务管理的基本概念

企业财务管理是在一定的整体目标下，关于资产的购置（投资）、资本的融通（筹资）和经营中现金流量（营运资金），以及利润分配的管理。企业财务管理是通过价值形态对企业资金运动进行决策、计划和控制的综合性管理。

其特性如下：

（一）涉及面广

就企业内部而言，财务管理活动涉及企业生产、供应、销售等各个环节，企业内部各个部门与资金不发生联系的现象是不存在的。每个部门都在合理使用资金、节约资金支出、提高资金使用率上，接受财务的指导，受到财务管理部门的监督和约束。同时，财务管理部门本身为企业生产管理、营销管理、质量管理、人力物资管理等活动提供及时、准确、完整、连续的基础资料。现代企业的财务管理也涉及企业外部的各种关系。在市场经济条件下，企业在市场上进行融资、投资以及收益分配的过程中与各种利益主体发生着千丝万缕的联系。这主要包括企业与其股东之间、企业与其债权人之间、企业与政府之间、企业与金融机构之间、企业与其供应商之间、企业与其客户之间、企业与其内部职工之间等等。

（二）综合性强

现代企业制度下的企业管理是一个由生产管理、营销管理、质量管理、技术管理、设备管理、人事管理、财务管理、物资管理等诸多子系统构成的复杂系统。诚然，其他管理都是从某一个方面并大多采用实物计量的方法，对企业在生产经营活动中的某一个部分实施组织、协调、控制，所产生的管理效果只能对企业生产经营的局部起到制约作用，不可能对整个企业的营运实施管理。财务管理则不同，作为一种价值管理，它包括筹资管理、投资管理、权益分配管理、成本管理等等，这是一项综合性强的经济管理活动。正因为是价值管理，所以财务管理通过资金的收付及流动的价值形态，可以及时全面地反映商品物资运行状况，并可以通过价值管理形态进行商品管理。也就是说，财务管理渗透在全部经营活动之中，涉及生产、供应、销售每个环节和人、财、物各个要素，所以抓企业内部管理以财务管理为突破口，通过价值管理来协调、促进、控制企业的生产经营活动。

（三）灵敏度高

在现代企业制度下，企业成为面向市场的独立法人实体和市场竞争主体。企业经营管理目标为经济效益最大化，这是现代企业制度要求投入资本实现保值增值所决定的，也是社会主义现代化建设的根本要求所决定的。因为，企业要想生存，必须能以收抵支、到期偿债；企业要发展，必须扩大收入。收入增加意味着人、财、物相应增加，这都将以资金流动的形式在企业财务上得到全面地反映，并对财务指标的完成发生重大影响。因此，财务管理是一切管理的基础、管理的中心。抓好财务管理就是抓住了企业管理的牛鼻子，管理也就落到了实处。

二、财务管理的主要目标

企业财务管理目标是企业组织财务活动、处理财务关系所要达到的根本目的，它决定着企业财务管理的基本方向，是企业财务管理工作的出发点。企业财务管理目标从它的演进过程来看，均直接反映着财务管理环境的变化，反映着企业利益集团利益关系的均衡，是各种因素相互作用的综合体现。财务管理的主要目标，综合来说有以下几个观点：

（一）股东财富最大化

股东财富最大化是指通过财务上的合理经营，为股东带来最多的财富。持这种观点的学者认为，股东创办企业的目的是扩大财富。他们是企业的所有者，其投资的价值在于它能给所有者带来预期报酬，包括获得股利和出售股权换取现金。

（二）企业价值最大化

企业价值最大化是指通过企业财务上的合理经营，采取最优的财务政策，充分考虑货币的时间价值和风险与报酬的关系，在保证企业长期稳定发展基础上使企业总价值达到最大。持这种观点的学者认为，财务管理目标应与企业多个利益集团有关，可以说，财务管理目标是这些利益集团共同作用和相互妥协的结果。

（三）企业经济增加值最大化

持这种观点的学者认为，企业财务管理目标应当具有系统性、相关性、操作性和效率性，同时提出了满足以上四个财务管理目标特征的财务管理目标最优选择——企业经济增加值最大化。

（四）企业资本可持续有效增值

持这种观点的学者认为，企业资本可持续有效增值是企业理财目标的理性选择，企业资本可持续有效增值可通过企业财务管理来体现。

（五）资本配置最优化

企业的主要职能是实现社会资源的最优配置。现代市场经济条件下，新经济形态的出现对现代企业财务管理产生了巨大的冲击，经济体制、企业组织形式、理财观念的变化对企业财务目标也产生了极大的影响，而企业的财务管理目标也相应地变成了资本配置最优化。

三、财务风险防范

在市场条件下，财务风险是客观存在的，要完全消除风险也是不现实的。所以，企业在确定财务风险控制目标时不能一味追求低风险甚至零风险，而应本着成本效益原则把财务风险控制在一个合理的、可接受的范围之内。因此，加强企业财务风险防范，化解财务风险，实现财务管理目标，是企业财务管理工作的重点。

（一）树立风险意识，建立有效的风险防范处理机制

1. 对财务风险进行事前控制

企业在实施某一方案进行财务决策时，对财务风险的存在及其原因进行分析，运用概率分析法、风险决策法、弹性预算法等，制定留有余地的财务管理办法，保证发生意外时企业能有效应对。坚持谨慎性原则，建立风险基金。即在损失发生以前以预提方式建立用于防范风险损失的专项准备金。如产品制造业可按一定规定和标准计提坏账准备金、商业流通企业计提商品削价准备金，用以弥补风险损失。

2. 对财务运行过程进行事中控制

在生产经营活动中，运用定量分析和定性分析法，计算、监控企业财务风险状况，及时采取相应措施，控制出现的偏差，有效遏制不良事态的发展，将风险降到可以控制的程度，减少经济损失，保证企业生产经营活动正常进行。建立企业资金使用效益监督制度，有关部门应定期对资产管理比率进行考核。同时，加强流动资金的投放和管理，提高流动资产的周转率，进而提高企业的变现能力，增加企业的短期偿债能力。

3. 对财务风险进行事后控制

对于已经发生的财务风险，要建立风险档案，从中吸取教训，以避免同类风险的再次发生；对于已经发生的损失，应及时消化处理，若长期挂账，势必给企业今后的发展留下隐患；要盘活存量资产，加快闲置设备的处理，将收回的资金偿还债务。

（二）加强企业财务风险控制

面对财务风险通常采取回避风险、控制风险、接受风险和分散风险策略。控制风险是企业财务风险管理的核心。加强企业财务风险控制，应从以下几方面入手：

1. 筹资风险控制

对于创业者而言，筹资活动是一个企业生产经营活动的起点。企业筹集资金渠道有两大类：一是所有者投资，如增资扩股，税后利润分配的再投资。二是借贷资金。对于借贷资金而言，企业在取得财务杠杆利益时，实行负债经营而借贷资金，从而给企业带来丧失偿债能力的可能和收益的不确定性。筹资风险产生的具体原因有几方面：由于利率波动而导致企业筹资成本加大的风险，或筹集了高于银行利息水平的资金，还有资金组织和调度风险、经营风险、外汇风险。因此，必须严格控制负债经营规模。

2. 投资风险控制

企业通过筹资活动取得资金后，进行投资的类型有三种：一是投资项目生产；二是投资证券市场；三是投资商贸活动。然而，投资项目并不都能产生预期收益，从而引起企业盈利能力和偿债能力降低的不确定性。如出现投资项目不能按期投产，无法取得收益，或虽投产不能盈利，反而出现亏损，导致企业整体盈利能力和偿债能力下降，或虽没有出现亏损，但盈利水平很低，利润率低于银行同期存款利率，或利润率虽高于银行存款利息率，但低于企业的资金利润率水平。在进行投资风险决策时，一个重要原则是既要敢于进行风险投资，以获取超额利润，又要克服盲目乐观和冒险主义，尽可能避免或降低投资风险。在决策中要追求收益性、风险性、稳健性的最佳组合，或在收益和风险中间，让稳健性原则起一种平衡器的作用。

3. 资金回收风险控制

财务活动的重要环节是资金回收。应收账款是造成资金回收风险的重要方面，应收账款加速现金流出。它虽然已产生利润，但并未使企业的现金增加，反而还会使企业运用有限的流动资金垫付未实现的利税开支，加速现金流出。因此，对于应收账款管理应在以下几方面强化：一是建立稳定的信用政策；二是确定客户的资信等级，评估企业的偿债能力；三是确定合理的应收账款比例；四是建立销售回款责任制。

4. 收益分配风险控制

收益分配是企业财务循环的最后一个环节。收益分配包括留存收益和分配股息两方面。留存收益是扩大投资规模的主要来源，分配股息是股东财产扩大的要求，二者既相互联系又相互矛盾。企业销售与生产规模的快速发展，需要添置大量资产，税后利润大部分留用。但如果利润率很高，而股息分配低于收益水平，就可能给企业股票和信用带来危机，由此形成了企业收益分配上的风险。因此，必须注意两者之间的平衡，加强财务风险监测。

（三）建立财务风险预警系统

一般而言，企业财务预警机制包括两个层次，即总体财务预警机制和部门财务预警机制。总体财务预警机制的主要功能是让企业经营者掌握企业的总体财务状况，预先了解企业财务危机的征兆。部门财务预警机制，即以企业主要经营部门分别确定检查要点，设立相应的预警线，如对生产部门的生产成本、营销部门的销售费用、管理部门的管理费用等设定警戒值，监督企业财务运营可能失衡的地方，及时进行必要的改进。部门财务预警机制不仅能帮助总体财务预警机制寻求财务问题产生的源头，而且有利于不同部门之间沟通协调，解决问题，提高企业的整体管理水平。

1. 建立短期财务预警系统，编制现金流量预算

由于企业理财的对象是现金及其流动，就短期而言，企业能否维持下去，并不完全取决于是否盈利，而取决于是否有足够现金用于各种支出。建立短期财务风险预警系统，

首先是编制现金流量预算，现金流量预算的编制主要通过现金流量来完成。通过现金流量分析，可以将企业动态的现金流动情况全面地反映出来。当企业经营性应收项目或存货大幅度减少时，则表明企业货款回笼情况较好，产品积压少，企业具有较强的经营能力；相反，当企业经营活动产生的现金净流量小于净利润时，则应引起投资者的高度警惕，这种情况下，由于应收款项及存货的大幅度上升，将使企业经营能力下降，同时也易形成潜在损失。应收款项、应付款项及存货项目中的任何一项失衡，均会引起企业危机，可将这三个项目作为短期财务风险的警源。

2. 建立长期财务预警系统，构建风险预警指标体系

从根本上讲，企业发生财务风险是由于举债等导致的，对企业而言，在建立短期财务预警控制的同时，还要建立长期财务预警系统。从综合评价企业的效益即获利能力、偿债能力、经济效率、发展潜力等方面入手防范财务风险。

从获利能力分析，监测的指标有：总资产报酬率（息税前利润资产平均总额），表示每元资本的获利水平，反映企业运用资产的获利能力；成本费用利润率（营业利润成本费用总额），反映每耗费一元所得利润水平越高，企业获利能力越强。

从偿债能力分析，监测的指标有：流动比率（流动资产／流动负债），该指标反映企业资产的流动性，该比率越高，偿债能力就越强；资产负债率，企业资产负债率一般为40%～60%，在投资报酬率大于借款利率时，借款越多，利息越多，同时财务风险也越大。

从经济效率分析，监测的指标有：反映资产运营指标的应收账款周转率与产销平衡率。

从发展潜力分析，监测的指标有：总资产净现率（经营活动所产生现金净流量＋分得股利或利润所收到现金＋现金利息支出＋所得税付现的平均总资产）；销售净现率（经营活动产生现金净流量／销售收入净额）；股东权益收益率（净利润平均股东权益）。

3. 加强资产管理，提高营运能力是防范企业财务风险的保证

企业资产对负债能力的影响，从短期看，企业资产的变现能力，尤其是企业流动资产的变现能力，直接影响企业可用现金流量的多少，决定企业负债能力的高低，因此，加强企业资产管理，防止不良资产产生，提高资产的变现能力是防范财务风险重要的管理手段；从长期看，企业资产的盈利能力直接影响到企业的整体盈利水平，而保持高盈利水平的企业往往是其负债能力高、财务风险相对低的企业。一个健康企业的偿债资金一般来源于其盈利，而非负债资金。因此，企业应通过合理配置资产，加速资产周转等措施，促进企业盈利能力的提升，同时，较高盈利能力的企业往往享有较高的信誉和良好的企业形象，这也使得企业有较强的融资能力，同时也提升了企业抵御财务风险的能力。

（四）加强资金管理

1. 合理调动使用资金

防范财务风险，需要财务人员进行货币资金的合理调度。根据企业自身资金运动的规律和生产特点，妥善安排货币资金收支活动，使企业能保证日常的生产经营需要，并且在还款和分红付息期到来时，及时筹措和调度资金，以避免出现无力支付的情况。

2. 细化应收账款管理

应收账款管理是企业日常经营管理的重要内容，企业在赊销商品之前应该确立信用政策，同时，加强对应收账款的追踪分析，控制好日常管理，有利于确保信用政策的全面落实。日常管理中，主要做好以下工作：第一，建立信用限额管理制度。信用额度是指企业给予某客户赊购商品的最高额度，是根据客户的经济实力和企业愿意承担风险的大小决定的，这有利于降低企业风险水平。第二，做好账龄分析。这样有助于明确目前的收账重点和程序，从而提高应收账款的收现效率。第三，加强对坏账的管理。严格审批坏账损失，防止各种弊端的发生，积极参与客户破产善后事宜，尽量减少损失，积极关注逾期未收回的已作坏账核销的应收账款。

（五）实施债务重组

在债务人陷入财务困难时，债务人通常有两种选择：一是拖延，等到债权人通过法律强制执行甚至宣告破产；二是债务重组，通过债务重组的收益减轻负担，获取生存发展的空间。而债权人同样有两种选择：一是强制执行债权直至债务人宣告破产；二是接受或提出债务重组。而债权人愿意与债务人进行资产重组不外乎出于以下两方面原因：一是最大限度地收回债权，企业发生财务困难不能按既定条件全额偿还所欠债务，但是债务人可能有能力按较低的条件来还债。对于债权人而言，即使从债务人方面所收到的资产的价值比应收回的债权的价值小有时也是值得的，因为这样至少可以最大限度地收回债权。二是缓解债务人暂时财务困难并不意味着没有改善财务状况的希望，如果债权人对债务人采取立即的求偿措施有可能对债务人造成较大的冲击，致使债务人原本是暂时的财务困难滑向永久财务困难的境地。一旦债务人进入破产清算程序，债权人只能按比例享有个别追偿价值，有可能所得的清算价值只占原有债务价值很小的一部分，而且如果债权人与债务人具有长期的合作关系，债权人采取的立即求偿措施损害的不仅是债务人，也包括债权人本身。所以，当企业发生严重亏损，陷入债务困境并处于破产清算边界时，企业应尽力与债权人协商，实施对企业、所有者、债权人各方面都有利的债务重组计划，包括豁免部分债务、降低债息率等等。

（六）完善科学的决策机制

财务风险本身具有综合性，企业生产经营活动中所有风险最终都反映在财务风险中。决策科学化和合理化是防范财务风险的重要手段，所以企业必须建立科学的决策机制。而决策机制是指决策权力的形成、规范和规定，它包括企业的决策机构、决策内容和决策机制等。企业决策机制具体内容包括：股东大会是公司最高权力机构，股东作为所有者，在财务上享有对公司的经营方针和投资计划、发行股票和公司债券，以及公司合并、分立等重大事项投票权，享有公司剩余索取权。董事会作为公司最高决策机构，享有广泛的权利，对公司经营方针和投资方案决定权；对公司的年度预算方案、决算方案、利润分配方案、弥补亏损方案、公司增减注册资本以及发行公司债券的方案具有制定权；有公司合并、分立、解散方案的拟定权；对公司财务经理人员的任免权；等等。公司董事会与财务经理人员是委托与代理的关系，公司财务经理人员受聘于董事会，在权限范围内财务经理有权对日常财务经营活动，包括组织实施公司年度经营计划和投资方案，拟定公司具体财务制度等进行决策，其他人不得随意干预，同时董事会对财务经理人员的经营绩效进行评价和监督。

综上所述，企业在经营管理中，要树立风险意识，建立有效的风险防范处理机制，加强企业财务风险控制，防范财务危机，建立财务风险预警指标体系，加强筹资、投资、资金回收及收益分配的风险控制，加强资产管理，实现企业效益最大化。

▨ 经典案例

1991 年 7 月，史玉柱在获得了创业的第一桶金后，将公司由深圳迁往珠海，成立"珠海巨人新技术公司"，后又升格为"珠海巨人高科技集团公司"。到 1993 年 7 月，"巨人集团"下属全资子公司已经发展到 38 个，成为中国第二大民营高科技企业。1994 年初，巨人大厦动土。这座最初设计高 18 层的大厦，在众人热捧中被不断加高，从 18 层到最后升为 70 层，号称当时中国第一高楼，投资也从 2 亿元增加到 12 亿元，史玉柱以卖楼花的方式筹款 1 亿元。1995 年，巨人把 12 种保健品、10 种药品、10 多款软件一起推向市场，投放广告费用 1 亿元。1996 年巨人大厦资金告急，史玉柱决定将保健品方面的全部资金调往巨人大厦，保健品业务因资金"抽血"过量，迅速盛极而衰。脑黄金的销售额虽然有 5.6 亿元，但烂账有 3 亿多元。1997 年初巨人大厦未按期完工，各方债主纷纷上门，巨人集团现金流彻底撕裂，只完成了相当于三层楼高的首层大堂的巨人大厦停工，巨人集团名存实亡。随着"巨人倒下"，负债 25 亿元的史玉柱黯然离开广东。

案例剖析：

史玉柱第一次创业失败的案例，是新企业因盲目扩张而导致失败的典型案例。

史玉柱在创业初步成功之后，急于追求企业的快速成长，大搞多元化经营，而对企业经营中可能出现的财务风险则明显估计不足、防范不够。这是他第一次创业失败的根本原因。而因投资规模过大和回款不及时等问题导致的资金链断裂，成为其失败的导火索。

第四节 营销管理与风险规避

一、产品的生命周期

产品生命周期理论是美国哈佛大学教授费农 1966 年在其《产品周期中的国际投资与国际贸易》一文中首次提出的。费农认为：产品生命是指产品在市场上的营销生命，产品和人的生命一样，要经历形成、成长、成熟、衰退这样的周期，而这个周期在不同技术水平的国家里，发生的时间和过程是不一样的，其间存在一个较大的差距和时差，正是这一时差，表现为不同国家在技术上的差距，它反映了同一产品在不同国家市场上的竞争地位的差异，从而决定了国际贸易和国际投资的变化。为了便于区分，费农把这些国家依次分成创新国家（一般为最发达国家）、一般发达国家、发展中国家。

费农还把产品生命周期分为三个阶段，即新产品阶段、成熟产品阶段和标准化产品阶段。费农认为，在新产品阶段，创新国利用其拥有的垄断技术优势，开发新产品，由于产品尚未完全成型，技术上未加完善，加之竞争者少，市场竞争不激烈，替代产品少，产品附加值高，国内市场就能满足其攫取高额利润的要求等，产品极少出口到其他国家，绝大部分产品都在国内销售。而在成熟产品阶段，由于创新国技术垄断和市场垄断地位被打破，竞争者增加，市场竞争激烈，替代产品增多，产品的附加值不断走低，企业越来越重视产品成本的下降，较低的成本开始处于越来越有利的地位，且创新国和一般发达国家市场开始出现饱和，为降低成本、提高经济效益、抑制国内外竞争者，企业纷纷到发展中国家投资建厂，逐步放弃国内生产。在标准化产品阶段，产品的生产技术、生产规模及产品本身已经完全成熟，这时对生产者技能的要求不高，原来新产品企业的垄断技术优势已经消失，成本、价格因素已经成为决定性的因素，这时发展中国家已经具备明显的成本优势，创新国和一般发达国家为进一步降低生产成本，开始大量地在发展中国家投资建厂，再将产品远销至第三国市场。

综上所述，产品生命周期理论首先是作为国际贸易理论分支之一的直接投资理论而存在的，它反映了国际企业从最发达国家到一般发达国家再到发展中国家的直接投资过程。

这一国际贸易投资理论，也揭示了产品的市场营销规律，同时影响着企业的产品生产和市场营销。

拓展阅读

产品生命周期理论对生产战略的影响

一般认为，产品生命周期理论对企业生产战略的影响分为以下三个阶段：

第一阶段，即新产品阶段。由于某一个或几个企业拥有技术垄断优势和市场垄断地位，竞争者很少，市场激烈程度远不充分，替代品很少且附加值高，企业对产品的成本关注不是很大，技术或产品可以通过出口源源不断地输向全世界各地。

第二阶段，即成熟产品阶段。由于创新企业的技术垄断和市场垄断地位被打破，一批国际化的跨国企业开始掌握此技术，于是，竞争者增加，市场竞争越来越激烈，替代产品增多。为了攫取更多利润，更多的企业开始重视产品成本的下降，较低的成本开始处于越来越有利的位置。为了提高市场占有率，各跨国公司开始从成本出发，在有较大需求的国家和地区设立工厂，推行国际化生产战略，以满足当地消费者的需要，最大限度地获取利润。

第三阶段，即标准化产品阶段。由于产品的生产技术、生产规模及产品本身已经完全成熟，趋于标准化，这时对生产者技能的要求不高，越来越多的竞争者加入，原产品的技术垄断优势已经完全消失，成本、价格成为决定性的因素，而作为具有技术先导力的跨国公司，对此产品没有任何优势可言，因此，其有可能自己尽量少生产，甚至不生产，把生产直接给那些更具有成本优势的企业进行 OEM 或 ODM，然后再贴上自己的牌子，利用自己的品牌影响，直接投放市场。

在这里面，涉及的企业包括国际一流跨国公司、一般国际化公司、具有相对成本优势的小公司。必须说明的是，它们在产品生命周期理论中的地位并不是一成不变的，而是会随着势力的不断变化、技术把握程度的不断变化而使其地位也会不断地发生变化。而且，对于一般企业，特别是对我国企业而言，走的都是小企业——一般国际化企业——国际一流企业集团的道路，其生产战略也是从第三阶段逐步上升的。

二、创业营销

（一）创业营销概述

所谓创业营销，就是创业者凭借创业精神、创业团队、创业计划和创新成果，获取企业生存发展所必需的各种资源的过程，它实际上是一种崭新的创业模式。今天，对于大多数年轻的创业者来说，既缺乏资金和社会关系，又缺乏商业经验，所拥有的只是创业激情和某种新产品的原始构思或某种新技术的初步设想，因而要获得成功，除了勇气、勤奋和毅力外，还必须依赖于有效的创业营销来获得创业所需的各种资源。

（二）创业营销四个阶段

成功的创业营销一般需要经历四个阶段：创意营销阶段、商业计划营销阶段、产品潜力营销阶段和企业潜力营销阶段。

1. 创意营销阶段

创业者萌发了一种创业冲动或创业构想，但这种冲动或构想还停留在大脑中，创业者必须将其转变为一个清晰的概念或开发出某种产品原型或技术路线，才能与其他人进行沟通交流。当这些工作完成时，他最需要的是寻找志同道合者组成创业团队。因为一个人很难精通创业过程中需要的所有技能，也不一定拥有创业所需的关键资源。优秀的团队是成功创业的关键因素，团队成员最好在信念、价值观和目标等方面基本一致，又具有献身共同事业的强烈愿望，而且在资源、技能、经验、个性和思维模式等方面具有互补性。

2. 商业计划营销阶段

创业团队形成之后，就要着手撰写详尽的商业计划。通过商业计划吸引投资者尤其是风险投资家的注意并获取风险投资。成功的商业计划除了要有概念上的创新外，重要的是进行现实的、严谨的市场调研和分析。如果商业计划营销获得成功，创业团队获得了风险资金，就可以正式建立创业企业，进行商业化的新产品开发。这一阶段表面上营销的是创业企业的商业计划，实际上也是对新产品和创业团队的全面检验。

3. 产品潜力营销阶段

当商业化的新产品开发出来之后，创业企业就需要大量的投资来进行产品的批量生产和大规模销售。而创业企业一般难以获得银行贷款或供应商的支持，而且也缺乏丰富的商业关系和经验，因此它需要再次从外部投资者那里获得支持。这时外部投资者最好是企业战略投资者，他们不仅可以带来资金，更重要的是还能带来管理经验和商业关系，为将来的产品上市做准备。战略投资者看重的是产品的市场潜力、企业的技术能力以及营销能力。创业企业如果能够吸引战略合作伙伴的加入，就可以利用新资金将新产品大规模推向市场。

4. 企业潜力营销阶段

在许多情况下，新产品上市并不能迅速盈利，但产品和企业的市场前景已经相当明朗。这时创业企业可以寻求公开上市，以获得快速扩张所急需的资金，同时也使风险投资者得以顺利退出。公开上市可以打通创业企业从资本市场获取资金的渠道，它是创业阶段的结束，也是规范经营阶段的开始。

▨ 拓展阅读

创业营销的有利因素与障碍

创业营销的有利因素

（1）各种新技术的普及与应用促进了产品创新和技术改进；

（2）市场成熟使市场规模迅速扩大，新的细分市场迅速涌现，而消费趋势的不断变化和全球化浪潮则创造了许多崭新的市场机会。

（3）国内的生产、工艺技术以及交通、办公、通信、信息等基础设施日趋完善，市场规则更加透明合理，分工协作体系也更为健全，使创业企业的市场进入障碍大大降低。

（4）目前市场上有大量的资金（包括风险资金）和专业人才（包括管理人才和专业服务机构）可以为创业企业服务。

因此，只要创业者善于发现机会，敢于创新并学会吸引、调动和利用创业所需要的各种社会资源，就能找到一条成功创业的新路。

创业营销的障碍

实际上，即使在美国，也只有少数企业能够顺利经过创业营销的四个阶段而实现上市。这除了环境因素之外，重要原因在于创业营销存在着许多天然障碍，主要表现在以下几个方面：

（1）创业营销的营销者往往是创业者，他们虽然具有创业精神或掌握某种新技术、新产品，但一般并不是营销专才，缺乏商业知识和专门训练，在创业初期也没有专门的营销部门协助。他们身兼数职，难免会犯一些简单错误或陷入某种误区，如不善于沟通、固执己见、不愿意与人合作、重技术不重视市场等等。因此，创业者需要克服障碍，学会如何有效地沟通和营销。

（2）创业营销在不同阶段的目标顾客并不确定，随时会发生变化，因此增加了实际操作的难度。要吸引潜在的团队成员、风险资本和战略投资者的注意并不难，因为他们也在寻找潜在的合作机会，但真正建立起良好的合作关系则很难。因为存在信息不对称问题和利益冲突（主要是股权分配）问题，而且合作各方都有大量潜在的其他合作对象，使表面上看起来容易的事实际上困难重重。

（3）创业营销的目的是为了寻找合作伙伴，从而获取创新企业所必需的各种资源，其成本是未来公司的股权、控制权或潜在的市场控制权。但评估创业企业的未来价值并不容易，何况环境因素的变化又会随时影响到这种评估。这会大大影响决策效率，从而影响到创业营销的效率。

（4）创业营销的各个阶段，其目标和任务都不一样，因此要在不同时期迅速调整营销策略。即使在同一个阶段，针对不同的目标顾客（如拥有不同资源和合作目的的合作伙伴），营销策略也会大不一样。创业营销策略既需要高度的灵活性，又需要内在的一致性，因此难度很大。

（5）创业营销销售的是产品概念、商业计划或公司的未来，而不是具体的产品，而且企业在创业初期，商业关系不多，还没建立起信用。要将这些既不确定又无信用担保的东西销售给专业的风险投资家，难度是很大的。克服这种障碍的唯一办法，是创业者自己也成为营销专家或雇佣专家为你工作。

（6）创业企业的内部资源有限，而且生存能力较差，外部环境的细微变化都可能决定创业企业的存亡。因此，创业营销者要有很强的整合各种资源的能力，要具有以很少的内部资源调动最大限度外部资源的能力。

（三）创业企业 4P 营销策略

经过谨慎而灵活的市场定位后，系列的营销组合工作紧接而来。企业一旦确立了市场的定位，必须借助一组可控的战术性营销工具来夯实企业在目标市场上的基础，并达到预期的市场反馈，这就是常说的营销组合，主要分为四类：产品（Product）、价格

（Price）、促销（Promotion）和渠道（Place），即 4P。结合初创企业的情况，4P 的运用与特征如下：

1. 产品

产品，大至飞机、汽车，小至针、线，人们需要这些产品无非是因为它们能帮助自己增加价值，正是产品的特性，抓住了目标客户的心。因此，创业企业除了致力于满足顾客的价值主张，还必须提供有特色的差异化产品。

创业企业由于经验不足，在很多方面都是依靠学习既有企业的经营模式，从而一步一步探究自己的生存之道，万变不离其宗的关键在于——新产品。许多企业的成功建立和发展都是基于新产品的创建，可见实现顾客未得到满足的需求，带动的不单单是消费，而是整个企业的腾飞。随着全球化和信息化的发展，产品更新换代的速度将不断加快，市场竞争态势越演越烈，企业所要承受的压力越来越大，不管是创业还是守业，想要维持获利的市场地位，必须依靠持续不断的新产品开发。

2. 价格

产品的价值是产品定价的基础，合理的定价，有利于新企业形象的提升。过高的定价，加上产品是新品牌，容易让对价格敏感的顾客产生抵触心理；过低的定价，又容易让顾客产生"便宜没好货"的产品印象，在顾客心目中形成低端的产品和企业形象，不利于企业未来发展。许多商家经过实战后，明白的一个道理是"降价易，升价难"，再次强调了新企业初次定价的重要性。

根据企业不同时期的需要，灵活地对产品实施价格调整，以下四种定价方法可供企业管理者选择：成本导向定价法、需求导向定价法、竞争导向定价法和认知价值定价法。大部分创业者选择成本导向定价法和竞争导向定价法，而事实上这两种方法较为适合成熟企业的定价。成熟企业的经营状况较稳定故选择成本导向定价法，而新企业在一开始成本投入方面可能会出现过高的现象，相反成熟企业在成本控制方面较成熟，定价也趋向正常。竞争导向定价法最容易让新企业陷入"严重财政赤字"的困境，新创企业应该审慎使用。随着市场形势的瞬息万变，新企业在考虑自身成本的同时，应该特别关注顾客对产品的价值认知。

3. 促销

促销实质上是一种信息沟通，企业作为信息发送者，输出具有一定吸引能力的产品或服务信息，通过多种多样的途径到达目标客户。企业一般选择推式策略、拉式策略和组合策略三种促销策略，即通过推销人员把产品推向市场、利用各种形式宣传产品以拉拢顾客、推拉两种方式相结合这三种促销策略。

4. 渠道

对于新企业，有效的促销能力能加快企业发展进程，带动企业市场份额不断扩大，但从长远来看，想要达到良好而长效的促销效果，必须依靠一系列创新性强且充满生机活力的营销策略。

（四）"互联网 +"企业营销模式介绍

"现代营销学之父"菲利普·科特勒教授把营销的演进划分为三个阶段：第一阶段是营销 1.0 时代，即"以产品为中心的时代"。这个时代的营销被认为是一种纯粹的销售、一种关于说服的艺术。第二个阶段是营销 2.0 时代，即"以消费者为中心的时代"。企业追求与消费者建立紧密联系，不但需要继续提供产品的使用功能，更要为消费者提供情感价值。企业需要让消费者意识到产品的内涵，然后吸引他们购买产品。第三个阶段是营销 3.0 时代，即"价值观为中心的时代"。在这个新的时代中，营销者不再把顾客仅仅视为消费个体，而是把他们看作具有独立思想、心灵和精神的完整的人类个体。"交换"与"交易"被提升成"互动"与"共鸣"，营销的价值主张从"功能与情感的差异化"被深化至"精神与价值观相呼应"。从中我们就很容易理解为什么当下以互联网为平台的"区块链"营销这么火爆，因为"区块链"营销的起点与基石是相同的价值取向，顺应了"价值观为中心的时代"特征。

■ 职场箴言

把每一件简单的事做好就不简单，把每一件平凡的事做好就不平凡。

——张瑞敏

---

1. 营销环境在变化：移动化、碎片化、场景化

互联网时代营销环境基本上可以用三个词来总结："移动化""碎片化""场景化"。大家已不再局限于每周、每月的固定时间里，在固定的购物场所进行消费，而是转变为随心所欲的全天候多渠道的消费，消费者可以在任何时间、任何地点，通过任何方式购买他们所喜欢的商品。智能手机销量的暴增，人们花在智能手机上的时间越来越长，都足以证明整个营销环境的移动化。而碎片化的特征就更明显了，如今，人人都是自媒体，个个都是消息源，大家的注意力被分散在各个媒体，至此加剧了用户的三个碎片化趋势：消费地点的碎片化、消费时间的碎片化、消费需求的碎片化。

很多时候营销要触动消费者，一定要有匹配的情景，因为人是受环境影响的。而新技术的发展，让随时捕获这种情景变得容易，比如"可佩戴市场"，还有移动互联网和任意的广告屏幕以及与终端的无缝链接。因此，营销如何"场景化"以及如何通过可以谈论的"内容十场景"的匹配，成为所有企业都需要面对的问题。产品要能够制造出让消费者关注的内容话题，并通过不同的媒介制造出短时间内的话题场景，最终引爆品牌。

2. 消费主体在变化：个性化、社交化、娱乐化

"80 后""90 后""00 后"是现代社会的消费主体，概括来说其消费基本的共性是：

"个性化""社交化""娱乐化"。"80后""90后""00后"作为一个正在不断成熟的消费群体，他们的消费观念，消费意识、消费话语权正在深刻影响着整个商业环境。大家普遍认为"80后""90后""00后"的特点就是追求自我张扬、有与众不同的个性。他们重视产品消费体验中是否能给自己带来心灵、情感上的最大满足，并获得差异性、个性化、多样化的体验。

"80后""90后""00后"这一群体接受了市场经济、全球化、互联网的洗礼，他们的人生观、价值观和世界观以及由此衍生出的消费观，呈现出与其父辈截然不同的特征。如果"80后"的群体特点是自我张扬的话，那么"90后"的群体特点就是集体孤独，他们有强烈的社交需求，孤独的他们习惯沉溺于网络社交圈，由此可以理解为什么各种网络社交媒体工具火热流行。"00后"具有更加包容、更加开放的性格特征。他们在互联网世界成长，拥有更强的信息意识，具有更大的国际化视野，其消费观也呈现出多样性与国际化。

3. 营销策路在变化：大数据营销、内容营销、社群营销、场景化营销

面对"移动化、碎片化、场景化"的营销环境和"个性化、社交化、娱乐化"的消费主体，企业应采取怎样的营销策路？互联网营销的本质就是用最小的投入，准确链接目标顾客，用完美的创意实现强大的口碑，以影响目标群体。

总之，碎片化的渠道、碎片化的时间、移动化的行为、个性化的价值观、娱乐化的诉求，决定了"互联网+"企业背景下的营销向场景化、数据化、内容化、社群化的趋势发展，也决定未来企业在营销策略选择上就是大数据营销、高品质内容、场景化匹配、社群化传播。

三、产品营销风险的分类与风险规避

（一）营销风险的分类

营销风险的分类多种多样，按发生的领域，可分为自然风险和人为风险；按发生后果，可分为纯粹风险和投机风险；按风险因素发生领域，可分为内部风险和外部风险。总之，营销风险从不同的视角可以得到不同的划分，不同的划分适宜于解决不同的问题。从引起营销风险的因素入手，将营销风险分为宏观环境风险、市场选择风险、营销策略风险、竞争风险和组织管理风险五大方面。

1. 宏观环境风险

宏观环境风险是宏观市场环境变化给企业带来的不良影响和损失。宏观环境主要包括政治环境、法律环境、经济环境、科技环境、自然环境和社会文化环境等。这种风险是由客观环境变化引起的，一旦发生，企业一般不可控制，无法改变和影响，但在发生之前如能预见，早做准备，则可减少或避免风险带来的损失。

2. 市场选择风险

市场选择风险是指由于企业选择的市场错误，与企业资源能力不相适宜而引起的导

致企业营销风险发生的可能性。市场选择风险可能产生于市场选择的任何一个环节。市场选择正确与否是企业营销成功的前提，市场选择的错误主要有选择的消费市场与企业资源不匹配或盲目进入一个已经供过于求的消费市场等。造成市场选择错误的主要原因是企业不注重市场调研，对市场信息了解不够，对市场分析不充分，对消费群状况了解不细。企业在选择市场中没有充分考虑本企业的资源状况，没能很好分析资源优势和劣势，没能充分考虑自身资源是否能满足目标顾客群的需求，没能充分考虑自身如何建立有别于其他同类企业的竞争优势。

3. 营销策略风险

营销策略是营销实施的手段，营销策略制定和实施的不合理会造成营销风险的产生。营销策略主要包括产品策略、价格策略、促销策略、渠道策略，相应的可以把营销策略风险划分为产品风险、价格风险、促销风险、渠道风险。选择什么样的营销策略，要依据企业的现状以及产品掌控市场的能力。

4. 竞争风险

竞争风险是指由于市场中各种竞争力的强弱影响从而使企业营销产生风险的可能性。合理分析企业的竞争力状况，可以根据波特五种竞争力模型来考虑。

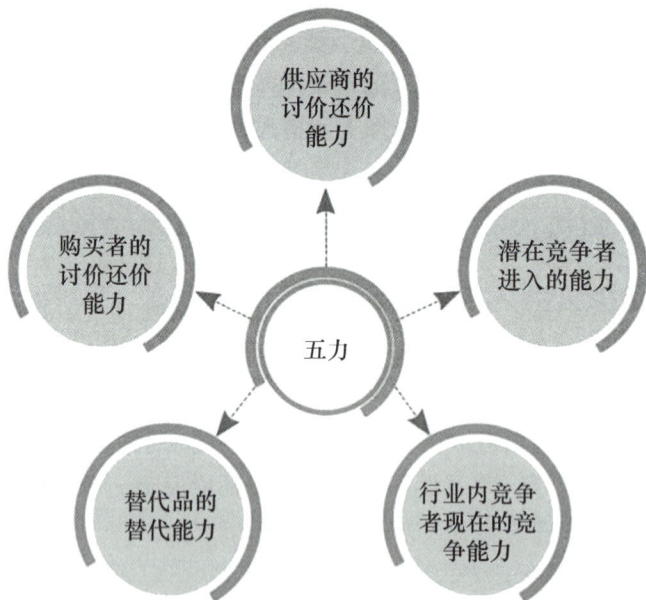

图 6.1　波特五种竞争力模型

按五种竞争力我们可以进一步把竞争风险划分为顾客风险、替代品风险、供应商风险、竞争对手风险和潜在进入者风险。

5. 营销组织管理风险

营销组织管理风险是指由于营销组织管理不力而造成营销成本过高、营销策略执行困难、营销人员工作有效性差、出现营销失误和错误多等使企业产生营销风险的可能性。营销组织管理风险可进一步分为营销组织结构风险、营销组织制度风险、营销人员素质风险。

6. 其他风险

其他与营销有关的风险还有企业形象风险和媒体风险。企业形象风险是指企业在公众中树立的形象有可能与企业产品、目标顾客需求的形象产生冲突而对企业产生负面影响，使企业营销发生风险的可能性。媒体风险是指由于媒体对企业的负面宣传导致企业失去顾客蒙受损失的可能性。

（二）营销风险的规避

1. 加强营销风险识别能力

企业营销风险管理的一个重要内容就是营销风险识别。营销风险若没有经过识别，就无法对营销风险进行控制和科学管理。企业要不断加强营销风险识别制度化，运用德尔菲法、专家会议法、故障树法等方法对营销风险进行监测和诊断，每种方法的选用要根据具体情况而定。具体做法如下：建立风险防范与处理机制，制定风险预防规章制度，加强对制度的执行检查；对相关信息资料进行调查和研究，分析和评定客户资信度；加强对风险处理的应对能力和风险防范意识；及时处理企业出现的风险事件。

2. 建立风险责任制

营销风险责任分配如何也会对营销风险的防范造成影响。因此，企业要建立营销风险责任制，明晰风险责任权限，即明确风险责任主体和风险责任范围；将难以明确的风险责任业务内容进行合并，确定责任主体承担，分开直接责任和间接责任。风险责任制的建立，能让企业营销目标得以实现，对企业的营销行为能起到很好的规范作用，最大程度确保营销过程的安全。

3. 提高企业员工素质

企业员工素质状况也是造成企业营销风险的重要原因。因此，加强对企业员工的培训，以提高员工素质和技能，包括员工的政治素质、文化素质、业务素质和道德素质；对企业的营销人员进行考核，既要考核销售额及利润，也要考核其责任心与风险防范意识。提高企业员工素质是企业市场营销风险得以控制的重要措施之一。

▨ 思考与拓展

一、问题思考

1. 初创企业一般存在哪些风险？如何在经营中化解或降低这些风险对企业的影响？
2. 波特的五种竞争力模型，对初创企业有什么指导意义？

二、知识拓展

一个花卉股份公司 12 个月的短暂花期

GingKo 在英语中是银杏的意思，同时也是北京金考花卉公司的英文译名。

金考花卉公司于 2002 年 3 月创立，是以荷兰花卉进口为主营业务的股份制公司。股东是由三位有相关工作经验的年轻人组成，但随着业务的发展，矛盾和分歧与日俱增。其中，管理机制不明晰较为突出，这也和几位创业者缺乏必要的管理意识有关。

金考公司虽然是股份制合作企业，但在内部管理和组织结构上却依然停留在个人单打独斗的"原始"状态，更糟糕的是，他们认为财务只要"不算借钱"就可以。企业成立不到一年时的状况：销售日报只起到反映销售流水的作用；库房台账只能表明还剩些什么商品；而反映企业资金流动和盈利能力等财务状况的财务制度，至金考倒闭仍未建立；相关的财务数据只是凭借掌握在一个人手中的几组销售、进货数值简单地进行算术加减而得到。

在经营不到一年后，以为粗学了会计学的股东编制财务报表后，发现金考的账面亏损竟然达到数十万元。很明显，如此的管理现状对家底并不殷实的金考来说不止于蚁穴之溃堤。

2003 年 3 月，金考的创业之路走到了尽头。

【感悟思考】在企业创立和成长阶段，最大的风险常常来源于管理，如管理失控、决策失误、用人失察、资金风险以及新老员工冲突等等。上述案例，对于新办企业来说，给我们带来哪些启示？

第七章　创业计划书

应知要求：

1. 了解创业计划书的内涵、作用与意义
2. 了解创业计划书的基本格式与主要内容
3. 了解创业计划书的评价方法

应会要求：

掌握创业计划书的基本格式与主要内容，并能熟练撰写创业计划书

案例导入

高中生组建便利店，凭创业计划书获实习机会

凭借一份小创业计划书和从学校借来的 3300 元钱，胡乃丹组建起了高中校园里的第一个"小海归便利店"。第一次学会自己进货，第一次学会讲价，第一次学会自己买冰柜……她凭着独特的商业视角，带着几个志同道合的同学，在不到一年半的时间里，不仅还清了从学校借来的 3300 元，还盈利了 10000 多元。

向学校借款 3300 元建校园便利店

对于坚持"女生也要经济独立"理念的胡乃丹来说，商业头脑和商业视角是她最值得骄傲的地方。高中来到牛津国际公学成都学校不久，胡乃丹便发现校园中缺少一个很重要的生活站——校园便利店。

"以前学校每周还有两次机会，让学生出校门采购，但是考虑到安全问题就取消了。"胡乃丹说，一想到同学们都断了补给，自己开办便利店的想法一下就冒出来了，"首要的困难就是没钱，所以我们就只好大胆向学校提出借款申请。"

没想到的是，学校校长不但没有拒绝胡乃丹和组员的要求，还欣然答应了下来，只是给同学们提出了一个要求——上交一份正式的创业计划书。"我当时都懵，因为我根本不知道创业计划书怎么写，这完全是对大学生提出的要求。"

查资料，学创业计划书写作，和组员讨论方案可行性，请教经济课老师……带着一份长达 9 页的全英文的创业计划书来到校长面前做了关于项目可行性的精彩演

讲，胡乃丹和组员们也成功拿到了 3300 元的借款，开始筹备起校里唯一一家"小海归便利店"。

第一次进货骑电动车跑了 10 多个批发点

款是批下来了，进货却又犯了愁，大家都没有经历，谁去？"我当时一心想把便利店做好，一有空闲时间就跟老师申请出门条，骑着我的电动车就往外跑。"胡乃丹说。找不到批发点，胡乃丹把附近的超市问了个遍；不会讲价，胡乃丹在批发点里来回学。就这样，胡乃丹一个人来来回回跑了 10 多个批发点，为便利店进回来了二三十种商品。

"开始只是试一试，想看看哪些商品好卖，哪些商品卖不动，因为以后就会要考虑到资金占用成本、时间成本等等一系列复杂的因素了。"胡乃丹打趣地说道，经过一段时间的经营与账单报表分析，最后发现最好卖的还是速食品，"比如橡皮擦就完全卖不动，成本又高，同学买一个还要擦好久。"

就这样，"小海归便利店"的商品种类也越来越丰富，胡乃丹的进货成本单也越来越详细。"以前单子上只有成本价、进货数量和卖出价，到后来我就开始计算起利率，哪个商品卖得最多，哪个商品最不好卖等，这些都可以在电子表格中看出来。"

便利店开办一年多，胡乃丹和组员们不仅还清了学校借给他们的 3300 元，还盈利了 10000 多元，这些资金一部分用于便利店建设，一部分支持学生社团活动，还有一部分则作为善款捐了出去。

案例点评：

如果一个人在做一件事情之前能制订一个好计划，那么成功率就大了很多。同样，一份好的创业计划书能为一个新创企业带来意想不到的价值。创业计划书的复杂程度和不可预见性以及周围的各项外界因素影响要比人们做一件事情要大得多、难得多，因此，对于创业者而言，设计一份好的创业计划书对于创业成功是不可或缺的一步。

第一节　创业计划书的含义与作用

一、创业计划书的内涵

创业计划书，是指创业者在创业初期所编写的一份书面创业设想，用以描述创办一个新的风险企业时所有相关的外部及内部要素。即指创业者在正式启动创业项目之前，基于前期对整个项目的调研、策划的成果，对创业项目进行全面说明的计划性文件。

创业计划书须说明：

（1）创办企业的目的：为什么要冒风险花精力、时间、资源、资金去创办风险企业？

（2）创办企业所需多少资金？为什么要这么多的钱？为什么投资人值得为此注入资金？对已建的风险企业来说，创业计划书可以为企业的发展定下比较具体的方向和重点，从而使员工了解企业的经营目标，并激励他们为共同的目标而努力。更重要的是，它可以使企业的出资者以及供应商、销售商等了解企业的经营状况和经营目标，说服出资者

（原有的或新来的）为企业的进一步发展提供资金。

因此，在创业计划书中不仅应该以明确而清晰的思路和战略眼光，讲明项目背景和未来，论述市场态势和竞争优势，而且应该讲清运用的策略、发展的脉络，还应该阐明公司的组织架构、团队结构、生产安排、财务运作、资金的来源与调度以及相应的公关战略等。

应该说，一份考虑详尽的创业计划书是创业者心灵的呼唤、价值的体现、能力的表达和经营管理才能的合成演练。

二、创业计划书的作用与意义

（一）创业计划书的作用

创业计划书是一种和国际接轨的商业文件，具有明显的商业价值，这种商业价值是从多方面表现出来的。寻求风险投资是其中的一个重要方面，除此之外，还有如下作用：

1. 指导作用

创业计划书是创业全过程的纲领性文件，是创业实践的战略设计和现实指导，因此，创业计划书对于创业实践具有非常重要的指导作用。

2. 聚才作用

创业计划书的聚才作用是很宽泛的，主要表现在吸引创业者、吸引新股东加盟、吸引有志之士参加创业团队、吸引对创业计划感兴趣的单位赞助和支持等。

3. 整合作用

创业计划书的整合作用是其最根本、最重要的作用。在创业的过程中，各种生产要素是分散的，各种信息是凌乱的，各种工作是互不衔接的。通过创业计划书的编写，梳理思路，进行调研，完善信息，找到各种程序之间的接点，最终把各种资源有序地整合起来、调动起来，围绕着创业计划书创造和形成商业利润，进行最佳要素的组合。这种整合，能把各种分散的资源聚拢起来，形成一种增量资源，从而取得明显的经济效益。

4. 争取获得创投资金

资金是企业的血液，是创业的重要资源，是创业企业能够获得快速发展的前提。创业企业要获得风险投资的支持，一个重要的途径就是从评审创业计划书开始。

（二）创业计划书的意义

▓ 职场箴言

如果你想踏踏实实地做一份工作，写一份创业计划书，它能迫使你进行系统的思考。

——斯图尔特·克雷纳（Stuaet Crainer，英国著名投资商）

1. 获得融资

创业计划书是一份全方位的商业计划，其主要的是交给投资商，以便于他们能对企业或项目做出评判，从而使企业获得融资。创业计划书有相对固定的格式，它几乎包括所有投资商感兴趣的内容。

2. 助益成功

创业计划书的好坏，往往决定了投资交易的成败。对初创的风险企业来说，创业计划书的作用尤为重要。当选定了创业目标与确定了创业动机后，资金、人脉、市场等各方面的条件都已准备妥当或已经累积了相当实力，这时候，就必须提供一份完整的创业计划书。创业计划书是新创企业的灵魂。

3. 取得理解

从企业成长经历、产品服务、市场、营销、管理团队、股权结构、组织人事、财务、运营到融资方案，只有内容翔实、数据准确、体系完整、装订精致的商业计划书才能吸引投资商，让他们看懂创业者的项目运作计划与目的。

4. 沟通桥梁

创业项目要获得投资商的青睐，良好的融资策划和财务包装是融资过程中必不可少的，其中最重要的是应做好符合国际惯例的高质量的创业计划书。目前很多企业融资成功率不高，不是项目本身不好，也不是项目投资回报不高，而是项目方的策划能力和草率编写的创业计划书让投资商感到失望。

5. 必备材料

创业计划书的起草与创业本身一样，是一个复杂的系统工程，不但要对行业、市场进行充分的研究，而且还要有很好的文字功底。对于一个发展中的企业，专业的创业计划书的编制过程既是寻找投资的必备材料，也是企业对自身的现状及未来发展战略全面思索和市场定位的过程。

第二节　创业计划书的基本格式与主要内容

一、创业计划书的基本特征

一份吸引人的创业计划书具有以下基本特征：

（一）简洁明了

许多人认为创业计划是我们的理想创业之路，并且把关于创业所有的梦想、希望、对利润的预期都塞进了一份冗长的文件中。坦白说，没有人会有兴趣读它。一份创业计划并不需要囊括所有的东西——它只需要简单明了。

人们认为创业计划书是一本厚厚的文件，这很诗意，但事实并非如此。《傻瓜的商业计划书》一书的作者芭芭拉·芬德·申克（Barbara Findlay Schenck，美国）说："你只需要一张纸，在上面详细地列出能让你的生意继续发展的主要因素。"

事实上，一份好的创业计划书，应该是一份避免冗长的逻辑严密、条理清楚、数据准确、简洁明了的创业项目的设想与工作安排。

（二）内容完备

简单并不意味着内容稀少——好的商业计划书对公司重要特性的概述是很完备的。在基础业务上，从员工培训到命名权和商标权，重要的细节一个都不能少。

芭芭拉·芬德·申克认为，要让商业计划书成为有用的文件必须要做到以下事项：

1. 描述业务。

2. 描述产品或服务。

3. 描述产品的竞争环境。

4. 描述企业如何通过商业模式赚钱。

5. 描述如何推销这个业务。

6. 描述你将如何生产该产品。

7. 描述业务团队，无论是你本人还是小团队。

8. 描述财务预测，包括你需要多少钱，以及你将从中获得多少利润。

这些内容在一些人看来是常识，但申克说她很惊讶地发现这些特征经常在各种商业计划书中被忽略："令人惊讶的是，许多企业没有考虑过这些事就开始创业。"

（三）对项目的独特性进行充分说明

没有任何两家企业是一样的，所以创业计划不是一刀切的。我们可能很容易剽窃一个创业计划书样板或者从一个成功的企业复制他们的创业计划，但这否定了你解决自己公司面临的独特的挑战的能力，更糟糕的是，一个不适合自己的创业计划会很容易导致失败。

古德曼（Professor David S G Goodman，澳大利亚）说，写创业计划书时，最重要的是要面向你的特定读者。如果这份创业计划书是一份严格的内部文件，旨在保持公司的业绩增长，那么它应该强调内部信息，这将对诸如招聘或者重要伙伴关系有帮助。如果你的创业计划书是对外的文件，那么你就应该尽可能地把你的业务介绍清楚，让投资者感兴趣。

针对不同读者的创业计划书所要突出的重点是不同的。没有人知道你的背景，你要通过自己与读者的关系来判断，向不同的风险投资公司做不同的宣传。

申克表示，理解创业本质是产生伟大创业计划的关键。对于创业者来说，思考业务的目的、销售、受众，以及如何赚钱是很重要的。这些都是需要在书面上回答的问题，尽管很多企业不能马上做出回答。"当你回答得了这些问题的时候，你的业务就已经开始了"。

记住，我们的创新创业事业是独一无二的，在制订创业计划书时应该特别小心。对自己的需求和计划进行正确的评估能够让我们的创业计划足够稳定，让创业事业顺利展开。如果我们对怎么写创业计划书还是没有头绪，可以借助一些专业的指导工具和撰写工具，比如微天使联盟最近推出的 VeryBP 平台。该平台不仅有商业计划书的标准目录，更有多种商业计划书的风格模板供我们选择，和海量的成功商业计划书的案例供你参考。融资专家给出的商业计划书撰写建议也会让我们在撰写时事半功倍。

二、创业计划书的基本格式和主要内容

（一）创业计划书的基本格式

创业计划书通常包括封面、保密要求、目录、摘要、正文（综述）、附录几部分。

1. 封面

标题页可以放一张企业的项目或产品彩图，但需留出足够的版面排列以下内容：创业计划书编号、公司名称、项目名称、项目单位、项目负责人、公司地址、电话、传真、电子邮箱、联系人、日期等。

2. 保密要求

保密要求可放在扉页，也可放在次页，主要是要求投资方项目经理妥善保管创业计划书，未经融资企业同意，不得向第三方公开创业计划书涉及的商业秘密。

3. 目录

目录标明各部分内容及页码，内容一般标注到二级条目，要注意确认目录页码同内容的一致性。

4. 摘要

摘要是对整个创业计划书的概括，目的在于用最简练的语言将计划书的核心、要点、特色展现出来，吸引阅读者仔细读完全部文本，因而一定要简练，一般要求在两页纸内完成。它是出资者首先要看的内容，因而必须能让读者有兴趣并渴望得到更多的信息，将给读者留下长久的印象。计划摘要应从正文中摘录出投资者最关心的问题，包括对公司内部的基本情况、技术能力以及局限性、公司的竞争对手、营销和财务战略、公司的管理队伍等情况的简明而生动的概括。

5. 正文

正文是创业计划书的主体部分，要分别从公司基本情况、经营管理团队、产品、服务、技术研究与开发、行业及市场预测、营销策略、产品制作、经营管理、融资计划、财务预测、风险控制等方面对投资者关心的问题进行介绍，要求既有丰富的数据资料，使人信服，又要突出重点，实事求是。

6. 附录

附录是对正文中设计的相关数据、资料的补充，作为备查。

（二）创业计划书的主要内容

一般来说，在创业计划书中应该包括创业的种类、资金规划及资金来源、资金总额的分配比例、阶段目标、财务预估、行销策略、风险评估、股东名册、团队成员等，具体内容一般包括以下 11 个方面。

1. 封面

封面的设计要讲求美观和艺术性，一个设计好的封面会使阅读者产生最初的好感，形成良好的第一印象。

2. 创业计划摘要

创业计划摘要列在创业计划书的最前面，它浓缩了创业计划书的精华。创业计划摘要涵盖了计划的要点，以求一目了然，以便读者能在最短的时间内评审出创业计划的价值并快速做出判断。

创业计划摘要一般包括公司介绍、管理者及其组织、主要产品和业务范围、市场概貌、营销策略、销售计划、生产管理计划、财务计划、资金需求状况等。摘要尽量简明、生动，特别要说明自身企业的不同之处以及企业获取成功的市场因素。

在介绍企业时，首先要说明创办企业的思路，新思想的形成过程以及企业的目标和发展战略。其次，要交代企业现状、过去的背景和未来的经营范围。在这一部分中，要对企业以往的情况做客观的评述，不回避失误。中肯的分析往往更能赢得信任，从而使人容易认同企业的创业计划书。最后，还要介绍一下创业者自己的背景、经历、经验和特长等。

创业者素质对企业的成功往往起关键性作用。创业者应尽量凸现自己的优点，表示自己有强烈的进取精神，给投资者留下一个好的印象。

在创业计划摘要中，企业必须回答下列问题：

（1）企业所处的行业，企业经营的性质和范围是什么？

（2）企业主要的产品服务是什么？

（3）企业的市场在哪里，谁是企业的顾客，企业能满足顾客哪些需求？

（4）企业的合伙人、投资人是谁？

（5）企业的竞争对手是谁，竞争对手对企业的发展有何影响？

3. 企业介绍

这部分的目的不是描述整个计划，也不是提供另外一个概要，而是对公司做出介绍，重点是介绍公司理念和如何制定公司的战略目标。

4. 行业分析

在行业分析中，应该正确评价所选行业的基本特点、竞争状况以及未来的发展趋势等内容。关于行业分析，一般应该从以下几个方面入手：

（1）该行业发展程度如何？现在的发展动态如何？

（2）创新和技术进步在该行业扮演着一个怎样的角色？

（3）该行业的总销售额有多少？总收入为多少？发展趋势怎样？

（4）价格趋向如何？

（5）经济发展对该行业的影响程度如何？政府是如何影响该行业的？

（6）是什么因素决定着它的发展？

（7）竞争的本质是什么？我们将采取什么样的战略？

（8）进入该行业的障碍是什么？我们将如何克服？该行业典型的回报率有多少？

5. 产品（服务）介绍

产品介绍应包括以下内容：产品的概念、性能及特性；主要产品介绍；产品的市场竞争力；产品的研究和开发过程；发展新产品的计划和成本分析；产品的市场前景预测；产品的品牌和专利；等等。

在产品（服务）介绍部分，企业家要对产品（服务）做出详细的说明。说明要准确，也要通俗易懂，使不是专业人员的投资者也能明白。一般地，产品介绍都要附上产品原型、照片或其他补充资料。

6. 人员及组织结构

在企业的生产活动中，存在着人力资源管理、技术管理、财务管理、作业管理、营销管理等等。而人力资源管理是其中很重要的一个环节。

因为社会发展到今天，人已经成为最宝贵的资源，这是由人的主动性和创造性决定的。企业要管理好这种资源，更要遵循科学的原则和方法。

在创业计划书中，必须要对主要管理人员加以阐明，介绍他们所具有的能力，他们在本企业中的职务和责任，他们过去的详细经历及背景。此外，在这部分创业计划书中，还应对公司结构做一简要介绍，包括：公司的组织机构；各部门的功能与责任；各部门的负责人及主要成员；公司的报酬体系；公司的股东名单，包括认股权、比例和特权；公司的董事会成员；各位董事的背景资料。

切记：经验和过去的成功比学位更有说服力。如果你准备把一个特别重要的位置留给一个没有经验的人，你一定要给出充分的理由。

7. 市场调查与预测

当企业要开发一种新产品或向新市场扩展时，首先就要进行市场预测。如果预测的结果并不乐观，或者预测的可信度让人质疑，那么投资者就要承担更大的风险，这对多数风险投资家来说都是不可接受的。市场预测首先要对需求进行预测：市场是否存在对这种产品的需求，需求程度是否可以给企业带来所期望的收益，新的市场规模有多大，需求发展的未来趋向及其状态如何，影响需求的因素有哪些；其次，市场预测还要包括对市场竞争的情况，即对企业所面对的竞争格局进行分析：市场中主要的竞争者有哪些，是否存在有利于本企业产品的市场空当，本企业预计的市场占有率是多少，本企业进入市场会引起竞争者怎样的反应以及这些反应对企业会产生什么影响等等。在创业计划书中，市场预测应包括以下内容：

（1）需求预测。

（2）市场预测。

（3）市场现状综述。

（4）竞争企业概览。

（5）目标顾客和目标市场。

（6）本企业产品的市场地位。

（7）市场的饱和特征等。

创业企业对市场的预测应建立在严密、科学的市场调查基础上。创业企业所面对的市场，本来就有变幻不定、难以捉摸的特点。因此，创业企业应尽量扩大收集信息的范围，重视对环境的预测和采用科学的预测手段和方法。创业者应牢记的是，市场预测不是凭空想象出来的，对市场错误的认识是企业失败的最主要原因之一。

8. 营销策略

营销是企业经营中最具挑战性的环节，影响营销策略的主要因素如下：一是消费者特点；二是产品特性；三是企业自身状况；四是市场环境方面的因素。最终影响营销策略的则是营销成本和营销效益因素。在创业计划书中，营销策略应包括以下内容：

（1）市场机构和营销渠道的选择。

（2）营销队伍和管理。

（3）促销计划和广告策略。

（4）价格决策。

9. 生产制造计划

在寻求资金的过程中，为了增大企业在投资前的评估价值，创业者应尽量使生产制造计划更加详细、可靠。一般来说，生产制造计划应回答以下问题：企业生产制造所需的厂房设备情况如何？怎样保证新产品在进入规模生产时的稳定性和可靠性？设备的引进和安装情况如何？谁是供应商？生产线的设计与产品组装是怎样的？供货者的前置期和资源的需求量如何？生产周期标准的制定以及生产作业计划的编制如何？物料需求计划及其保证措施如何？质量控制的方法是怎样的？其中重点明确：

（1）产品制造和技术设备现状。

（2）新产品投产计划。

（3）技术提升和设备更新要求。

（4）质量控制和质量改进计划。

10. 财务规划

财务规划需要花费较多的精力来做具体分析，尤其对新创企业，科学合理的财务分析与规划，是保证创业能够获得成功的关键。企业的财务规划应保证和创业计划书的假设相一致。事实上，财务规划和企业的生产计划、人力资源计划、营销计划等都是密不可分的。要完成财务规划，必须明确下列问题：

（1）产品在每一个阶段的生产与销售量有多大？

（2）每件产品的生产费用是多少？

（3）每件产品的定价是多少？

（4）使用什么分销渠道，所预期的成本和利润是多少？

（5）需要招聘哪几种类型的人？

（6）招聘人员何时开始，工资预算是多少？

（7）什么时候开始产品线扩张？

流动资金是企业的生命线，因此企业在初创或扩张时，对流动资金需要有预先周详的计划和运营过程中的严格控制：损益表反映的是企业的盈利状况，它是企业在一段时间运作后的经营结果；资产负债表反映出某一时刻的企业状况，投资者可以用资产负债表中的数据得到的比率指标来衡量企业的经营状况及可能的投资回报率。简而言之，创业计划书概括地提出在筹资过程中创业者需要做的事情，而财务规划则是对创业计划书的支持和说明。

11. 风险分析与管理

详细说明项目实施过程中可能遇到的风险，提出有效的风险控制和防范手段，包括技术风险、市场风险、管理风险、财务风险以及其他不可预见的风险等。风险分析与管理主要明确以下问题：

（1）创业企业在市场、竞争和技术方面都有哪些基本的风险？

（2）准备怎样应对这些风险？

（3）创业企业还有一些什么样的附加机会？

（4）在创业企业现有资本基础上如何进行扩展？

（5）在最好和最坏情形下，创业企业如何实施中长期发展规划？

对于创业计划书的各项数据估计，如果不那么准确，应该估计出误差范围到底有多大。如果可能的话，对关键性参数应做最好和最坏的设定。

第三节　创业计划书的撰写与注意事项

一、创业计划书的撰写

（一）创业计划书撰写原则

1. 目标性

创业的目的不仅是追求企业的发展，而且要有创造利润的可能，要突出经济效益。

2. 完整一致性

创业设计力求完整，条理清晰，应涵盖创业经营的各项功能要素，前后基本假设或预估相互呼应，逻辑合理。

3. 优势竞争性

创业计划中应重点陈述创业资源、经验、产品、市场及经营管理能力等方面的优势。

4. 团队和谐性

展现组建经营团队的思路、团队人员的能力互补，尽可能突出专家的作用、高管人员的优势、专业人才队伍的水平，明确项目领军人物。

5. 市场导向性

强化市场导向的观念，明确指出企业的市场机会与竞争威胁，把握并充分显示对于市场现状的掌握与未来发展预测的能力。

6. 客观实际性

一切数字尽量客观实际，采用定性分析与定量分析相结合的办法，并以具体资料佐证，切勿凭主观意愿估计，高估市场潜力或回报，低估经营成本。工作安排循序渐进，有条不紊，可操作性强。

（二）创业计划书撰写程序

一份完整的创业计划书包括附录在内一般为8～20页，过于冗长的创业计划书反而会让人失去耐心。整个创业计划书的编制是一个循序渐进的过程，可以分成五个阶段完成。

1. 第一阶段：计划构想

创业计划构想细化，提出初步的计划构想。

2. 第二阶段：市场调查

与行业内的企业和专业人士进行接触，了解整个行业的市场状况，如产品价格、销售渠道、客户分布以及市场发展变化的趋势等因素。可以自行进行问卷调查，在必要时也可以求助于专业市场调查公司。

3. 第三阶段：竞争者调查

确定潜在竞争对手并分析本行业的竞争态势，诸如分销问题如何、形成战略伙伴的可能性、谁是潜在竞争对手，并对竞争对手做出较为详尽的调查分析。

4. 第四阶段：财务分析

财务分析包括对公司的价值评估，必须保证所有的可能性都考虑到。财务分析应量化本公司的收入目标和公司战略，要求详细而精确地考虑实现公司经营目标所需的资金。

5. 第五阶段：创业计划书的撰写与修改

利用所收集到的信息制定公司未来的发展战略，把相关的信息按照上面的结构进行调整，完成整个创业计划书的写作。在计划完成以后仍须进一步论证计划的可行性，并跟踪信息的积累和市场的变化，不断完善修改创业计划。

（三）创业计划书撰写技巧

创业者为使创业计划得到投资人的青睐并最终获得投资，应做到以下三点：确保新产品、服务的价值并拥有高素质的管理团队；对创业计划书以商务格式进行适当的编排；拥有简洁的执行摘要和充分的创业热情。创业计划书的编写技巧具体表现在以下两个方面：

1. 结构体例方面

由于创业计划书的写作基础是特定的市场调研数据，其结构模式已经相对固定，因此创业者应避免为充分表明创业激情和创业计划的可行性而不直接套用模板。

体例方面最好给人讲究的印象，不要过多地使用文字处理工具，尽量使用透明的封面和封底，给人一种严谨的专业感。在一些小细节上也要格外用心，如果企业有设计精美的标志，应放在创业计划书的封面和每一页的页眉上，这样可使阅读者印象深刻。最后还要对创业计划书进行逐项检查，不能出现任何错误或遗漏，有时一些看似不起眼的小疏漏会使投资人对创业者的责任感产生怀疑，进而影响其投资决策。

2. 内容设计与组织方面

创业计划书的编写首先要遵循真实性原则，判断依据应是通过市场调研或其他间接方式获得的真实数据。因此，目标客户群和市场分析这一部分可以先行编写，产品或服务信息、企业发展目标、财务计划等信息可以稍后编写，创业者切不可忽略市场调研而花费大量篇幅描述财务计划等信息。

创业计划书的编写是一个艰辛漫长的动态过程，随着时间的推移和编写工作的深入，创业者获取到的相关信息越来越多、越来越具体，此时就应对创业计划书进行相应的修改和完善，以应对不断变化的内外部环境。

最终的创业计划书应规避一切不应有的错误，因为无论其他部分写得多好，只要犯了一个错误，就会使精明的投资者给予投资的可能性降低。常见的错误主要有以下几种：

（1）结构形式上的错误。

（2）概要冗长松散、不知所云。

（3）未清晰回答产品所处阶段。

（4）目标市场定义过于宽泛。

（5）未能清楚地解释消费者的购买动机。

（6）认为没有竞争者的威胁。

（7）过于乐观的财务预期。

（8）未能详细陈述管理团队的能力。

（9）回避潜在风险。

二、创业计划书的评价

由于所选择的产品（或服务）的不同，创业环境、创业人员能力的差异等因素，所以对创业计划书的优劣进行评价并不是一件很容易的事情。目前，投资人员和创业大赛的评审者多采用量化打分制来评定创业计划书之间的差异。

下表为创业计划书评分标准的范例，用作创业计划书评价参考。

表 7.1　创业计划书的评分标准

团队名称：　　　　团队总得分：

一、内容总分：200 分

比赛项目	一等 (15～20分)	二等 (8～14分)	三等 (0～7分)	得分
项目概述分析（20分）	简明扼要，能有效概括整个计划；具有鲜明的个性，具有吸引力；有明确的思路和目标；能突出自身特有的优势	能基本概括整个计划；具有一定吸引力；有明确的思路和目标；能突出自身特有的优势	能基本概括整个计划；思路和目标比较模糊；自身特有的优势不明显	
项目创新性（20分）	创意独特新颖，创新力度大	项目某些细节具有创意，有吸引力	项目创意不够新颖，没有创意	
盈利模式、经济及财务状况（20分）	盈利模式可行，列出关键财务因素、财务指标和主要财务报表，财务计划及相关指标合理准确	盈利模式基本可行，基本列出了财务因素、财务指标和主要财务报表	盈利模式不可行，没有列出关键财务因素、财务指标和主要财务报表	
融资方案和回报（20分）	需求合理，估计全面；融资方案具有吸引力	融资方案某些细节具有吸引力，明确回报率，大致明确回报周期	对投资回报率及投资回报周期有一定认识	
经营模式（20分）	开发状态和目标规划合理，操作周期和实施计划恰当，在各阶段目标合理，重点明确。对经营难度和资源要求分析准确	开发状态和目标规划基本合理，有操作周期和实施计划。对经营难度和资源要求分析合理	开发状态和目标规划不合理，操作周期和实施计划不恰当，重点不明确。对经营难度和资源要求分析不准确	
团队组成（20分）	团队成员具有相关的教育及工作背景；能力互补且分工合理；组织机构严谨；产权、股权划分适当	团队成员具有相关的教育及工作背景；有基本的能力；产权和股权划分基本合理	团队成员具有相关的教育及工作背景；组织结构不严谨；没有合理的划分产权和股权	
市场及竞争分析（20分）	市场分析数据完整，分析科学、客观，结合自身项目能准确把握市场发展趋势。明确竞争对手的优势和劣势及公司的优势	市场分析数据基本完整，基本符合市场发展趋势。基本了解竞争对手的优势和劣势及公司的优势	有一些基本的市场分析数据，对市场分析不是很明朗。不了解竞争对手的优势和劣势及公司的优势	
营销实战（20分）	营销策略具有创新和对顾客具有潜在的吸引力，成本及定价合理，营销渠道顺畅，有一定创新	营销策略某些细节具有创新，成本及定价基本合理	有一些基本的营销策略，没有创新	

续表

一、内容总分：200 分

比赛项目	一等 (15～20分)	二等 (8～14分)	三等 (0～7分)	得分
项目可操作性分析（20分）	项目、服务或产品的各项分析和预算的可行性较高，运营计划明确	项目、服务或产品的各项分析和预算的可行性一般，运营计划基本明确	项目、服务或产品的分析和预算没有可行性	
项目总评（20分）	整个计划书规范，文章前后逻辑紧密，语言流畅，内容全面、系统、科学性强，对整个经营模式的体系设计创新性高，具有很大的商业价值等	计划书基本规范，有内容，某些细节设计合理，对整个经营模式有一定的创新	计划书不规范，内容不全面，对整个经营模式的体系设计没有创新，没有商业价值	

二、评委评语

评语：

签字：

年　　　月　　　日

拓展阅读

风投感兴趣的一份一页纸创业计划书

在一次天使投资见面会上，北京创盟的河北创业者李鹏的"发酵罐气流能量回收项目"引起了风险投资者的强烈兴趣。吸引风投目光的是李鹏的一份一页纸创业计划书，以下是其核心部分——产品介绍。

产品简介：专利产品；国内空白；年节电100亿度；政府强力推广。

发酵罐是药厂与化工企业普遍使用的生产工具，用量非常之大，如华北制药，石药、哈药这样的企业，每家企业使用的大型（150吨以上）发酵罐均在200台以上。因生产需要，发酵罐前端需要压气机给罐内压气，压气机功率一般在2000～10000千瓦，必须24小时运转，每年电费在900万～4000万元之间，满足发酵罐生产，就需要多台压气机工作。所以，压气机耗电通常是这些企业很大的一项费用支出。经发酵罐排放的气流仍含有大量的压力能，浪费在减压阀上。如安装我公司研制的"发酵罐排放气流压差发电与能量回收"装置，可以回收压气机耗费电能的13%左右。

同行简介：目前该技术国际统称TRT，应用于钢厂的高炉煤气压力能量回收。主要的供货商有日本的川崎重工、三井造船，德国的GHH，国内的陕西鼓风机厂。年销售额达到 20 亿元以上。

进展简介：本项目关键技术成熟并已经掌握，我公司已经与某制药集团达成购买试装与推广协议，项目完成时，预计可以在该集团完成 5000 万以上的销售。

优势简介：(1) 我公司已申请该项目的多项专利。(2) 市场中先行一步，属市场空白阶段。(3) 符合国家节能减排产业政策，该项目属于节能减排项目。(4) 各地方政府有节能奖励，如"三电办"有三分之一的投资补贴，制药集团可获得约 1600 万元政府补贴。(5) 可以申请联合国 CDM（清洁生产）资金（每减排一吨二氧化碳可以申请 10 美元国际资金，连续支付五年）。制药集团可每年节约 6000 万度电能，减排二氧化碳 6 万吨，可获得国际资金供给 300 万美元。

客户利益：(1) 减少电力费用支出，以某制药集团为例，如全部安装该装置可以节约电费 3000 万～36000 万元 / 年。收回投资少于两年。(2) 很少维护，无须增加人员，寿命在 30 年以上，可以为用户创造投资 15 倍以上价值。(3) 降低原有噪声 20 分贝以上。符合环保要求。(4) 其他政府奖励。

目标用户与市场前景：本项目目前主要针对国内药厂、化工厂。从与某集团达成的初步协议看，集团内需求量大约在 100 套，而全国存在同样状况的有多家药厂，再加上许多化工行业也采用了相同或类似的生产工艺，均为我公司的目标市场。总市场预计在 100 亿元以上。

▓ 思考与拓展

一、问题思考

1. 创业计划书主要包含哪些内容？如何评价一份创业计划书的优劣性？
2. 创业计划书撰写的目的是什么？创业计划书如何达到并满足投资人的投资要求？

二、知识拓展

刘伯敏的创业故事

大一时，他就在一次全国性创业大赛上拿到大奖，获得 20 万元奖金；大二时，不甘寂寞的他"真刀真枪"地创业，成立了自己的公司，并在半年内赚到 20 万元。这位"创业达人"就是南京卓远文化传播有限公司总经理、南京工程学院经济管理学院大三学生刘伯敏。

一到假期就打工，高中开始不再伸手向父母要钱。

"我家在甘肃陇西的大山里，父亲做了 20 多年代课老师，现在每个月才几百元工资，母亲种田，家里收入太低了。"刘伯敏告诉记者。要上学就得自己挣钱，上初中时他就帮着母亲卖水果，过年期间他还卖烟花爆竹补贴家用。

"上高中后我跟三叔学了电焊，打工挣钱，那之后我没再跟父母要过钱。"刘伯敏每逢暑假就跟三叔一起去内蒙古打工。"要坐 16 个小时火车，夏天在高空干活，汗像水一样往下淌，还经常因为做得不够好被工头训斥。"刘伯敏回忆道。

他不怕苦，最难接受的是被拖欠工资。辛苦一个暑假能挣 3000 元，包工头就是不给。刘伯敏那时就下决心，将来一定要自己创业。

创业大赛比拼卖饮料，赢了 20 万元奖金。

进了大学后，刘伯敏一直在留意各种机会进行创业。2010 年 9 月，"红冠杯"全国大学生创业大赛宣传跳入他的视线，内容是帮红冠饮料设计营销方案，然后实战营销。他决定组织团队参加。

"那次比赛，各地有 100 多所高校参加，比了整整一年。"刘伯敏组织的"珠风"团队采用了饥饿营销法抢占市场，也就是先不拿出产品，先向消费者灌输产品的各种好处、优点，让消费者对产品产生期待和好感。"当时一家南京企业要在中秋给员工发福利，我就主动找到老总，向他讲了这种饮料的功效和好处，老总被我们说动了，希望团购。我当时心里很高兴，但坚持饥饿营销，表示没有这么多货，直到最后才'勉为其难'地卖给他 100 箱。"刘伯敏说，饥饿营销帮助他们的团队赢得了销售 1368 箱饮料的好成绩。他们还主打爱心牌，在营销的同时积极募捐，把筹集到的资金捐给希望小学，这一举动给评委会留下深刻印象。结果，"珠风"团队一举获得了全国亚军，并获得 20 万元奖金。

开办会员制的创业培训班，带动更多大学生参与创业。

这次胜利让刘伯敏创业的信心大增。大二一开学，怀揣着 20 万元奖金、学校免费提供的场地，刘伯敏的卓远文化传播有限公司开张了。"经过创业大赛的磨炼，我们的团队积累了一些经验，但也并非一帆风顺。"刘伯敏说，刚开始，帮一家通信公司做套餐推广，没想到推销通信产品和推销饮料完全是两回事，忙活了几个月，连承诺通信公司的业务量都没有完成，结果"颗粒无收"。经过调研，刘伯敏把公司的业务重新进行了定位，开拓与大学生相关的创业培训、网络营销等。"我发现，大学生对好的创业培训很感兴趣，而且现在就业压力大，如果把这两者结合起来，肯定有市场。"刘伯敏说。他请来了全国知名的创业导师团队，在给学生培训的同时，还给他们提供实践机会，让优秀学员到企业实习。培训班采用会员制，2012 年上半年才办了一期免费试听和两期正式课程，就招来了 100 多位会员，为公司带来了数万元的收入。

"加上为电信、上海后大学时代等公司做的校园营销策划与推广，半年后，公司盈利达到了 20 万元。"刘伯敏还透露，前不久刚与一家公司签了一笔大单，为他们即将推出的门户网站做高校的宣传推广，如果顺利的话，下半年公司盈利将实现翻番。

【感悟思考】参加创业大赛是获取创业实践经验的重要途径，尤其是通过撰写创业计划书和市场调研，磨炼了创业者对市场机会识别的能力，理性梳理了自己的创业思路，能更广泛地学习、借鉴他人的创业经验，为自己今后"真刀真枪"地创业积累了经验、打下了基础。但参加创业大赛获奖并不代表实际创业就能一帆风顺。刘伯敏的创业经历告诉我们，真实创业必须瞄准市场真实的需求，对公司的业务要准确定位，努力调动多方资源来开拓市场。

第八章　新企业的创办与管理

应知要求：

1. 了解新企业创办的基本条件和一般程序
2. 了解新企业创办的基本注意事项
3. 了解企业文化建设的基本原则
4. 了解新企业管理的基本内容

应会要求：

1. 掌握新企业创业的一般程序
2. 掌握企业文化建设的主要内容
3. 理解并掌握新企业管理的主要内容与相应的管理方法

案例导入

大二开始创业，两年半坐拥两千万身家

他年仅 24 岁，大二开始创业，仅两年半时间，便拥有了约 2000 万元的身家；由他创立并执掌的一家科技公司，目前资产估值高达近亿元；由他设计并带领完成的一项手机 Office 软件，目前全球用户已超过 1000 万人。

大二借款 3 万元掘金失败

曹祺是湖北松滋人，读的是武汉大学国际软件学院软件工程专业，大二时进行了他人生中的第一次创业。"正是因为首次创业的失败，才造成了我第二次创业的成功"。

曹祺在老师的指导下，参加了一次某知名网络浏览器企业举办的科技大赛，并在其中萌生了一项新技术的设计念头，当时他的头脑被这一新点子及可能由此打开的市场前景冲得发热，便向父母借了 3 万元钱，招募来了 7 名同学和好友，在学校提供的一间实验室内，共同创办了他的第一家科技公司。

曹祺说，当时在他的感召下，公司所有员工每人每月只领取 200 元生活费，却

以百倍的热情投入到了这项产品的研发中。"可是创业不久便陷入资金链断裂的困境，所有员工不拿工资跟着我白干了大半年。"曹祺的首次创业宣告失败。

二次创业获百万元投资

此后很长一段时间，曹祺都在反思与总结。进入大三后，根据课程要求，曹祺被学校安排到中科院自动化所模式识别国家重点实验室实习，在这里，善于思考与发现的他，找到了人生的新目标：手机办公软件。

随后，在武大国际软件学院蔡恒进教授的指导下，曹祺开始正式思考将这一创新思路付诸商业运作的可能，并从系统开发、产品推广、逐步融资等各层面初拟了发展思路。

通过导师介绍和朋友引荐，一位投资人主动找到了已读大四的曹祺，对他的移动办公软件创意投资 100 万元，成立了武汉橄榄无线科技有限责任公司，曹祺是公司创始人兼首席技术官。

瞄准市场规划未来

"这一次，我在产品的市场推广方面投入了更大的精力。"曹祺说。他带领员工一面搞研发，一面与知名手机生产厂家接洽，将自己的软件产品植入手机，同时也利用网络等渠道进行新式营销。

同时，他更重视公司的国际化发展。据介绍，目前其公司在全球安卓手机平台拥有近千万下载用户，分散在全球 207 个国家和地区，在 Google 官方分类排到前 30 名，在苹果公司的 iOS 平台上也有数百万用户，其 iPad 版本在中国区一直位列前三名，甚至曾超过新浪、京东、网易的排名，接近腾讯 QQ 的排名。

提起未来规划，曹祺笑着透露，虽然有多家知名企业曾提出以数千万元现金并购他的公司，但他却不会选择出卖企业，融资与渐进式发展才是他看好的方式。

案例点评：

两千万的身家，不是捡来的，不是别人送来的，而是一个年轻大学生以锐气、执着和拼搏开拓出来的财富之路。创业不可能一帆风顺，要有坚忍不拔的毅力，更要有破釜沉舟的风险意识与勇气。失败乃成功之母，"正是因为首次创业的失败，才造成了我第二次创业的成功"。其次，要对市场进行深度调查，分析创新思路付诸商业运作的可能，抓住先机，用智力换资本，这是大学生创业的特色之路。最后，大学生由于通常对理财营销、公关、管理不在行，因此必须技术、经营两手抓，渐进式发展新企业。

第一节　新企业创办的基本流程

一、新企业创办的基本条件和一般程序

（一）新企业创办的基本条件

新企业创办的基本条件如下：

（1）企业提供的产品和服务有一定的市场条件，这是创办企业的前提。

（2）需要一定的资金购买材料、设备等要素。是否拥有足够的资金，是开办企业的关键因素。

（3）需要具备一定的物资条件即企业生产的对象和工具，这是企业顺利开办的物质保障。

（4）需要各类生产工人、辅助人员、工程技术人员和管理人员。

（5）争取社会、政府部门支持的其他各种条件，如"三废"排放要符合标准等。

（二）新企业创办的一般程序

创办企业的一般程序是指企业申请登记开办的法定程序，即企业法人登记注册程序。

1. 企业法人的条件

企业法人是按照法定程序成立的，具有固定的组织机构，拥有独立的财产，并能以自己的名义享受权利和承担义务的社会经济组织。作为法人组织必须具备以下条件：

（1）按照法定程序成立，即经过上级业务主管部门审核批准；在工商行政管理部门申请注册登记，领取营业执照；在税务部门办理申报纳税手续。

（2）具有固定的组织机构和活动场所。

（3）拥有独立支配的财产或经费。支配的财产可能表现为所有权，也可能表现为经营权。

（4）以自己的名义享受权利，承担义务。

（5）为维护自身合法权益，有权向人民法院起诉、应诉。

2. 企业法人的特征

（1）组织特征。具备固定的组织形式，有领导机构、职能机构和人员编制，有内部规章制度，根据成立的宗旨完成一定的任务和实现一定的目的。

（2）财产特征。法人以注册资金额对外承担有限责任。同时，要把法人拥有的财产与法人的个人财产区别开来。

（3）人身特征。法人与公民姓名一样，享有名称权，严禁任何单位或个人冒充或盗用，否则，即构成侵权行为。另外，法人还享有荣誉权、商标权和专利权等，均受国家法律保护。

3. 工商登记

工商登记是国家对生产经营者所行使的管理职能之一，也是生产经营者确认自身合法地位的法律程序。创业者若想开办公司或企业从事生产经营活动，取得合法的经营资格，首先必须履行一定的注册登记手续。申请者应向所在地工商行政管理机关申请营业登记。申请者在提出工商登记时必须符合国家规定的条件，并按有关要求和内容进行工商登记。

4. 税务登记

（1）税务登记的范围。根据《税收征管法》的规定，生产经营者办理税务登记的范围是：从事生产经营，实现独立经济核算，并经工商行政管理部门批准，领取营业执照的一切生产经营者，包括从事工业生产、交通运输、建筑安装、商业经营、服务业、娱乐业，以及其他有经营收入、收益的一切生产经营者，守法经营、依法纳税是每个公民应尽的义务。为保证生产经营活动顺利开展，从事生产经营的纳税人自领营业执照之日起30日内，应持有关证件向税务机关申报办理税务登记，由税务机关审核后发给税务登记证件。税务登记内容发生变化的，自工商行政管理机关办理变更登记之日起30日内，或在向工商行政管理机关申请办理注销登记之前，应持有关证件向税务机关申报办理变更或者注销税务登记。

（2）税务登记的内容。税务登记的内容主要包括工商户的名称、地址、经济性质、主管部门、生产经营范围、经营方式、资金状况、工商行政管理部门的工商登记证照号码、开户银行及账号等。

（3）纳税申报。纳税申报是指纳税人、扣缴义务人在发生法定纳税义务后，按照税法或税务机关相关行政法规所规定的内容，在申报期限内，以书面形式向主管税务机关提交有关纳税事项及应缴税款的法律行为。它是纳税人履行纳税义务、承担法律责任的主要依据，是税务机关税收管理信息的主要来源和税务管理的一项重要制度。

5. 办理社会保险

保险就是对意外风险的保障，是一种用经济手段补偿经济损失的方法和制度，保险又是一种社会自救行为，是达到特定的经济补救的具体措施之一。建立社会保险制度，通过保险对遭灾的单位和公民个人进行经济补偿，使生产、生活不因此受到影响，对于维护社会经济和人民生活的安全，保护社会的财产安全均具有重要意义。我国的保险种类可分为社会保险和商业保险。

社会保险是指国家通过立法强制实行的，由劳动者、企业（业主）或社区以及国家三方共同筹资，建立保险基金，对劳动者因年老、工伤、疾病、生育、残废、失业、死亡等原因丧失劳动能力或暂时失去工作时，给予劳动者本人或其直系亲属物质帮助的一种社会保障制度。社会保险可分为养老保险、失业保险，医疗保险、生育保险、工伤保险等，这里主要介绍养老保险、失业保险和医疗保险。

社会养老保险是国家根据一定的法律和法规，为保证劳动者在达到国家规定的解除劳动义务的劳动年龄界限或因年老丧失劳动能力，退出劳动岗位后的基本生活需要而建立的一种社会保险制度。

失业保险是指国家通过立法，对于劳动者因受本人所不能控制的社会或经济原因影响失业时的基本生活需要，给予经济帮助的一种社会保险。失业保险的目的是保障失业者维持基本生活，促使其重新就业。

社会医疗保险是国家根据一定的法律法规，为向保险范围内的劳动者提供患病时基本医疗需求保障而建立的社会保障制度，其目的在于保障劳动者因疾病而暂时或永久丧失劳动能力的基本生活需要，给予经济帮助，从而使劳动者患病后能尽快得到医治，恢复劳动能力。

参加社会保险的用人单位（企业、公司等）应按规定代码详细填写《社会保障登记表》一式两份，并提供《企业法人代码证书》副本和《中华人民共和国单位代码证书》《基本存款账户开户许可证》等资料的复印件到有关部门办理社会保险。职工办理投保或退保手续时，用人单位须填报《社会保险登记表》，提供组织、人事、劳动部门出具的《职工流动或调动工作介绍信》；合同制工人减少时，须提供由劳动部门开具的《解约通知书》。

二、新企业创办的组织形式

根据我国相关法律的规定，创业者可以选择有限责任公司、股份有限公司、合伙和个人独资等企业形式。按照财产的组织形式和所承担的法律责任不同，企业的法律形式有三种选择：独资企业、合伙企业和公司制企业。前两种属于自然人企业，出资者承担无限责任；后者属于法人企业，出资者承担有限责任。

（一）独资企业

独资企业又称为个人业主制企业，是指由个人出资兴办，完全归个人所有，单独承担无限责任的企业。该种法律形式主要适用于零售业、服务业、手工业、家庭农场等小型企业。

独资企业的主要优点十分明显，比如设立手续简单，利润独享，经营灵活，决策迅速，保密性好。独资企业的主要缺点是：承担无限责任，经营风险较大；由于受个人出资的限制，企业规模往往较小；组织机构不健全；企业经营水平受到企业主素质的制约，企业的连续性往往较差。

（二）合伙企业

合伙企业是指由两个或者两个以上当事人，按照协议共同出资、合伙经营、利润共享、共同承担无限责任的企业。合伙企业在一定程度上弥补了独资企业业主在资本、知识、能力等方面的缺陷，合伙企业的产生具有必然性。

合伙企业的优点主要表现在：扩大了资金来源，扩大了公司规模，提高了竞争能力，拓展了经营领域。合伙企业的缺点主要表现在：决策协商一致比较困难，承担较大的债务风险，仍然承担无限责任，企业规模和业务范围仍然受到限制等。

（三）公司制企业

职场箴言

人生是个积累的过程，你会有跌倒的时候，即使跌倒了，你也得要抓一把沙子在手里。

——丁磊

公司制企业又称为公司，是依照严格的法定程序成立、由数人出资兴办、以营利为目的的企业法人。公司制企业不同于前两种形式的企业，公司制企业与独资企业、合伙企业的主要区别是：公司制企业是法人企业，对债务承担有限责任；公司是企业法人，有独立的民事行为能力，对债务承担有限责任；公司是依法设立的，公司的设立在发起人资格、最低资本额、公司章程和公司的组织机构等方面均有一定的要求。

1. 公司制企业的优点

首先，降低了经营风险，承担有限责任。股东以其出资为限对公司承担责任，公司以其全部资产为限对公司债务承担责任。股东的风险可控。

其次，集资范围较广，有利于募集资本，扩大生产经营规模。

再次，有利于法人资本的稳定（出资人一经出资便不能抽回，只能转让股份和出售股票，从而使公司有数量比较稳定的法人财产）和优化资本组合。

最后，所有权与经营权分离，专家管理，提高效率，企业生命力更持久。

2. 公司制企业的缺点

组建困难，组建成本较高，政府有较多的限制（注册资本、产业政策）；有些还要审批；税负相对较重，往往需要交纳双重所得税；组织相对复杂，协调成本高，定期公布财务信息，保密性较差。

3. 公司的分类

公司的种类较多，依据不同的标准，可以有不同的分类，按照股东所承担的责任不同，可分为无限责任公司、有限责任公司、股份有限公司和两合（中外合资，中外合作）公司。我国《公司法》所指的公司仅指有限责任公司和股份有限公司。

有限责任公司（含一人有限公司），是指由法律规定的一定数量的股东所组成，股东以其出资额为限对公司承担责任；公司以其全部资产为限对公司债务承担责任的企业法人。股份有限公司，是指将全部资本划分为若干等份，可以向社会公开发行股票，股东以其认购的股份为限对公司承担责任；公司以其全部资产为限对公司债务承担责任的企业法人。股份公司是典型的合资公司，各国公司法都承认其法人地位。

虽然有限责任公司与股份有限公司均是企业法人，但是对股份有限公司的要求比较严格，对其最低注册资本也有较严格的限制，组织机构要求也比较严。因此投资者选择投资方式时要慎重选择。

总之，股份有限公司由于注册资本要求较高，组织机构要求比较复杂，不为一般的创业者所采用。合伙和个人独资因创业者须承担无限责任，选择这两种企业形式的也相对较少。有限责任公司是绝大多数创业者所乐于采用的组织形式。但具体选择企业形式时要综合考虑相关情况，做出明智的选择。

三、新企业创办的注意事项

（一）以市场为导向，对企业产品进行分析论证

社会主义市场经济是以市场为导向的，创办企业必须适应市场需求，否则在竞争白热化的市场中就难有立足之地。因此，在建立企业之前，要对企业的主要产品进行市场调查分析：看企业产品是否适应市场需求，是否有竞争力，是否可持续发展，看清企业产品的市场优势和劣势，对建立企业可行性进行分析论证。可行性强就要迅速行动，策划、建立企业；反之，要迅速调整思路，改换企业产品。企业的产品是企业的生命，一定要慎重论证。

（二）以人为本，广纳人才

社会生产的诸要素中，生产力是最关键因素，而人是生产力中最活跃的因素。因此，建立企业，关键在于广纳人才。企业人才中不仅要有勤劳肯干、兢兢业业、任劳任怨的企业生产人员，而且要有懂技术、善经营、高素质的企业管理人员，这类人才是企业成功与否的关键。在市场经济的形势下，企业竞争就是人才的竞争。广纳企业人才，要从高校选聘，从社会市场招聘，从企业内部提拔，从国内外引进。要根据人才的能力和专长推断分析其适合何种职位，做到因岗配人、人职相匹、人尽其才。同时，要用经济手段、行政手段、感情手段、环境手段留住高级人才，充分发挥他们的聪明才智和主观能动性，使他们能积极为企业服务，为企业创造最大的经济效益。

（三）多筹集资金，策划企业规模

资金是企业赖以生存的"血液"，"血液"不足则"供氧"困难，企业难以维持。筹集资金是建立企业必不可少的环节，要因情据势，量力而行，根据资金的多少和市场需求，决定企业规模的大小。

（四）强化企业管理，提高企业竞争力

管理出效益。在市场制约因素日益增强的形势下，企业要大力加强新产品开发和市场营销，生产市场适销产品；要努力提高产品质量，降低各种消耗，提高企业竞争力；要增强风险意识，强化风险管理，特别要注重和加强投资决策管理、资本和资金运营管理，规避经营风险；要坚持艰苦奋斗，厉行节约，反对铺张浪费；要加强与工商、税务、公安、环保、环卫等部门的联系，争取政策扶持。总之，强化企业管理，重点是要狠抓企业人才管理、资金管理、产品管理与营销管理。

（五）励精图治开拓创新，确保企业持久发展

"火车跑得快，全靠车头带。"企业建立后，企业领导是企业发展的关键。在新形势下，企业领导人要时刻保持头脑冷静，善于学习，正确认识客观实际的发展形势，不断增强市场意识和竞争意识，企业才能保持生存和持续发展。

第二节　企业制度建设和文化建设

一、新创企业制度建设

企业制度建设是指企业围绕管理工作的科学化、规范化、程序化、标准化和系统化等所进行的一系列活动的总称，包括制度的建立、执行、修改、完善、责任追究等。

（一）企业制度建设的步骤

企业制度建设一般分为八个步骤：

一是疏理。企业要对现有的制度进行全面的疏理，通过疏理确定本企业制度是否缺失、是否与上级规定相冲突、是否适应实际工作和管理的需要、是否可行等，从而确定需要制定和修改完善的制度。

二是调研。对需要制定和修改的制度进行广泛的调研，从而使制定和修改制度更加适用于企业。

三是策划。召开不同人员参加的会议听取意见，汇总大家意见后由主办部门拿出制定或修改制度的具体意见和方案。

四是建立。方案确定后，职能部门要根据上级的规定、企业的实际及领导的要求，安排专人负责起草或修改制度，及时制定出规范合理具有可操作性的制度。

五是审查。对制定或修改完成的各类制度要召开相关会议（如职代会，总经理办公会等）对制度的合法性、规范性、有效性和可操作性等方面进行审查。

六是发布。对审查通过的制度以文件形式进行发布。

七是执行。确保发布的各项制度及时、准确、全面地执行到位。

八是修改完善。针对制度执行过程中出现的新情况、新问题以及上级的新要求及时地进行修改完善，使制度始终保持在适用状态。

（二）企业制度建设的方法

企业各项规章制度是企业赖以生存的命脉。在互联网经济竞争日益激烈的情况下，效率是每一个企业所追求的目标。要使得企业经营有效率，一部完整而又可行的管理规章制度是绝对必要的。建设企业规章制度并不是把别人现成的东西拿来抄袭，而是必须遵循一定的原则和方法，自己来拟订。

1. 制度要兼顾公平与效率

公平与效率是一对矛盾，要公平就往往影响效率，要效率又往往损害公平。但是，二者是有机联系的，没有公平，就不会有理想的效率，甚至效率为零；没有效率，公平也就失去了意义，甚至难以维持。因此，在制度建设的问题上要正确处理好公平与效率的辩证关系，做到二者兼顾，互相协调。实际工作中，公平与效率绝对协调是不可能的，通常情况下，是效率优先，兼顾公平。

2. 制度不要生搬硬套

企业管理规章制度要根据需要来制定，不要制定一些空洞没有内容的规章制度，也不要制定一些根本用不着或不可行的规章制度，更不能生搬硬套，别人的东西再好，只能适应人家的企业，对我们自己就不一定适用。同时，制定规章制度不能违背国家的法律、法令、法规，也不能违背上级主管部门发布的有关制度和规定，违反了就是无效的制度。

3. 制度要威信并重

威与信的关系实质上是质与量的关系。"信"是积累，是"威"的基础和准备；"威"是结果，是"信"的升华与飞跃，二者可以互相转换，"信"可以成为"威"，"威"可以成为"信"。制度建设必须以信誉为基础，有制度就要执行，不能当作橡皮图章；执行就要全面、严格，既不能打擦边球，也不能打折扣。要维护制度的信誉，就要遵循制度的相对稳定性，维护制度的严肃性，制度不是儿戏，不能朝令夕改，反复无常。这样，制度就会威力无比，神圣不可侵犯，真正成为人们行为的准则。

4. 制度要纲举目张

一个企业需要建立的管理规章制度很多，如果没有清晰的思路和严密的逻辑，必然造成制度杂乱无序，以致失败。各项规章制度要有完整的体系，减少各项规章制度之间发生重复或矛盾。规章制度应该先有一套母法，然后再根据母法制定各种办法、规则、准则、办事细则等。

5. 制度要刚柔相济

企业管理制度本身就是一个企业的法度。制者，制约也；度者，规范也；法者，不可违也。因此，任何一项管理制度都具有鲜明的强制性。但是，如果由此而只强调制度的刚性，未免失之偏颇。作为社会主义企业，一个很重要的目的就是提高广大职工的物质和精神生活水平。其制度建设的出发点也应落实到为民谋福利上，其本意就是柔性的。就制度的配套构成而言，既要体现其强制性的一面，又要具备褒扬、激励、教育的一面。就其约束力和操作而言，既要考虑有力，又要考虑有度，既不宽容，也不苛求，二者适度。形象一点说，制度可以是紧箍咒，不犯不痛，但不能削足适履，强人所难。制定规章制度要以发挥激励效果为目的，以事前的防范取代事后的责备，以积极的奖赏取代消极的处罚，达到提高效率的目的。

6. 制度要推陈出新

任何一项制度都是一定历史时期的产物。制度的生命力在于适应特定的时代、特定环境的要求。法无常法，制度也没有一成不变的。历史证明，统治者审时度势，顺应潮流，革故鼎新，则事业昌盛，民心归顺；统治者因循守旧，故步自封，瞻前顾后，则事衰民穷，民怨沸腾。创新是企业生命力的源泉，是企业发展永恒的主题。企业制度就是企业法度，制度创新乃是企业创新的一个最基本的课题。制度创新需要勇气和智慧，既要敢于创新，又要善于创新。

（三）企业制度建设的重要性

第一，企业实现其发展战略目标是一个艰巨和漫长的过程。这个过程伴随着企业管理水平和运营状况的不断优化革新，是一个逐渐上升的循环。在循环优化过程中，制度建设工作固化企业已有的成功经验模式和优秀管理方法，为企业铺垫好上升"轨道"，确保企业各项管理工作依既定的"轨迹"运行，最大限度避免偏离目标和规避风险。

第二，企业做强做大后体现出来的，是业务量日趋繁忙，管理流程逐渐复杂，对团队协作要求则越来越高的矛盾现状。任何组成部分的无序行动都可能导致整体运行效率的下降。在这种情况下，企业成员共同遵守管理规则和操作流程成为不可或缺的高效管理前提。制度建设工作正是通过对管理规则和操作流程的梳理与确定，在整个企业范围内传播统一的规则信息，并将其固化在企业成员的思想意识和工作行为中，从而为庞大的企业有机体的协调动作提供了保障。

第三，一些管理者受传统文化的影响，在管理中显现出来的自我意识和随意性特点相当明显，喜欢以个人为出发点的"潜规则"左右管理工作。突出的问题是："潜规则"虽然灵活但也易多变，虽然简单但总失于庄重、稳健，在这种"人治"情况下，规范管理谈何容易？制度建设的目的之一，在于消除不利于企业发展的"潜规则"，把有利于企业发展的"潜规则"转换为企业成员都清晰了解、一致认同和共同遵守的显性规则，从而为实现真正意义上的规范管理扫清障碍，创造条件。

第四，企业文化是吸引人才的重要元素，是企业可持续发展的强劲动力。制度建设工作的过程，也是提炼、凝聚和固化企业优秀文化的过程，它使企业在急速的发展和多变的竞争中，保持着高度协调的发展动力和应变能力。作为塑造有形管理规则的制度建设工作，其成果总是有意无意地体现出企业文化的特征：企业的管理制度，总是体现着企业所有者对企业基本政策的取向，企业管理者对企业管理工作的自发诠释；通过制度执行和反馈，企业员工也会对企业文化具有相当的认知。文化通过制度反映出来，制度是文化的载体之一。

（四）企业制度执行当中应注意的问题

企业制度建立起来之后就要求每一位员工严格遵守，"不可越雷池一步"，否则就要按照制度规定进行相应的惩罚。企业制度在执行当中应注意以下几点：

1. 高层管理人员必须带头执行企业制度

高层管理人员也在法中，并不在法外，正所谓"天子犯法与庶民同罪"。这里指出的就是，高层管理人员必须遵守制定的制度，不可有特权，当他们违反了制度的规定以后，要比普通员工承受更大的惩罚，因为他们不仅是守法者，他们更是制法者和执法者，

2．执法必严

既然企业制度已经制定了，又是合理的，就必须严格执行。否则，有法等于没法，企业制度依然起不到作用。

3．制度的执行要考虑到实际情况

制度的执行是"时变"的，应根据实际的情况、违反制度的人员状况等来考虑制度执行的弹性空间，既要考虑实际情况，即不能把违法者"一棒子打死"，又要严格制度的执行。

二、新创企业文化建设

（一）企业文化的含义

企业文化——或称公司文化，一般指企业中长期形成的共同理想、基本价值观、作风、生活习惯和行为规范的总称，是企业在经营管理过程中创造的具有本企业特色的精神财富的总和。企业文化对企业成员有感召力和凝聚力，能把众多人的兴趣、目的、需求以及由此产生的行为统一起来，是企业长期文化建设的反映。它包含价值观、最高目标、行为准则、管理制度、道德风尚等内容。它以全体员工为工作对象，通过宣传、教育、培训和文化娱乐、交心联谊等方式，以最大限度地统一员工意志，规范员工行为，凝聚员工力量，为企业总目标服务。新办企业从一开始就应注意企业文化的积累和沉淀，总结企业的优秀文化，助力企业的长远发展。

（二）企业文化的作用

企业文化是企业中占支配地位的领导集体率领广大员工在长期的调查研究和工作实践基础上，经多年培育、维持而创建的精神财富和物质形态。其内含的价值观、行为规范、传统作风等核心因素来自于组织，具有相对独立性和稳定性。同时，这些因素具有巨大的能动作用。

1．划界作用

企业文化首先起着划清界限的作用，它能使一个企业与其他企业和组织区别开来。

2．导向作用

企业文化能将全体员工的思想行为统一到组织发展目标上来，不仅对组织个体的心理与行为具有导向作用，而且对组织整体的价值取向和行为具有导向作用。

3．凝聚作用

企业文化对员工具有潜移默化的影响，能使他们自觉或不自觉地接受组织共同的信念和价值观，从而把个人融入集体，使员工的归属感增强，凝聚力提高。

4．激励作用

企业文化可使员工认识自己组织的特点与优点，理解自己工作的意义和价值，进而产生热爱集体的荣誉感、自豪感，激发巨大的工作热情。

5. 稳定作用

企业文化是一种社会黏合剂，它通过为组织成员提供言行举止的恰当标准，以及由此产生的认同感，使员工愿意长期留在组织中。

（三）企业文化建设的一般原则

坚持社会主义方向，为提高人民的物资文化生活而存在，这是社会主义国家中企业存在的最基本的价值观。企业在从事商品生产和商品流通的过程中，必须促进生产发展，满足社会日益增长的物质和文化生活的需要。企业进行文化建设应把这作为它的经营思想和宗旨，使之具有明确的社会主义特征。

1. 强化以人为中心

文化以人为载体，人是文化生成的第一要素。企业文化中的人不仅仅是指企业家、管理者，应该包括企业的全体职工。企业文化建设中要强调关心人、尊重人、理解人和信任人。企业团体意识的形成，首先是企业的全体成员有共同的价值观念，有一致的奋斗目标，才能形成向心力，才能成为一个具有战斗力的集体。

2. 表里一致，切忌形式主义

企业文化属意识形态的范畴，但它又要通过企业或职工的行为和外部形态表现出来，这就容易形成表里不一致的现象。建设企业文化必须首先从职工的思想观念入手，树立正确的价值观和世界观，在此基础上形成企业精神和企业形象，防止搞形式主义，言行不一。形式主义不仅不能建设好企业文化，而且是对企业文化概念的歪曲。

3. 注重个性差异

个性差异是企业文化的一个重要特征。文化本来就是在本身组织发展的历史过程中形成的。每个企业都有自己的历史传统和经营特点，企业文化建设要充分利用这一点，建设具有自己特色的文化。企业有了自己的特色，而且被顾客所公认，才能在企业之林中独树一帜，才能有竞争的优势。

4. 不能忽视经济性

企业是一个经济组织，企业文化是一个微观经济组织文化，应具有经济性。所谓经济性，是指企业文化必须为企业的经济活动服务，要有利于提高企业生产力和经济效益，有利于企业的生存和发展。建设企业文化，最终目的都不会离开企业经济目标的实现和谋求企业的生存和发展。所以，企业文化建设实际上是一个企业战略问题，是企业建设的文化战略。

5. 继承传统文化的精华

马克思主义认为："人们自己创造自己的历史，但是他们并不是随心所欲地创造，并不是在他们自己选定的条件下创造，而是在直接碰到的、既定的、从过去继承下来的条件下创造。"（《马克思恩格斯选集》第1卷，第603页）中国企业文化建设也是这样，它应该是在传统文化的基础上进行增值开发，否则企业文化就会失去存在的基础，也就没有生命力。增值开发就是对传统文化进行借鉴，去其糟粕，取其精华。我国传统文化中的民本思想、平等思想、务实思想等都是值得增值开发的内容。中国民本思想自古以来就相当强烈，并在一定程度上制约着专制行为。社会主义企业中，劳动者是企业的主人，企业文化建设自然要以民本思想为重要的思想来源，并通过这一思想的开发使用，使职工群众产生强烈的主人翁意识，自觉地参与企业的民主管理。

第三节　新创企业的初期管理

一、新企业员工关系管理

（一）员工关系管理的主要内容

员工关系是企业内特有的人际关系的总和。从企业人力资源部门的管理职能看，员工关系管理主要有如下内容：劳动争议治理、员工人际关系管理、沟通管理、员工情绪管理、企业文化建设、员工培训管理、危机处理等。

员工关系管理的最终目标，是给员工创造一切适合工作的条件，让员工充分释放自己的潜力，为企业创造更多的利润。现代人的生活越来越丰富多彩，越来越追求管理的人性化，当面临不同的选择会给自己带来何种影响时，首先考虑能否让自己的需求得到满足。员工之间的交流，更多的是公平和公正，协调而不是强迫，这种和谐的关系能够促进新创企业目标的实现。员工关系管理包括以下几个方面：

1. 员工劳动关系管理

员工劳动关系管理主要是处理劳动纠纷和争议、调解纠纷和各类意外事故，办理员工入职、离职手续，这里主要是指员工的劳资双方之间的关系。

2. 员工人际关系管理

员工人际关系管理主要是指工作环境对于人际关系的影响，公司的管理层要制定相关的管理制度、规定与办法，创造让员工和谐共处、和睦友善的劳动条件。

3. 员工内部沟通管理

制定企业员工内部沟通机制，完善相应的管理制度，为员工内部沟通创造条件。重视企业内部的纵向沟通与横向沟通，尽可能实行扁平化管理，保障企业内部信息沟通与传递的有效性。

4. 员工情绪管理

强化企业员工的心理管理，加强对企业员工的心理培训与辅导。通过积极解决与员工有密切关系的各类问题，提高员工满意度和归属感，避免谣言和怠工行为的发生。

5. 企业文化建设

加强企业文化建设，重点是企业价值观与员工价值观的对接教育，通过企业价值观教育，培养企业员工的价值认同感与企业归属感。通过建立良性的企业文化，在整个公司形成统一的价值观念，对内有强大的凝聚力，对外更具社会责任感，实现企业的道德与价值认同。

6. 员工培训管理

员工培训管理主要是引入员工培训机制。培训员工是为了提高他们的技能水平，提高员工的工作效能与效率，员工培训要注重提高员工的实际操作与管理能力，只有这样，完善的晋升机制，才可以充分发挥管理作用。

7. 员工服务与支持

员工服务与支持主要是给员工普及相关的知识，不仅包括工作方面的知识，还包括生活上的常识。

此外，员工关系管理还包括工作场所的安全和健康、员工援助项目、工会关系的融洽、危机处理等。可以说，员工关系管理贯穿于人力资源管理的各个层面，员工关系管理对企业的管理起着至关重要的作用。

（二）员工关系管理在企业管理中的重要性

1. 有利于企业获得最大的发展动力和发展空间

企业发展是企业内外部和谐统一的结果，尤其是新办企业更是如此。企业内部员工关系越融洽、和谐，企业凝聚力和向心力也就越好，企业越能获得最大的发展动力和发展空间。

2. 有利于促进人力资源管理水平的提升

人力资源管理中，员工关系管理是其重要的一环，是人力资源管理的基础。只有不断寻求员工关系处理方法，做到员工与企业利益的统一，人力资源管理价值也才能更好地展示出来。

3. 有利于提升员工的工作效率

员工关系管理的主体是员工，目标是实现员工与企业利益的和谐、统一。加强员工关系管理是提升员工工作效率的动力来源，因此，员工关系管理在人力资源管理中是非常重要的。

4. 有利于构建和谐的上下信息交流通道

科学的员工关系管理制度造就和谐、稳定、有序的企业员工关系，为进一步构建和谐的上下信息交流通道奠定了坚实基础。

5. 有利于营造和谐的企业氛围和展现积极向上的企业文化

企业领导和企业员工之间做到互相理解、包容、互谅、感恩，企业氛围就一定能和谐、有序、稳定，而这一切的前提和基础是科学的员工关系管理制度。同时，在人力资源管理过程中，和谐的员工关系也是展现积极向上的企业文化的最重要法宝。

（三）员工关系管理的几种技巧

1. 对孤僻员工进行引导

首先，拒绝冷落，施以温暖。在学习、工作、生活的细节上多为他们做一些实实在在的事，尤其是在他们遇到了自身难以克服的困难时。在任何情况下都不要流露出对他们漠不关心的态度。

其次，性格孤僻员工一般不爱讲话。对此，选好话题主动交谈。但也得注意，性格孤僻的人喜欢抓住谈话中的细枝末节胡乱猜疑，一句非常普通的话有时也会使其恼怒，并久久铭刻在心以致产生深深的心理隔阂。因此，谈话时要特别留神，措词、造句都要仔细斟酌。

再次，性格内向有些孤僻的员工，他们有自己的生活方式，不希望被别人打扰。管理时不要刻意去"套近乎"，否则他们一定会从心里认为你是一个十分虚伪的人。其实，只要和他们保持一般的工作上的接触就可以了。真正需要对他们进行帮助应该是在他们遇到了某种困难的时候。

另外，保持耐心很重要。对性格孤僻的人进行管理，有时很容易遭到对方的冷遇，如果遇到这种情况一定要有耐心。"路遥知马力，日久见人心"，"事实胜于雄辩"，只有到了他们能够完全信任领导者的时候，你说的话才会有分量，管理行为也就具备了威信。

2. 对桀骜不驯的员工设法掌控

每个员工都有自己不同于别人的思想，因此，作为领导者来说，不是去压制他们的想法，而应该是巧妙地利用他们有价值的思想为工作所用。对一个聪明的领导者来说，不仅应该细心研究自己及周围人员的性格特点、工作作风以及心理状态，更应做到因地制宜、对症下药，这样工作起来才能得心应手、事半功倍。对于那些桀骜不驯、表现型的人，要及时提醒计划工作的重要性，要以同理心态倾听他们的述说，不要急于反驳和争辩，对他们取得的成绩要及时给予公开表扬，同时也要更多地提醒他们冷静地思考问题。

3. 对"老黄牛"式员工要善待

所谓"老黄牛"式的员工，往往是那些勤勤恳恳、踏踏实实、不张扬的人。这样的人虽然可能领导者并没有太注意，他们可能也没有太突出的业绩，但团队同样离不开他们。因此，作为领导者不能因为他们的低调，就理所当然地忽略他们的成绩和存在，而应该一视同仁，像对待那些为团队做出突出贡献的员工一样来用心对待他们。虽然他们很容易得到心理的平衡与满足，但企业领导要同样关切他们的内心诉求，细心善待他们。

4. 对墨守成规员工要多揣摩他们的心理

墨守成规的员工天生缺乏创意，喜欢模仿他人，为人处世的方法和语言都按照别人的样子，既没有自己的主见，也没有自己的风格，因循守旧，无法突破。他们对新事物、新观点接受得较慢，缺乏应变能力，实际工作中，他们难以应付新事物、新情况。因此，这种人不宜随便委以重任。

墨守成规的认做事认真负责，易于管理，虽没有什么创见，但他们一般不会发生原则性的错误。一般的事情交给他们去办，他们能够按照上级的指示和意图进行处理，往往还能把事情做得令上级十分满意，难以挑剔。

要管理好墨守成规的员工，更多的是要有耐心，要循序渐进。如果你能够设身处地地为他们着想，维护其利益，逐渐使对方去接受一些新的事情，从而改变和调整他们的心态，那么，他们可能对你心存感激。这样，不但可以使他们改掉墨守成规的毛病，也为你对他们进行有效的管理添上了一分力量。

二、新企业客户关系管理

（一）客户关系日常管理的工作内容

客户关系管理的日常工作主要有以下一些内容：

1. 识别你的客户

（1）将更多的客户名输入到数据库中。

（2）采集客户的有关信息。

（3）验证并更新客户信息，删除过时信息。

2. 对客户进行差异分析

（1）识别企业的"金牌"客户。

（2）哪些客户导致了企业成本的发生？

（3）企业本年度最想和哪些企业建立商业关系？

（4）去年有哪些大宗客户对企业的产品或服务多次提出了抱怨？

（5）去年最大的客户是否今年也订了不少的产品？

（6）是否有些客户从你的企业只订购一两种产品，却会从其他地方订购很多种产品？

（7）根据客户对于本企业的价值指标把客户分为 A、B、C 三类。

3. 与客户保持良性接触

（1）给自己的客户联系部门打电话，看得到问题答案的难易程度如何。

（2）给竞争对手的客户联系部门打电话，比较服务水平的不同。

（3）把客户打来的电话看作是一次销售机会。

（4）测试客户服务中心的人工（或自动）语音系统的质量。

（5）对企业记录客户信息的文本进行跟踪。

（6）哪些客户给企业带来了更高的价值？与他们更主动地对话。

（7）通过信息技术的应用，使得客户与企业做生意更加方便。

（8）改善对客户抱怨的处理。

4. 调整产品或服务，满足客户需求

（1）改进客户服务过程中的纸面工作，节省客户时间，节约公司资金。

（2）让发给客户的邮件更具个性化。

（3）替客户填写各种表格。

（4）询问客户，他们希望以怎样的方式、怎样的频率获得企业信息。

（5）找出客户真正的需求。

（6）征求名列前十位客户的意见，看企业究竟可以向这些客户提供哪些特殊的产品或服务。

（7）争取企业高层对客户关系管理工作的参与。

（二）客户关系管理的技巧

客户关系管理注重的是与客户的交流，现代企业的经营是以客户为中心，而不是传统的以产品或以市场为中心。为方便与客户的沟通，客户关系管理可以为客户提供多种交流渠道。做好客户关系管理的首要任务就是既要留住老客户，也要大力吸引新客户。而留住老客户比发展新客户更重要。如何留住老客户，下面几点工作技巧可供参考。

1. 为客户提供高质量服务

服务质量的高低关系到企业利润、成本、销售额。每个企业都在积极寻求用什么样高质量的服务才能留住企业优质客户。因此，为客户提供服务最基本的就是要考虑到客户的感受和期望，把他们对服务和产品的评价转换到服务的质量上。

2. 严把产品质量关

产品质量是企业为客户提供有力保障的关键武器。没有好的质量依托，企业长足发展就是个很遥远的问题。肯德基的服务是一流的，但依然出现了苏丹红事件，而让对手麦当劳有机可乘，致使部分客户群体流失。

3. 加强与客户的信息互通，协调好客户关系，及时传达客户诉求

弥补客户管理上的缺陷，提出对客户目标市场的见解，让客户接受你的意见或建议。这就需要企业员工要有较高的职业素养、市场敏感度和丰富的管理技巧。当然，要注意不能忽视人际角色、信息角色和决策角色，不能干预客户更多的事情，除和客户正常的业务以外，不要掺杂其他内容，否则会影响客户关系。

4. 保证高效快捷的执行力

要想留住客户群体，良好的策略与高效快捷的执行力缺一不可。许多企业虽能为客户提供良好的策略，却因缺少执行力而失败。在多数情况下，企业与竞争对手的差别就

在于双方的执行效能。面对激烈的市场竞争，管理者角色定位需要变革，从只注重策略制定，转变为策略制定与执行力兼顾。以行为导向的企业，策略的实施能力会优于同业，客户也更愿意死心塌地地跟随企业一起成长。

客户关系管理的目的是留住老客户，吸引新客户，促进企业的快速发展。吸引新客户可以利用以下方法：

第一，以市场调查为由，收集客户信息。

第二，以公司活动为契机，参加抽奖活动，进而收集客户信息。

第三，重视已签单客户对同行的信息传递，并及时做好客户记录与信息整理。

留住老客户，吸引了新客户，就如拥有了双剑合璧的力量，可以使企业的产品营销达到最大市场价值开发，完成企业预期发展目标。

拓展阅读

强生（中国）有限公司1992年注册成立于上海，是美国强生公司在中国大陆投资的第一家独资企业，也是目前美国强生公司在海外最大的个人护理和消费品公司之一。该公司在中国推广强生婴儿这一全球知名婴儿护理品牌时，不仅为中国的消费者带来值得信赖的护肤产品系列，而且还致力于推广专业的婴儿护理理念、知识及婴儿护理产品。

管理学者们素来对强生公司"受欢迎的文化"推崇备至。该企业文化的内涵在公司信条有所体现，这也是自其成立之初就奉行的一种将商业活动与社会责任相结合的经营理念：第一，公司需对使用其产品和服务的用户负责；第二，对公司员工负责；第三，对所在社区和环境负责；第四，对公司股东负责。该公司的历任领导者们坚信，只要做到信条的前三条，第四条就会自然做到，企业也会受到公众的欢迎。强生的百年成功历史，就是其执着地实践这些信条的过程。

经验告诉强生，企业网站的成功应与其奉为宗旨的"受欢迎"和"文化"相联系，结合互联网媒体特性以及企业现有产品，关注与满足百万网民的实际需求，公司应该在网上开设具有特色的、别人难以模仿的新服务项目，并且这种服务对于消费者和企业都必须是可持续、可交流的，能够增进双方亲和力与品牌感召力的项目。于是，强生选择其婴儿护理品为公司网站的形象产品，选择"您的宝宝"为站点主题，将年轻网民的"宝宝成长日记"变为站点内容的一部分，沿着这本日记展开所有的营销流程。

将一家拥有百年历史且身居世界500强之一的企业站点建成"您的宝宝"网站，变成一部"个人化的、记录孩子出生与成长历程的电子手册"，这一创意的实施证明是成功的。公司网站的确是个"受欢迎"和充满"育儿文化"气息的地方。在这里，强生就像位呵前护后、絮絮叨叨的老保姆，不时提醒着年轻父母们该关注宝宝的睡眠、饮食、哭闹、体温……随着孩子的成长，老保姆会时时递来"强生沐浴露""强生安全棉""强生尿片""强生围嘴""强生2合1爽身粉"等孩子所需的公司产品。年轻父母们会突然发现，身边这个老保姆和育儿宝典的重要性。

进入强生网站，左上角的公司名标下是显眼的"您的宝宝"站名，每页可见的是各种肤色婴儿们的盈盈笑脸和其乐融融的年轻父母。首页上"如您的宝宝××时，应怎样处理？""如何使您的宝宝××？"两项下拉菜单是帮助人们解答育儿疑问的地方。整个网页格调清新淡雅，明亮简洁，设有"宝宝的书""宝宝与您及小儿科研究院""强生婴儿用品""咨询与帮助中心""母亲交流圈""本站导航""意见反馈"等栏目。其中，"宝宝的书"由电子版的"婴儿成长日记"和育儿文献交织组成，前者是强生在网上开设的日记式育儿宝典，各项操作指导可谓细致周全。例如教人如何为婴儿量体温，如何为孩子洗澡……

此外，网站还为年轻父母提供了心理指导，这对于某些婴儿的父母来说具有特别重要的意义。如"我的宝宝学得有多快？"栏目开导人们不要将自己的孩子与别人的孩子做比较，"将一个婴儿与其兄弟姐妹或其他婴儿比较是很困难的，只有将他的现在和他的过去做比较；而且你们的爱对婴儿来说是至关重要的。因此，无条件地接受他，爱他，就会培养出一个幸福、自信的孩子来"。

互联网的主要功能之一是促进人们的交流，强生在互联网上参与运作了一个"全美母亲中心协会"的虚拟社区。"全美母亲中心协会"是分布于各州的妇女自由组织，目的是"使参加者不再感到孤立无助，能展示其为人之母的价值，切磋夫妇在育儿方面的经验，共同营造出一个适合孩子生长的友善环境"。

强生网站提供服务时，将客户输入的数据也导入其网站服务器。这些客户登记及回答信息到了公司营销专家、心理学家、市场分析家等手中，能成为一笔巨大的资产，可以形成一份份产品促销专案，对企业与顾客保持联系起到了相当重要的作用。

一个网站认真到了这份地步，不由你不叹服其"对使用其产品和服务的用户负责"信条的威力，相信其进入《财富》500强绝非偶然。

面对庞大的企业群和产品群，强生网站若按一般设计，可能就会陷入检索型网站之流俗格局。从网络营销角度上看，这类企业站点已呈"鸡肋"之颓势。对强生而言，那样做绝对无助于发挥出其底蕴深厚的企业文化。事实上，公司站点在设计上作了大胆的取舍，放弃了所有品牌百花齐放的方案，只以婴儿护理用品为营销主轴线，选择"您的宝宝"为站点主题，精心构思出"宝宝的书"为其与客户交流及开展个性服务的场所，力求从护理层、知识层、操作层、交流层、情感层、产品层上全面关心顾客，深入挖掘每户家庭的需求，实时跟踪服务。

国内营销界权威卢泰宏在其著作"实效促销SP"中有言，"网络营销可以结合网络的特点发掘营销创意"。借助于互联网络，强生开辟出了丰富多彩的婴儿服务项目；借助于婴儿服务项目，强生建立了与网民家庭的长期联系；借助这种联系，强生巩固了与这一代消费者间的关系，同时又培养出新一代的消费者。可以想象，强生这个名字，必然成为最先占据新生幼儿脑海的第一品牌，该品牌可能从幼儿记事起，伴随其度过一生。

网络营销做到这一境界，已是天下无敌。

可以说，强生以"有所为有所不为"为建站原则，以企业"受欢迎的文化"为设计宗旨，明确主线，找准切入点后便"咬住青山不放松"，将主题做深做透，从而取得了极大成功。

三、新企业营销管理与品牌建设

（一）新企业营销管理

营销管理的实质是需求管理，即对需求的水平、时机和性质进行有效的调节。每个人、每个企业在社会上生存和发展，都必然会有各种各样的需要，如饮食的需要、安全的需要、服饰的需要，并愿意付出一定的报酬来满足部分需要，于是这部分需要就形成了需求。需求可以通过很多方式来满足，市场营销的出发点是通过交换满足需求。也就是说，市场营销是企业通过交换的方式来满足自身需求的过程。企业存在的价值，在于企业提供的产品能满足人们的需求，双方愿意交换。所以需求是营销的基础，交换是满足需求的手段，两者缺一不可，营销管理其实就是需求管理。

1. 新企业营销管理的注意事项

新企业在完成了员工招聘和产品开发之后，用于市场营销的资金往往都非常有限，而其产品和企业的知名度又低，很难进入其他企业已经稳定占领的销售市场。在这种情况下，新企业的产品不可能像成熟企业那样"隆重推出""闪亮登场"，新企业的营销管理也不可能像成熟企业那样"分工明确""面面俱到"。具体而言，新企业的营销管理注意以下三个问题：

（1）必须控制销售成本，否则卖得越多，亏得越多。

（2）必须控制销售节奏，避免出现断货。

（3）必须控制销售回款，避免出现呆死账和现金流断裂。

2. 渠道管理

渠道是企业销售产品的网络。一个企业必须很清楚自己的营销网络，找出目标市场，明确重点市场，划分营销区域。否则，漫无目的地四处撒网，即使花费大量的市场开发费用，也换不来应有的销售成果。

在渠道管理中，首先要考虑的是经销商的选择和管理。由于历史的原因，各个行业都有一些颇具实力的经销商，控制着行业内大部分产品的销售。所以，新企业要想在较短的时间内将自己的产品打入市场，较为稳妥的方式是与经销商建立战略合作伙伴关系，实现短期的利润共享和长期的共同发展。

在渠道管理中，还必须关注销售终端的进入与管理。终端的三尺柜台，决定着企业的产品最终能否销得出去。所以，很多企业都强调"终端为王"，甚至放弃经销商直接去做终端市场。但需要注意的是，进入终端并不是一件很容易的事情，许多"超级终端"都索取进场费、陈列费、店庆费和促销费，新企业一般不愿将有限的资金用在这些项目上。

3. 客户管理

客户管理从本质上说是一种商业策略，它要求按照客户的分类情况，有效地组织企业资源，培养以客户为中心的经营行为，以及实施以客户为中心的业务流程。进行客户管理的目的，在于提高企业盈利能力、利润以及顾客满意度。

目前，越来越多的企业开始将客户视为其重要的资产，提出"想客户所想""客户就是上帝""客户的利益至高无上"等经营理念，采取多种方式对客户实施关怀，以提高客户对本企业的满意程度和忠诚度。

客户管理的中心是客户关怀。客户关怀包括以下四个方面的内容：

（1）客户服务。包括向客户提供产品信息和服务建议等。

（2）产品质量。应符合产品标准，适合客户使用，保证安全可靠。

（3）服务质量。指与企业接触的过程中客户的体验。

（4）售后服务。包括售后的查询和投诉，以及维护和修理。

（二）新企业品牌建设

品牌建设是指品牌的拥有者对品牌进行的设计、宣传、维护的行为。品牌建设包括的内容有品牌资产建设、信息化建设、渠道建设、客户拓展、媒介管理、市场活动管理、口碑管理、品牌虚拟、体验管理。

1. 品牌意识

企业的品牌建设是一个长期而持久的过程，它要求创业者不但在创业之初就具有明确的品牌意识，面且要在企业经营的整个过程中，都能自觉地用高标准来规范产品的设计、开发、生产和销售等各个环节，不断提高产品的竞争力。

创业者的品牌意识，首先来自创业者对品牌作用的理解。为此，应该使创业者明白，好的企业品牌不但能使人产生对企业产品的购买欲望，而且能使人产生对企业的羡慕和向往。简言之，企业的品牌能促进消费、吸引人才和增强企业的凝聚力。

2. 品牌塑造

创建具有鲜明的核心价值与个性、丰富的品牌联想、高品牌知名度、高溢价能力、高品牌忠诚度和高价值感的强势品牌，首先需要理解品牌资产的构成以及品牌资产各项指标（如知名度、品质认可度、品牌联想、定价能力、品牌忠诚度）的内涵及相互之间的关系。在此基础上，结合企业的实际，有计划、有步骤地对品牌进行塑造。其具体步骤如下：

（1）明确产品理念和市场定位。

（2）明确产品的设计风格和要树立的企业形象。

（3）着手生产设计好的产品。

（4）制订切实可行的营销计划。

（5）配合营销工作进行广告宣传，扩大企业的影响力。

（6）扩展品牌的文化内涵。

（7）注重品牌管理，创造社会价值。

3．品牌维护

品牌建设不是一劳永逸的事情，不但需要企业用心缔造，而且更需要企业坚持不懈地用心维护。其基本要求：围绕品牌资产目标，不断检查品牌资产情况，在此基础上加强推广宣传，提升企业品牌的知名度、美誉度，培养客户偏好和忠诚度。新企业在品牌维护时应注意以下两点：

（1）需要企业全体员工的积极参与。它不但要求全体员工对企业有高度的认同感和归属感，而且要以主人翁的态度工作，与企业同舟共济、荣辱相随。企业品牌的维护还需要巩固和加强与目标客户的联系，吸引更多忠诚的品牌使用者。

（2）特别需要企业遵守诚信原则。品牌标志着企业的信用和形象，是企业最重要的无形资产。在市场经济条件下，环境每天都在不断地变化，谁拥有了诚信品牌，谁就掌握了竞争的主动权，就能处于市场的领导地位。

▨ 经典案例

1985 年，在一次质量检查时，青岛电冰箱总厂的检查员发现刚刚生产的 76 台瑞雪牌电冰箱不合格。按照当时的销售情况，这些电冰箱稍加修理便可出售。但是，厂长张瑞敏当即决定在全厂职工面前将 76 台电冰箱全部销毁。当时一台冰箱 800 多元钱，而员工每月平均工资只有 40 元，一台冰箱几乎等于一个工人两年的工资。当时员工们纷纷建议：便宜处理给工人。

张瑞敏对员工说："如果便宜处理给你们，就等于告诉大家可以生产这种带缺陷的冰箱。今天是 76 台，明天就可能是 760 台、7600 台……因此，必须解决这个问题。"

于是，张瑞敏决定砸毁这 76 台冰箱，而且是由责任者自己砸毁。很多员工在砸毁冰箱时都流下了眼泪，平时浪费了多少产品，没有人去心痛，但亲手砸毁冰箱时，感受到这是笔很大的损失，痛心疾首。这种非常有震撼力的场面，改变了员工对质量标准的看法。如今，海尔已经是全球大型白色家电第一品牌。

案例剖析：

品牌建设往往是一个长期的过程，管理者首先要有品牌意识，并在日常的生产、销售、宣传中做好品牌塑造和维护工作。海尔集团之所以能够从一个电冰箱厂一步步发展成为全球大型白色家电集团，很重要的一个原因是其特别注重质量文化与品牌建设。

四、新企业财务管理

（一）财务管理的作用与意义

1．企业财务管理是企业管理的基础，是企业内部管理的中枢

财务管理是组织资金运动，处理同有关方面财务关系的一项经济管理工作。它是一

种价值管理，渗透和贯穿于企业一切经济活动之中。企业的资金筹集、使用和分配，一切涉及资金的业务活动都属于财务管理的范围。

企业的生产、经营、采购、仓储、调度、销售等每一环节都离不开财务的反映和调控，企业的经济核算、财务监督，更是企业经济活动的有效制约和检查。

财务管理是一切管理活动的共同基础，它在企业管理的中心地位是一种客观要求。

2. 管理重心从生产转移到财务，是社会的进步

随着社会主义市场经济体制的逐步建立，财会工作在企业管理中越来越占有重要的地位。必须坚持一手抓生产发展，一手抓财务管理，既要向生产要效益，又要向管理要效益，管理也是生产力。财务管理与经济效益有着密切的联系。

企业的中心目标就是围绕着如何以较小的消耗取得最大的经济效益，加强财务管理能够促进企业节约挖潜、控制费用、降低消耗；通过资金的筹集调度，合力运用资金，提高资金的使用效果，防止资金的浪费；通过对仓储管理可以优化库存结构，减少存货积压，做到经济库存；通过价格的拉动，可以增加企业的收入；通过对资产管理可以促使企业合理有效地实行资产保值。

3. 财务管理是实现企业和外部交往的桥梁

通过会计核算，对原始数据进行收集、传递、分类、登记、归纳、总结、储存，将其处理成有用的经济管理信息；然后开展财务分析，对企业财务活动的过程和结果进行评价和分析，并对未来财务活动及其结果做出预测。通过一系列财务管理活动，使企业能够向外界提供准确、真实的信息，从而有助于企业战略调整，使投资人进行合理投资，银行做出信贷决策以及税务机关依法征税．

4. 加强资金管理，提高资金的营运效益

加强资金管理，提高资金的营运效益是财务管理的首要任务。资金是企业的"血液"，企业资金运动的特点是循环往复地流动，资金的生命在于"活"，资金活，生产经营就活，如果资金不流动，就会"沉淀"或"流失"，得不到补偿增值。只有提高资金使用效率，才能确保企业的经济效益。

5. 强化财务管理，寻找解决问题的方法

企业财务部门通过对财务指标的经常性的计算、预测、整理、分析，肯定成绩，揭露问题，寻找原因，提出改进措施，促使企业不断提高管理水平，提高企业的经济效益。

（二）新企业财务管理的主要内容

1. 创业企业的融资管理

创立任何一个新企业、新公司首先需要创业资本。创业资本是创业者所拥有或能够使用的一切资源，包括自己拥有的资金以及各种实物，也包括从他人那里借来的钱财、物品。当创业资本不足时，企业要通过融资来获取足够的资金。

创业企业不同时期的融资管理如下：

（1）种子期的融资管理

种子期是指技术的酝酿与发明阶段，这一时期的资金需求量很少，创业者个人的积蓄、家庭财产、朋友借款、申请国家创业基金等都是可以满足种子期的基本需要，但也可以寻求专业的创业资本或创业投资者。

要获得创业投资者的支持，创业者需要站在投资者的立场思考需要准备哪些材料才能说服投资者进行投资：创业者必须对产品的市场销售情况和利润情况进行详细的调查、科学的分析预测，形成一份可行的创业策划书，提供给创业投资者。对于创业投资者而言，创业企业收益具有不确定性且不易量化，企业投资回报期越长，创业投资者所要求的投资回报率就越高，因此在制订融资策划书时，创业者必须考虑到投资者的投资回报期、投资回报率等关键性因素。

（2）导入期的融资管理

导入期是指技术创新和产品试销阶段，这一阶段的经费投入明显增加。这一阶段的企业要减少产品制造，因为产品创新需要测试使用，以便排除使用风险，同时在市场投入少量产品进行试销，根据市场反应决定产品下一步产量。

这个阶段主要资金来源是创业投资者增加的资本投入，又称导入资本。创业者可以将创新产品提供给创业投资者试用，并且提供营销策划书。

（3）成长期的融资管理

成长期是企业发展的成长阶段和扩张阶段，也是创业企业的主要阶段，此阶段面临的主要风险是市场风险和管理风险，技术风险已经在前两个阶段奠定了基础。当新技术已趋于成熟，市场反应不错的时候，竞争者也会纷纷效仿，因此，如何保持技术先进又能争取市场份额成为企业的重要任务。同时，企业规模的扩大会带来新的管理问题：原先少数人的管理模式是否适宜现在的企业发展？

这一阶段的资金被称为成长资本或扩张资本。由于创业企业的特殊性，企业资金的主要来源是原有创业投资者的追加投入和新的创业资本的投入。

（4）成熟期的融资管理

成熟期是指技术成熟和产品进入规模化生产阶段。该阶段企业的资金需求量大，但是由于在这一阶段的企业的产品市场占有率已趋于稳定，企业产品的销售可以带来大量的现金以保证企业运转，企业利润已接近行业平均利润率，因此不再需要创业资本的投入。

这一阶段的资金被称为成熟资本。

2. 创业企业的现金流管理

"现金为王"的理财观念，已经渗透到企业运营的每一个环节，可见现金流量成了影响企业价值的直接因素。不想在起步期就被财务问题所绊倒，就必须及早关注企业现金的流动情况。利润良好但没有或呈负现金流的企业，有可能陷入无法支付的危机；而现金流呈正向且良好的企业，即使利润情况不理想，却无生存之虞。

（1）现金流的类型

现金流有三种不同的类型，即运营现金流、投资现金流和筹资现金流。

运营现金流。运营现金流等于运营现金收入减去运营现金支出。在企业初创期通常会大量地消耗资金，即运营现金的大量支出，企业通常在这段时期几乎没有运营现金收入，这就导致了很多新企业在最初的几年里相继倒闭。

投资现金流。投资现金流可分为企业内部投资现金流和企业外部投资现金流，而一般新企业在起步阶段并不考虑对外较大的投资，新企业内部投资现金流主要体现在固定资产、材料存货以及其他投资费用等。因为初始现金流量有限，新企业对投资现金的分配上必须更加细致谨慎。

筹资现金流。筹资现金流是指企业从外部筹集现金的净值，包括初始现金收入、新债、还旧债、支付股东红利等活动。很多新企业容易把流动负债中的短期借款和负债利息计入筹资现金流中，按我国财政部规定，其实应当计入运营现金流。

（2）现金流风险分析

创业企业往往侧重于市场的开拓和企业的成长，而忽视了财务管理的重要性，累积了大量的财务风险。因此，建立一套适合企业的财务危机预警系统，有利于企业及早发现风险并加以防范。通过对企业的现金偿还债务能力、获取现金能力和收益质量进行分析并设计预警指标，从而得到企业现金流风险的预测结果。

现金偿还债务分析依据是现金流量与当期债务比（经营活动现金净流量／流动负债）、现金债务保障率（经营现金净流量／债务总额）。新企业要在适度衡量两大比率后再作借贷或再投资计划。

获取现金能力分析依据是每元销售现金净流入（经营现金净流量／销售收入净额）、每股经营现金流量（经营活动现金净流量－优先股股利／发行在外的普通股股数）、全部资产现金回收率（经营活动现金净流量／全部资产）。

收益质量分析依据是现金营运指数（经营活动现金净流量）／（经营净收益＋经营非付现费用）。

（3）现金流的规划与优化

预计现金流量表是现金流量规划的基础性工具，能帮助企业了解计划期内企业的资金流转状况和提高企业经营能力，使企业有效调度资金，保证现金流量的正常循环。

现金流量优化就是使企业的现金流转顺畅，在满足企业需要的同时，实现效益最大化，通过对经营、投资与筹资活动的现金流量优化来平衡资金收支、加快资金周转及提高资金使用效率。

在经营活动中，新企业可以选择提高产品销量和控制成本开支，以实现现金流量的优化作用。有的企业则选择通过高售低进而实现产品利润率的提高，事实上这种方法适用于个别实力雄厚的企业，不宜成为新企业优化现金流量的手段。

在投资活动中，确定合理的投资数量对于新企业尤为重要。这里的"投资"是指创业企业的内部投资。随着企业的稳步成长发展，选择适当的对外投资方式，进行合理投资，同样有助于企业现金流量的增加。

在筹资活动中，新企业选择合理的筹资方式。新企业在初创阶段的财务风险承受能力较低甚至近乎零，在追求效益和效率的同时，必须坚持适度风险原则，进行筹资方式和筹资数量的选择。

3. 创业企业的财务预算

财务预算是一系列专门反映企业未来一定预算期内财务状况和经营成果，以及现金收支等各种价值指标的预算总称，具体包括现金预算、财务费用预算、预计利润表和预计资产负债表等内容。由于初始投资金额有限，创业企业的投资项目类别需要根据企业定位而慎重选择。新企业财务预算主要内容有：

（1）融资需求预测

融资需求预测是指估计企业未来的融资需求量。融资需求预测虽然不能准确地预测出融资所需的资金量，但是它会给人们展现未来的各种可能的前景，促使创业者对未来进行认知和思考，制订出应急计划，提高企业对不确定事件的反应能力，从而趋利避害。

外部融资需求主要采用销售百分比法，即根据能够反映企业生产经营规模的销售因素与能够反映企业资金占用的资产因素之间的数量比例关系，预计企业融资需求量的融资需求预测方法。

外部融资需求量 = 经营资产销售百分比 × 销售变动额 − 经营负债销售百分比 × 销售变动额 − 销售净利率 × 计划销售额 × 留存收益比率

该公式的假设条件：可以动用的金融资产为 0。

经营资产销售百分比 = 随销售变化的资产 / 基期销售额

经营负债销售百分比 = 随销售变化的负债 / 基期销售额

留存收益比率 = 留存收益 / 净利润

（2）销售预算

销售预算，是指为规划一定预算期内因组织销售活动而引起的销售收入而编制的一种日常业务预算。销售预算计算程序如下：

①计算各种产品的预计销售收入。

某种产品预计销售收入 = 该种产品预计单价 × 该产品预计销售量

②预计销售收入总额。

预计销售收入总额 = Σ 某种产品预计销售收入

③预计在预算期发生的与销售收入相关的增值税销项税。

某期增值税销项税额 = 该项预计销售收入总额 × 该期适用的增值税率

④预计预算期含税销售收入。

某期含税销售收入 = 该期预计销售收入 + 该期预计销项税额

⑤本期实际收到的销售收入与收回前期的应收账款。

某期经营现金收入 = 当期含税销售收入 × 当期预计现销率 + 上期末收到的款项

（3）销售及管理费用预算

销售费用预算是指为规划一定预算期内企业在销售阶段组织产品销售发生各项费用水平而编制的一种日常业务预算。以销售预算为基础，要分析销售收入、销售利润以及销售利润和销售费用的关系，实现销售费用的最大利用率。

（4）预计财务报表的编制

预计资产负债表编制是用于总括反映企业预算期末财务状况的一种财务预算。

预计利润表是指以货币形式综合反映预算期内企业经营活动成果计划水平内的一种财务预算。

4. 创业企业的财务分析

财务分析是以企业的财务报告等会计资料为基础，对企业的财务状况、经营成果和现金流量进行分析和评价的一种方法。

（1）财务分析目的。

不同的主体对财务分析信息有着各自不同的要求。股权投资者看重的是企业利润表的数据，企业债权人看重的是其贷款的安全性。企业股权投资者为进行有效的投资决策，必须对企业的盈利能力和风险状况进行财务分析，以便对企业价值或股票价值做出评估。企业所有者是企业的另一个"分身"，与企业利益共享，他们主要关心企业的投资风险、资本盈利能力和企业经营前景。企业管理者通过财务分析所提供的信息来监控企业的经营活动和财务状况的变化，以便尽早发现问题并提前采取应对措施。

（2）财务分析内容

偿债能力分析。这是指对企业短期和长期偿债能力的分析。其中短期偿债能力的指标包括流动比率、速动比率、现金比率、现金流量比率等。而长期偿债能力指标包括资产负债率、股东权益比率、有形净值债务比率、已获利息倍数、到期债务本息偿还比率等。

营运能力分析。这是将该类别指标用于衡量企业组织、管理和营运特定资产的能力和效率。其中包括应收账款周转率、存货周转率、流动资产周转率、固定资产周转率、总资产周转率。

盈利能力分析。获取利润是企业的主要经营目标之一，它反映了企业的综合素质。其中获利能力强可以提高企业偿还债务能力，提升企业信誉。对于新企业来说，良好的盈利能力为企业的生存提供了保障。评价企业盈利能力的财务指标有营业利润率、成本费用利润率、总资产报酬率、净资产收益率、每股收益、每股股利、市盈率、每股净资产。

发展能力分析。企业发展能力是一个关系到企业管理者、投资者、债权人切身利益的能力，故涉及发展能力的各样指标同样得到极度的关注。其中包括营业收入增长率、资本积累率、总资产增长率、营业收入三年平均增长率、资本三年平均增长率。对于新企业者来说，尤其注意收入与资本三年平均增长率的变化。

财务趋势分析。该项分析是指通过比较资产负债表、比较利润表、比较百分比财务报表、比较财务比率或利用图解法等，分析企业财务状况变化的趋势，预测企业未来的财务状况和发展前景。

财务综合分析。综合企业风险、收入、成本和现金流量等各方面的财务状况进行分析、判断以及评价，进而提高企业财务管理水平。

以上六种能力的分析，均可选用比率分析法和比较分析法。

5. 创业企业税务管理

依法履行纳税义务是每一个合法公民的光荣任务。作为市场的新进入者，更必须关注我国税法的变化，了解企业相关税务的缴纳事项，避免法律纠纷等问题阻碍新企业的成长与发展。

（1）相关税种的了解

企业的相关税种主要包括企业所得税、个人所得税、营业税和增值税。此外，如果企业建立的区域是城市，还需要缴纳教育费附加税和城市维护建设税，从事或涉及进出口业务的企业还必须缴纳关税。

企业所得税：是对我国内资企业和经营单位的生产经营所得和其他所得征收的一种税，其中的企业是指按国家规定注册、登记的企业，这是每一个新企业首要遵循的法律程序。如果创业者所创办的企业为个人独资企业或合伙企业就不使用本法，这两类企业征收个人所得税即可。其中"生产经营所得和其他所得"这方面，因为绝大多数创业企业在一般情况下没有实现"纯利润"，可以不缴纳企业所得税。

个人所得税：是以个人（自然人）取得的各类应税所得为征税对象而征收的一种所得税，个体工商户的生产经营所得适用个人所得税法。

营业税：营业税属于流转税制中的一个主要税种，是对在我国境内提供应税劳务、转让无形资产或销售不动产的单位和个人，就其所取得的营业征收的一种税。营业税具有征税范围广、税源普遍的特点，但各行业在营业税的缴纳上有所不同，新企业必须了解清楚自己所在行业是否被纳入该税务的缴纳范围内。该税务征收的对象（税率）包括交通运输业（3%）、建筑业（3%）、金融保险业（5%）、电讯通信业（3%）、文化体育业（3%）、娱乐业（5% ~ 20%）、服务业（5%）、不动产销售业（5%）等。

增值税：是以生产经营者销售货物、提供应税劳务和进口货物的增值额为对象所征收的一种流转税。"增值额" = 销售额 – 外购商品或劳务的金额，而"应纳增值税额" = 增值 × 税率 =（销售额 – 外购价）× 税率。而增值税的特点是按经营规模大小及会计核算健全与否划分一般纳税人和小规模纳税人。多数新企业在初创阶段都属于小规模纳税人，即年销售额在规定标准以下，会计核算不健全的企业，其中增值征收率由过去的4%~69%，如今下调至3%，一定程度上改善了我国创业环境。

明确企业自身所适用的税种和税率，响应国家征税义务，避免不必要的错漏与违法行为的发生。了解税务的征收范围与办法，从而对新企业做出相应的税费计算和充分的纳税准备，有助于新企业经营中财务的管理。

（2）创业企业的税务设计

与征税义务相对应的是企业的一项基本权利——税收筹划。与其说是一项权利，倒不如说是一门艺术，纳税人在法律允许的范围内安排其自身经营活动，将其纳税义务筹划在适当的时间和地点，并以适当的形式发生，从而减轻税负，增加税后收益，这已成为企业经营战略的重要组成部分。多数新企业在税务筹划设计上存在误区：把从事经济活动的最终目的仅定位在纳税额的最小化上，错误地忽略了追求利润最大化这一真正的筹划目标。

创业企业适用的四大税收筹划武器：

①关联交易：考虑在高税区企业向低税区企业转移利润或在低税区设立关联公司，或充分考虑价格的高低，避免成为纳税调整对象。大多数创业企业是低税区企业，所以在筹划设计上应更重视定价方面的技巧。

②改变交易性质：通过适当转变自身涉税事项，改变企业涉税事项的应税税种或税目，进而选用对自身最有利的税收政策，以达到降低税收成本的目的。

③会计处理：在没有触犯法律的前提下，企业资产通过折旧、摊销、销售等方式转化为期间费用，最终成为企业资产价值的来源和依据，这就依赖会计人员在各环节的账务处理中结合科学知识，以拓宽企业纳税的选择空间。

④分立：分立的作用是为企业避开负重较大的税种，以达到减轻纳税成本的目的，主要是对增值税和营业税的税费成本的衡量。该办法适用于兼营或混营企业，对一般创业企业的起始阶段没有太大的实用性，却可以为企业日后的成长提供理论依据：

（3）报税以及缴税程序

报税，作为每个企业的法定义务，主要包括两项申报内容：其一，纳税申报表，或代扣代缴、代收代缴报告表；其二，与纳税申报有关的资料或证件按照国家规定，按期安排财务人员向国家税务机关报税。

缴税，企业必须在税务机关规定的期限内纳税。企业可以请公司会计完成报税或缴税的具体工作，新企业也可委托会计服务公司完成这项工作。

五、新企业诚信管理

（一）企业诚信管理的文化内涵

企业诚信管理是指企业以实现诚实守信为目标而对信息、债务、合同和客户所实施的系统管理。建设诚信文化，是建设和谐社会的一个广泛领域。诚信文化的建设，也是企业文化的基础建设和根本建设。如何建设好诚信文化来打造诚信企业？

首先要理解什么是文化？文化是以语言文字为起点，衍生出的以文字、数字、符号为本体的组合表意，以及以文字、数字、符号为载体，记录、描述、表达人们思想认识内容的社会现象，是人类创造的精神财富的总和。总的来说，文化是人化，是教化，是人的文明化。

其次要明白什么是诚信？诚即真诚、诚实；信即信守承诺、讲信用。诚信的基本含义是守诺、践约、无欺，是公民道德的一个基本规范，是一种准则、一种规范、一种品行、一种责任，是和谐社会之魂。随着社会的发展进步，在以人为本、科学发展、构建和谐小康社会的进程中，倡导人人讲诚信，做诚信的人，做诚信的事更加凸显其重要性。

🟦 拓展阅读

无锡不锈钢商会：关于如何打造企业诚信品牌的建议

（1）牢记诚信是企业发展的根本。

企业的诚信水平越高，人与人之间的信任范围就会扩大，企业管理的成本就会缩小，效益就会提高。企业在生产经营活动中把握好量和度，诚实、守诺、理解、信任和包容，就会形成一种良性的互动关系，企业就能在生产、市场、流通领域开拓更宽广的发展空间，使人员、物资、资金等要素优化组合，形成再生产的优势。因此，诚信不仅是建立良好市场环境的重要因素，也是自身发展的重要基础。

（2）讲诚信要分清界限，划清诚信与依法办事的界限。

对于个人而言，遵守企业的规章制度就是讲诚信，忠于职守就是忠于企业。在从事经济活动中常常会出现依诚办事还是依法办事的矛盾，这时要毫不含糊地依法办事，决不能曲解诚信而做违规违纪的事。只有依法办事，诚信才更有意义。划清诚信与保守机密的界限。在企业的经济活动中，保守本企业的经营机密是受法律保护的。不能强调要讲诚信，就把企业的经营机密泄漏出去。

（3）打造诚信品牌需要全员参与。

只有万众一心，才能铸就伟业。企业应紧密结合干部员工的本职工作，组织开展多种形式的载体活动，把教育和实践活动融入企业生产经营管理全过程。为进一步激发职工的参与热情，组织职工在学习有关诚信知识和规范的前提下，通过全员考试，达到培训的效果。在这种诚信的企业文化氛围里，所有的企业成员都会在潜移默化中接受诚信的熏陶，致力于打造自己企业的诚信品牌，这样才能稳固企业形象在消费者心中的地位，增强企业的竞争能力。

综合上述建议，在现今社会上只有树立了"诚信"，企业才能打造出良好的品牌，从而我们企业的品牌效应就会体现出来，这些都是循序渐进的工作，只有严格要求了自己，合作方才会放心地与您建立起友好的合作关系。基础结实了，狂风暴雨都吹不倒！而无锡不锈钢商会就是以此为目标，在循序渐进地进行着、发展着！同时，也在为各会员企业创造这样的环境，可以让各会员了解到如此坚固的基础是坚不可摧的！

（二）企业诚信管理的主要内容

1. 明晰企业产权

产权制度的基本功能是给人们提供一个追求长期利益的稳定预期和重复博弈的规则。产权需要明晰化，这是首要问题。如果企业的产权不清楚，企业就永远难以形成持续的诚信基础。张维迎教授曾指出，如果企业的市场价值与决策者的利益无关，决策者为什么要重视企业的信誉呢？在国有产权制度下，企业的决策者做的任何一个决策，对其未来的后果都不承担责任，企业未来收益或许由别人分享，决策者的利益与他所决策的企业的信誉之间没有长远的关系，那么他们肯定为追求眼前利益，将诚信抛之脑后。而非国有企业，如大量民营企业也不讲诚信是因为他们感到他们的产权没有得到可靠的保障。为此就需要在全社会范围内完善有关权利规范和保护的体系下，在企业中明确产权的合理分配，并引入公司治理结构制度，对企业的所有权、债权、期权、契约等有所界定和规范，对各种权利转让和流通制度进行规定，明确权利和权利行使收益的界限。这样一来，经营者才有诚信经营的动力，诚信管理才有可能在整个组织中持久施展开来。

2. 执行信息披露管理

知情权是企业投资者最基本的权利，披露信息的真实性是企业诚信的最基本要求。为此，企业必须增强披露信息的真实性、及时性、完整性和合规性。要保护投资者的合法权益，特别要注意保护中小投资者的合法权益。为了搞好信息披露管理，首先要加强信息披露监管，方式有很多，如成立由政府部门和企业组成的诚信管理行业协会，协会的主要作用是维护会员公司的利益，监督其经营行为，促进行业自律发展。其次，应强化公司内部控制与治理结构。如上市应设立由独立董事组成并担任负责人的审计委员会，全面负责公司审计有关事宜；推行职务不兼容制度，减少董事会与高层管理人员的交叉任职，提倡上市公司董事长与总经理分设，增加独立董事的比例；加强监事会的监督功能，监事应具有法律、财务、会计等方面的专业知识或工作经验，能够有效地行使对董事和经理履行职务的监督和对公司财务的监督与检查等。

3. 实行供应商管理

供应商管理，要求企业与供应商之间建立信息交流与共享机制。信息交流有助于减少投机行为，有助于促进重要需求信息的自由流动。中国企业完全可与供应商进行信息交流建立共享机制，如建立联合的任务小组解决共同关心的问题等等。同时建立有效的供应商激励机制。要保持长期双赢关系，对供应商的激励机制非常重要。在激励机制设计上，要体现公平一致的原则。要实施激励，就必须对供应商的业绩进行评价，使供应商不断改进。对供应商的评价要抓住关键绩效指标或问题，然后把结果反馈给供应商，和供应商一起探讨问题产生原因，并采取相应的措施予以改进。企业只有本着诚信管理的原则，在与供应商共赢理念的指导下，才会增加企业在激烈竞争市场中的持续竞争力。

4. 导入顾客体验管理，重视顾客价值存在

企业的本质是企业利益相关者一系列契约的联结，因此企业信用是企业与投资者、经理人员、生产者、债权人、供应商、顾客以及社会公众之间的信用关系体系，其中，顾客信用是最为重要因素，发掘并满足顾客价值是企业诚信管理的核心环节之一。为使客户工作有效进行，从而取得客户信用，必须明确客户价值所在，企业需导入顾客体验

管理。在体验经济中，企业主要研究的不是提供产品，而是提供舞台，体验要素依附在产品和服务之中。因此，企业要从顾客生活和工作情境出发，以商品为素材，以服务为重心，通过创造体验来吸引顾客，增加附加价值，并建立品牌、商标及整体形象。为顾客塑造感官体验与思维认同，创造出值得回忆的感受，只有这样，企业才算真正地实现了顾客满意。

（三）企业诚信管理的有效途径

社会主义市场经济是法制经济，只有加强法制建设，才能建立完善成熟的市场经济体制，才能有讲求诚信的企业外部经营大环境；加强内部人力资源管理和企业文化建设，才能形成良好的内部诚信氛围。这样，企业才能得到正常健康的发展。

1. 强化管理者的诚信表率作用

在进行诚信管理中，企业管理者要率先垂范、身体力行。因此，提高组织中的中高层管理人员的诚信素质便成为诚信管理的前提。管理者在管理企业的过程中不应该轻易地做出任何承诺，但是一旦做出承诺了，一定要言必行、行必果。这样就可以在无形中影响其他人的行为，从而使企业的诚信文化逐步地建立起来。

2. 加强企业诚信文化建设

企业文化对员工的诚信具有强大的影响力。常言道"小型企业靠人员管理，中型企业靠制度管理，大型企业靠文化管理"。企业文化是企业在长期经营过程中形成并为企业内部广大员工所认同的价值观、道德规范、行为准则等。企业要将"经营讲诚信、履约守信誉"的文化定格在决策层、渗透于管理层、延伸到员工层。

3. 树立全员诚信意识

通过宣传、教育等手段，将诚信服务企业、诚信服务公众的意识灌输给员工，把诚信与发展、诚信与效益结合起来，形成"守信光荣，失信可耻"的企业文化氛围，让诚信渗透到企业的每一个组织系统、每一项活动、每一个员工的行为中。

4. 建立健全企业诚信管理机制

如果缺乏外部诚信，很多遵守诚信的企业会感到在经济大潮中孤掌难鸣，势单力薄；没有内部诚信的企业将是一群乌合之众，必将偏离市场运作的轨道，被市场所淘汰。企业应建立专门的诚信管理部门，使企业的诚信管理工作既有专人负责，又能够有效协调各部门在诚信管理中的工作并及时地检查和评估企业诚信的实施情况，从而不断地提高诚信管理水平。另外，还要建立健全诚信管理的岗位责任制，建立和完善自上而下、自下而上的诚信责任监督管理系统，要把企业诚信全方位地责任分解，层层落实诚信责任，做到环环紧扣、责任到位，确保形成诚信责任链。

▨ 经典案例

晋江假药案的启示

轰动全国的晋江假药案，使晋江在一夜之间变得臭不可闻。由于"假名远扬"，晋江品牌成为"过街老鼠，人人喊打"，所有的晋江产品都无辜牵连成了"可疑货"，惨遭池鱼之殃。一时间，机器停转，工厂关闭，乡镇企业没了生机，10万推销大军灰溜溜地回了家。全国许多百货商场都明确表态拒绝接受晋江货，晋江经济面临严重威胁。

令人欣慰的是，晋江人善于总结经验教训，敢于拼搏，哪里跌倒就能在哪里爬起来。假药案使他们懂得了讲诚信、讲质量的重要性，从而走上了以诚信、以质量求生存的发展之路。一场重建信用的活动在晋江轰轰烈烈地展开了。"诚信、谦虚、团结、拼搏"被定为"晋江精神"，而"诚信"被列作"晋江精神"的第一位。

晋江市委、市政府着力建设政府信用，积极倡导信用文化，增强全民信用观念和行业自律能力。全市的企业家们也一致表示要大力弘扬"晋江精神"，决心"用诚信重新创立晋江品牌，绝不赚半分昧心钱"。质量是信誉的根本。要重建品牌信用，只有创造质优价实的产品，重获消费者的信赖，才能获得走向市场的通行证。为此，晋江人迈出重建信用的第一步就是狠抓产品质量。"质量上，晋江兴；质量下，晋江衰"这句口号，逐渐成为一种深入人心的责任和意识。

假药案后，晋江市不少企业转向了制鞋业，鞋业的生产、经营者们把质量列为企业的生命线。每个厂家都配有精通业务、公正廉明的质验员，严格按标准检验每一件产品，决不让一双劣质鞋上市。

当年，该市安踏（福建）鞋业有限公司进了一批鞋底，用其制成了16000多双运动鞋，并发往全国各地。但公司复检时发现这批鞋底耐磨性不够，总经理丁志忠当即紧急通知各地召回此批运动鞋，全部剪掉鞋底，以防流入市场，损坏公司信誉。

随后，丁志忠抓住这件事，在全公司范围内再次深入开展"诚信为本、质量第一"的教育，使公司员工和企业产品的内在品质不断提高。市场的开拓，规模的扩大，效益的提高，收入的增加，让安踏公司的员工们一次又一次地尝到了"诚信经营"带来的"甜头"，生产积极性空前高涨。为了使企业更加辉煌，"安踏"又签约乒乓名将孔令辉做形象代言人，在央视投放了上亿元的广告，市场美誉度直线上升，销售量已占全国运动鞋市场份额的14.3%，超过了青岛"双星"和广东"李宁"，也竖起了晋江鞋第一品牌的大旗，在全国各大专卖店中都堂堂皇皇地打上了"晋江制造"。经过丁志忠们10多年的不懈努力，诚信经营，晋江的鞋业终于走上了坦途，现已成为晋江市场经济发展的支柱。

如今晋江成为全国制鞋的主要基地和世界旅游鞋的生产基地，被国家授予"中国鞋都"称号，与广东东莞、浙江温州"三足鼎立"。晋江"假药出名，真鞋出彩"的事实，雄辩地说明了"诚信是市场经济发展之本，欺诈是导致社会衰败的毒瘤"。

案例剖析：

在激烈的市场竞争中，"诚信是最好的竞争手段"。企业和企业家，只有通过自己的诚信经营先争到诚信的"名"，才能获得更大的"利"。古今中外，不讲信用的企业和企业家可能得逞于一时，但都不能长期辉煌。只有牢固建立在信用基础上、坚持诚信经营的企业才能长盛不衰，永远立于不败之地。

思考与拓展

一、问题思考

1. 团队管理是企业重要的管理工作，新企业如何做好企业的员工关系管理？

2. 财务管理是企业管理的重要组成部分，新企业如何解决创业初期的财务融资问题？

3. 诚信是立业之本，新企业如何开展团队的诚信教育？

二、知识拓展

华为的企业文化

华为非常崇尚"狼"文化，认为狼是企业学习的榜样，向狼学习"狼性"，"狼性"永远不会过时。任正非说，发展中的企业犹如一只饥饿的野狼。狼有最显著的三大特性：一是敏锐的嗅觉，二是不屈不挠、奋不顾身、永不疲倦的进攻精神，三是群体奋斗的意识。同样，一个企业要想扩张，必须具备狼的这三个特性。

华为的"狼性"不是天生的，需要有一种学习、传承与保障机制，使得狼性可以正本清源地保留，这种机制就是华为的企业文化。华为打造自己的企业文化有五招。

华为企业文化第一招：塑造"狼性"与"做实"企业文化

华为是一个巨大的集体，目前员工180000余人，85%以上都是名牌大学的本科以上毕业生，员工职业素养非常高。

创业以来，华为取得的业绩是骄人的，在中国企业史上可谓是一个独一无二的例子。华为需要依赖一种精神把这样的一个巨大而高素质的团队团结起来，而且使企业充满活力。华为找到的因素就是团队精神——狼性。

华为的企业文化可以用这样的几个词语来概括：团结、奉献、学习、创新、获益与公平。华为的企业文化还有一个特点就是做实，即实实在在的行动。"狼性"与做实的企业文化是华为之所以为华为的根本。

华为企业文化第二招：选择良才

华为招聘员工的方法主要有两种，一种是社会招聘，另外一种就是校园招聘。对于营销人员来说，华为更热衷于用校园招聘的方式进行人才的选拔。

华为的校园招聘是很专业的，已经形成了自己的招聘模式。经过笔试的选拔，华为会通知笔试成绩不错的毕业生来参加面试，华为希望挑选一个有理想能吃苦、能尊重别人且能自重、又谦虚能容纳别人的人加入他们的团队。

面试会有好多次，因为一个面试官不可能对应聘者进行完全的了解。对于销售人员的面试来说，一般开始的时候面试的是专业知识方面的，面试官也是华为招聘大军中的市场部抽调过来的人。接下来的面试是有关个人素质方面的，面试官主要是人力资源部的专家。最后环节的面试官是市场部里的中高层人员，他们拥有最终的决定权。整个面试过程要持续2~5天，有的可能更长。应聘者需要有耐心，还要做好充分的准备。面试合格的应聘者会被组织参观华为在本地的公司，或者被邀请到一家星级饭店洽谈。在此过程中，应聘者可以更加深入地了解华为，而华为也希望自己可以表现得非常优秀，从而吸引那些优秀的学子加盟华为。

华为企业文化第三招：魔鬼培训

华为已经形成了自己的培训体系。在深圳，华为有自己的培训学校和培训基地。华为的所有员工都要经过培训，合格后才可以上岗。华为也有自己的网上学校，通过这个虚拟的学校华为可以在线为分布在全世界各个地方的华为人进行培训。华为培训分为上岗培训和岗中培训。华为的培训有如下特征：

（1）培训成为一种习惯。培训不再是在新员工入司或出现问题后的教育，培训是业务员掌握技能的手段，培训是业务员胜任营销工作的必需。接受上岗培训的人主要是应届毕业生，培训过程跨时之长、内容之丰富、考评之严格，对于毕业生来说这样的经历是炼狱，这样的培训又称"魔鬼培训"，主要包括军事训练、企业文化、车间实习与技术培训、营销理论与市场演习四个部分。

（2）培训系统化，有专门培训岗位和培训师。一方面，培训不再是拾漏补缺，不再是临时的安排，公司将按照计划有条不紊地开展；另一方面，组织建立内部培训师队伍，并拥有外部智力支持机构和培训师队伍。

（3）培训成为一种投资。在华为，培训不再是费用，而成为企业寻求发展的一笔投资。华为每一年的培训费用高达数亿元。

（4）华为培训的教材自己编写。教材主要有《华为新员工文化培训专题教材》《优秀客户经历模型》，还有华为产品和技术的各种培训材料。

（5）培训的效果有严格考核评估。华为十分重视培训效果的检视、考核和评估，培训后要进行严格的任职资格考试，只有通过考试的业务员才会被录用。另外，培训的结果与晋升、加薪相挂钩，纳入人力资源考评体系。

华为企业文化第四招：制度化用人

在华为的销售人员中，业绩最好的销售人并不是有丰富经验和经历的人，而是那些刚刚从大学毕业的雄心勃勃的新员工。华为市场一线人员的工作年限一般不会超过3年，因为3年的时间足以让销售人员了解华为产品与其他公司的产品的优势与劣势，一旦了解了这些，销售人员的士气就会大减，而任正非要保证一线人员永远充满活力。

完善的制度、严格的考核保证华为制度化用人战略的实施，为华为打造营销铁军提供了制度保障，保证了主业的不断增长和员工"阶段性成就欲望不断得到满足"。因为任正非相信，如果华为有一天停止了快速增长，就会面临死亡。只要主业还充满活力，我们的团队就有强大凝聚力，员工就会拼命而乐此不疲。

华为企业文化第五招：有效激励

华为为了保证一线人员永远保持活力，对销售一线人员的激励也是大手笔。在华为，一个优秀的销售人员不单单可以得到华为的物质激励，还可以得到精神激励。当然二者在华为是有机结合的，激励也是华为"做实"作风的体现。

华为公司的绩效管理强调以责任结果为价值导向，力图建立一种自我激励、自我管理、自我约束的机制。通过管理者与员工之间持续不断地设立目标、辅导、评价、反馈，实现绩效改进和员工能力的提升。物质和精神上公平、有效且完善的激励制度，保证了华为的营销团队永远精力充沛，在战场上充满了战斗力。

【感悟思考】从培养"狼性"到传承"狼性"，从"讲解"企业文化到"做实"企业文化，华为告诉中国的本土企业，企业文化的培养过程是非常艰巨的。成功没有捷径，从招聘人才，到培训人才，再到使用人才，最后是激励人才，每一个环节都需要企业脚踏实地付出心血。

第九章 校园创业与社会创业

应知要求：

1. 了解校园创业与社会创业的基本概念
2. 了解 SWOT 分析的一般方法
3. 了解校园创业项目选择的基本原则
4. 了解社会创业的特点

应会要求：

1. 掌握校园创业项目选择的基本方法
2. 理解并掌握社会创业项目选择的要素分析

案例导入

总理点赞的米粉创业者

在中关村创业大街，有一家"伏牛堂"米粉铺，该餐饮企业主要经营湖南常德牛肉米粉，在短短的半年时间内，便被外界视为与雕爷牛腩、黄太吉等齐名的互联网餐饮品牌。公司也获得了一批顶级投资机构如险峰华兴、真格基金、IDG 资本等的投资。目前，伏牛堂的估值已达数千万。

创立"伏牛堂"这个品牌的是北大创业营的青年代表、"米粉硕士"常德小伙张天一。李克强总理来到北京中关村创业大街考察时，看到张天一的衣服上印有"霸蛮"两字，就问："霸蛮是什么意思？"张天一解释："霸蛮是湖南方言，拼命三郎的意思。湖南长沙有一句俗语叫'吃得苦、耐得烦、霸得蛮'，印在衣服上做品牌口号是希望自己的创业团队也要有这样的精神。"总理听完之后微笑着表示肯定，还说创业者就应该这样。那么，"伏牛堂"企业是如何壮大的？张天一创业成功的原因又是什么呢？在张天一身上哪些精神值得借鉴？

1. 法学硕士的"米粉经"

选择牛肉米粉作为创业项目，张天一是经过深入分析和调研的。

首先，这是家乡的味道。米粉，遍布常德的大街小巷。其准备工作主要在前期，牛肉、牛骨汤要提前约 10 小时熬制好，等到真正操作的时候，全过程不超过 30 秒，某种程度上具备了标准化操作的可行性。而雕爷牛腩、黄太吉等餐厅的成功，也给了张天一很大的鼓舞与启发，他发现餐饮业在移动互联网时代有很大潜力可挖。

为了拜师学艺，张天一和合伙人走街串巷，吃遍了常德的米粉。随后，他们又开始进行标准化提炼：用小秤一勺一勺地称量每种配料的分量，并通过常德餐饮协会邀请到当地最有名的几家米粉店的主厨品尝，最后才制作出属于自己的产品配方。

那时候我有个外号叫"阿香婆"，张天一笑着说，创业之初，店里的牛肉都是自己炒制的，每天要忙到深夜，衣服上充满了牛肉味儿，右手也变得格外强壮。

就在张天一创业后的 1 个多月，国家出台了"大学生创业引领计划"，鼓励和支持更多的大学生创业。硕士粉的故事被报道后，张天一成了媒体和大众追捧的对象。慕名而来的顾客蜂拥在小店中，以至于不得不限量销售。

2014 年 6 月 25 日，第二家"伏牛堂"开业，面积扩大到 180 多平方米。

2014 年 6 月 27 日，北大法学院毕业典礼倒计时的前一天，张天一独自一人，在店里盘点了创业以来所有的营业数据。"1.4 万碗！""这样一个数字，让我知道，至少有些东西是踏踏实实的。"他立下了一个目标：到年底卖出 10 万碗粉。11 月中旬目标达成，比他的计划提前一个半月。

目前，"伏牛堂"已获得来自险峰华兴、IDG 资本与真格基金的投资。米粉已经放到中央工厂生产，团队人数达到 30 多人，而且还一直在招揽人才，为今后扩张做好储备。

在创业带来的奇妙化学反应中，政策、市场无疑是催化剂。张天一认为，顺势而为，在对的时机做对的事很重要。今年是中国创新创业环境最好的一年。一系列促进创新创业的政策陆续出台，在市场上，也有越来越多的投资机构、投资人开始将资金投向创业企业。

大学生创业，没有经验怎么办？张天一却认为，没有经验恰恰是 90 后最大的优势。在与青年创业者的交流中，他发现，90 后创业更看重自我价值的实现，愿意做别人没做过的事。"我们做的是增量市场，而经验适用于存量市场，反而可能会成为束缚。"

对于张天一和他的团队来说，创业除了带来财富上的增值，更大的改变来自精神层面。"创业经历过的事情，可能在职场上需要好几年才能按部就班地接触到。现在短时间内就体会到了，这感觉真的很棒！"

在创业过程中，90 后的小伙子们和卖菜阿姨、垃圾房大叔、保安打起了交道。"我很高兴走出校门后，没有进机关，没有进写字楼，没有站在一个很高的视角俯视这个社会。在这个通常被认为是最普通的行业，我明白了，对绝大多数人而言，他们需要的不是被改变，而是尊重和理解。"

2. 改变世界从"米粉之术"开始

按张天一的说法，餐饮业在中国一直是比较"土鳖"的行业，累、脏、乱，而且卑微。但是中国餐饮业一年的产值是多少？3.5 万亿美元，比互联网行业可能还要高一点。但是为什么中国没有自己的肯德基、麦当劳？没有自己的巨型连锁餐饮企业？

是技术操作问题吗？当张天一重新回到餐饮行业、重新思考起当年的理想时，他发现技术完全不是问题，中餐也完全可以像西餐一样实现工业化的标准生产。"问题的症结在于人，没有人真正热爱这个行业。这个行业不缺钱，缺的是尊严。"

为了做好"伏牛堂"，张天一吃遍了常德大街小巷几乎所有的米粉，吃到"这辈子再也不想碰米粉"。一开始，店里只有张天一和 3 位合伙人。牛肉自己切，自己炒，自己炖，米粉也是自己进货，自己泡，自己发，自己煮，所有的工作都是自己做。他们一面是创业者，一面也是最朴素的体力劳动者。

深夜两点，张天一安静地守在一锅牛骨汤前，这里面藏着第二天上百位食客味觉冒险的全部秘密。米粉汤头要鲜嫩，就得用牛骨提前 10 个小时熬制。张天一想用一道简单的美食告诉中国人，餐饮不仅仅是商业，更是一门不断追求极致的艺术。

张天一发现自己当初一心想要"改变世界"的想法非常浅薄与无知，因为更多的时候，这个世界需要的不是改变，而是理解和尊重

3. 做具有人文思维、受人尊敬的企业

在"伏牛堂"，记者在就餐时间并未看到预想中的火爆场面。张天一告诉记者以前那种火爆的场面是"不正常的好"，现在才是立得住的"正常的好"，目前每天单店的流水在 8000 元到 1 万元之间。他说，创业最忌讳的是"成功者心态"，尤其是餐饮行业，更要稳扎稳打，在没有准备充分的情况下疯狂开店、疯狂加盟是比较危险的。"伏牛堂"的实体门店数量只要保持在一个能够承接住品牌影响力的范围内就好。

半年前，我们只是一家小店，现在我们已经成为一个公司。张天一说，"伏牛堂"正在形成自己的企业文化，并明确了发展愿景，那就是，"不做中国的肯德基、麦当劳，而是要做一家受人尊重的餐饮企业"。

有很多人认为，"伏牛堂"是一家拥有互联网思维的餐饮企业。张天一对此并不认同，"互联网只是手段，我们只有一个思维，就是人文思维。体现在工作中，就是以人为尺度，让一切变得更好玩"。

"伏牛堂"的员工，几乎全是 90 后，他们一半是学生，一半是进城务工人员。怎么激发他们的工作热情？张天一将工作流程游戏化，给每个工作任务设定经验值，员工完成任务后可以获得牛币，用来换假期或向老板提要求。以前没人愿意干的活，现在大家都抢着干，张天一说，这证明游戏管理法起了作用。

在"伏牛堂"的收餐台上，可以看到了一张环保行动卡片。顾客用完餐，如果自己收碗，并将垃圾按照残汤、塑料碗、筷子、废纸的顺序分类投放，每次消费后盖个章，盖满 10 次，可以换价值 128 元的"霸蛮衫"一件。这款为员工制作的服装，大受顾客欢

迎，仅一个夏天就卖出了1000多件。

2014年7月，"伏牛堂"以漫画的形式，将牛肉粉的配方在微信上公开。"没有人像我这样卖米粉。"张天一说，"为什么敢这么自信地公开配方，是因为我们真正的核心竞争力不在这张小小的纸片，而在开业以来积攒下来的几个微信群、几个QQ群的忠实顾客。"

在伏牛堂的商业模式里，通过问卷调查和支付入口端的数据采集，他们还原出了忠实顾客的"肖像"：来自湖南及周边省份，709人中绝大多数是女性，85后占81%。米粉就像一个引流器，将这些群体特质非常突出鲜明的人吸引聚集到了一起。于是，就产生了"霸蛮社"，一个在京年轻湖南人的乐活空间。"霸蛮"是湖南方言，湖南人用吃得苦、耐得烦、霸得来形容自己的精神特质。在霸蛮社里，没有老板、顾客、服务员的"标签"，大家一起读书、看片、赏曲、吃饭，一起出去玩。玩着玩着，有的顾客变成了员工，有的员工离职后，依然活跃在霸蛮社。

我们的米粉是起点，而不是终点。通过大数据挖掘的方式，可以制造一些吃粉之外的消费场景。"伏牛堂真正好玩的地方就在于我们有很多的想象空间，具体说，我们也不知道未来会成为什么，只是希望做出靠得住的米粉，这样，我们才有资格去探索未知的方向。"

4. 做自己命运的主宰者

"很多年轻人吵着要思想独立，在我看来，在经济没有独立的情况下，思想独立就是一句空话。"如果要给年轻人什么建议，张天一这样说道。这个倔强的小伙子即使在给建议的时候依然带着对理想生活的绝对执着。"可能我现在不能告诉你我日后具体想做什么，但我想要的生活状态是很明确的：我不会被动地让生活来选择我，而是有能力去选择生活。不是为了追求财富而追求财富，而是为了有能力去选择生活而努力赚钱。"对于未来，张天一还有更大的计划与野心，考虑在全国市场，把他的湖南米粉卖到更多更远的地方。

案例点评：

小生意努力做到精致，不一定小众，甚至将成为一些人的生活习惯。张天一的创业故事看似简单：米粉的销售。但他尽全力学习米粉及佐料的制作加工过程，并当成艺术品一样对待，坚持形成自身特有的企业文化，真正做到了"人无我有，人有我优，人优我特"。

第一节 大学生创业的 SWOT 分析

一、大学生创业的 SWOT 分析

（一）SWOT 分析法简介

1. SWOT 分析法来源

SWOT 分析法（也称道斯矩阵）即态势分析法，20 世纪 80 年代初由美国旧金山大学的管理学教授海因茨·韦里克（Heibz Weihrich）提出，经常被用于企业战略制定、竞争对手分析等场合。SWOT 分析，就是将与研究对象密切相关的各种主要内部优势、劣势和外部的机会和威胁等，通过调查列举出来，并依照矩阵形式排列，然后用系统分析的思想，把各种因素相互匹配起来加以分析，从中得出一系列相应的结论，而结论通常带有一定的决策性。

运用这种方法，可以对研究对象所处的情景进行全面、系统、准确的研究，从而根据研究结果制定相应的发展战略、计划以及对策等。

S（strengths）是优势、W（weaknesses）是劣势、O（opportunities）是机会、T（threats）是威胁。按照企业竞争战略的完整概念，战略应是一个企业"能够做的"（即组织的强项和弱项）和"可能做的"（即环境的机会和威胁）之间的有机组合。

外部环境 ＼ 内部环境	优势 Strengths	劣势 Weaknesses
机会 Opportunites	S-O 战略	W-O 战略
威胁 Threats	S-T 战略	W-T 战略

图 9.1 大学生创业 SWOT 分析

2. SWOT 模型含义介绍

优劣势分析主要是着眼于企业自身的实力及其与竞争对手的比较，而机会和威胁分析将注意力放在外部环境的变化及对企业的可能影响上。在分析时，应把所有的内部因素（即优劣势）集中在一起，然后用外部的力量来对这些因素进行评估。

（1）优势与劣势分析

由于企业是一个整体，并且由于竞争优势来源的广泛性，所以，在做优劣势分析时必须从整个价值链的每个环节上，将企业与竞争对手做详细的对比，如产品是否新颖、制造工艺是否复杂、销售渠道是否畅通以及价格是否具有竞争性等。如果一个企业在某一方面或几个方面的优势正是该行业企业应具备的关键成功要素，那么，该企业的综合竞争优势也许就强一些。需要指出的是，衡量一个企业及其产品是否具有竞争优势，只能站在现有或潜在用户角度上，而不是站在企业的角度上。

（2）机会与威胁分析

机会与威胁是企业对外部环境做出的适应性评价。以版权为例：盗版替代品限定了公司产品的最高价，替代品对公司不仅有威胁，可能也带来机会。企业必须分析，替代品给公司的产品或服务带来的是灭顶之灾，还是提供了更高的利润或价值；购买者转而购买替代品的转移成本；公司可以采取什么措施来降低成本或增加附加值来降低消费者购买盗版替代品的风险。

（3）整体分析

从整体上看，SWOT 可以分为两部分：第一部分为 SW，主要用来分析内部条件；第二部分为 OT，主要用来分析外部条件。利用这种方法可以从中找出对自己有利的、值得发扬的因素，以及对自己不利的、要避开的东西，发现存在的问题，找出解决办法，并明确以后的发展方向。根据这个分析，可以将问题按轻重缓急分类，明确哪些是急需解决的问题，哪些是可以稍微拖后一点儿的事情，哪些属于战略问题，哪些属于战术问题，并将这些分析结果列举出来，依照矩阵形式排列，然后用系统分析的所想，把各种因素相互匹配起来加以分析，从中得出一系列相应的结论，而结论通常带有一定的决策性，有利于领导者和管理者做出较正确的决策和规划。

（二）大学生创业的 SWOT 分析

1. 优势分析

（1）大学生精力充沛，充满激情，敢于挑战自我

大学生有着年轻的血液、蓬勃的朝气，对自己的未来充满希望，对自身价值的实现满怀期待，用满腔的激情投入到事业的发展中去；大学生有着"初生牛犊不怕虎"的精神，精力充沛、敢想敢干，渴望有一番属于自己的事业。这种强烈的挑战自我、实现自我的激情，逐步演绎成创业过程中迎接挑战、克服困难、百折不挠的精神动力。除此之外，大学生尚未成家，家庭负担小，心中牵挂少，能够全身心地投入到创业中去。大学生充沛的精力，满腔的激情及勇于迎接挑战、克服困难、百折不挠的精神动力是大学生创业取得成功的重要资本之一。

（2）大学生掌握先进的理论知识和技术，专业素质较高

大学生接受过系统的教育，具备创业的基本理论素养，他们的专业素质普遍较强，应用先进技术和工具的能力较强，比如他们能熟练而又灵活地应用 IT 网络技术，借助于网络，他们可以获得丰富的资源，这对于他们的创业非常有利。

（3）大学生具备较强的学习能力，敢于创新，勇于创新

通过大学的学习，大学生不仅获得专业知识与专业技能，还掌握了科学的学习方法和研究方法等，这为大学生接受新知识奠定了良好的基础，使得大学生能更快地接受新

事物。创新是创业的基础，大学生的创新活动使得创业机会不断涌现。因此，大学生具备较强的学习能力和敢于创新、勇于创新的精神，这也是高校毕业生选择自主创业的优势和基础。

（4）大学生团队组合优势。大学生在校期间，在许多专业都会有志同道合的朋友，而这些朋友经过 3~4 年的交流沟通，会产生很好的合作意识。每个成员都有自身的优势，这样在创业团队组建时可以产生协同优势。大学生组建团队，因为有一定的感情基础，所以相对来说，团队的稳定性更好。组建了有能力、有默契、有感情的高效团队就是创业成功的开始。

2. 劣势分析

（1）缺乏经验，风险承担能力不强

由于大学生与社会、企业接触较少，他们普遍缺乏企业管理的实战经验和一定的社会阅历，比如对市场潜在需求的灵敏的洞察力、开拓市场营销渠道的能力等等。由于经验不足，他们常常盲目乐观，缺乏理性，没有充足的心理准备，对于创业中的挫折和失败，许多创业者感到痛苦茫然，甚至沮丧消沉。

（2）创业资金不足

大学生创业者普遍面临严重的资金短缺问题，融资很困难。据有关媒体调查显示，大学生创办的企业中超过九成是靠民间借贷起家的，65.3% 的创业者认为在创业资金短缺时向银行贷款有困难，有些机构专门为下岗失业人员创业设立了小额创业贷款，手续简便，门槛低，但专为大学生创业提供小额贷款的机构基本没有。创立企业所需要的初始资金不到位或者后续发展中不能筹集到足够的资金，都可能导致大学生创业的失败。

（3）创业能力欠缺

调查发现，有 37.17% 的同学对创业知识选择"不太了解"，50.12% 的同学选择"介于了解与不了解之间，处于朦胧状态"。在回答"掌握多少创业能力"的问题时，仅仅有 8% 的同学选择"基本掌握或完全掌握创业能力"，有 36% 的同学认为自己"几乎没有掌握创业能力"，有 44% 的同学认为"自己只掌握了一点点基础性的创业能力、缺乏合适的创业项目"。

创业是一个复杂而又艰巨的过程，它对创业者的综合素质要求很高，尤其是要求创业者具有合理的知识结构，具备一定的管理、商务、税务、投资、法律知识、创业知识和专业知识等。另外，还需有合理的能力结构，包括实践能力、组织领导、协调协作和沟通能力、创造能力和社会交往能力等。

（4）技术研发和技术创新能力不足

大学生虽然在大学完成了 3~4 年的学习，但由于社会环境、家庭环境和学校环境的影响与制约，大学生掌握的科技文化知识还非常有限，这给大学生在高科技行业的创业带来很多的困难和障碍，项目的技术研发、技术创新、技术提升和技术优化，都存在很大的挑战，并成为制约大学生创业成功的重要因素。

（5）吃苦耐劳、艰苦奋斗精神欠缺

缺乏吃苦耐劳和艰苦奋斗精神也成了大学生创业的劣势，现在的大学生多数都是"90后，00后"独生子女，良好的家庭物质生活环境和部分家长的溺爱使他们缺乏吃苦的经历，而创业的过程是一个艰苦奋斗的过程，不少创业成功者都经历过"吃馒头、喝凉水"的困境最终才走向成功。如果在创业过程中缺乏艰苦奋斗的意识，那么将很难走向成功的彼岸。

3. 机会分析

（1）经济的健康发展，科学技术的进步

改革开放以来，中国经济持续保持高速增长的态势，市场每年都在不断地扩展壮大，经济的高速增长意味着市场变化和产品的更新换代快，这种宏观经济的不断好转和市场经济的变化性、宽容性，给创业者带来了创业机会。今天，中国的经济发展进入了新常态，为了适应和引领经济发展新常态，实施创新驱动发展战略，顺应网络时代"大众创业、万众创新"的新趋势已成必然。科学技术飞速发展，创业观念的逐渐形成，为高校大学生提供了更好的创业途径。

（2）政府创业优惠政策的支持和引导

政府对创业的支持和引导是大学生是否选择创业的一个重要风向标，在一定程度上影响着大学生自主创业的积极性，影响着大学生个人能力和潜能的发挥。为了鼓励大学生创业，中央和地方政府不断加大对大学生创新创业的支持力度，为大学生创业提供更加有效的全方位服务，国家和各级政府出台了许多优惠政策，涉及大学生创业公司注册、融资、税收、创业培训、创业指导等诸多方面。

（3）高校的创新创业教育、创业孵化基地为大学生提供了良好的创业平台

高校在大学生创业过程中发挥着越来越重要的作用，很多高校设有创新创业教育中心和大学生创业孵化基地，为大学生系统开设创新创业理论与实践课程，让大学生通过"学中做，做中学"营造"在学习中创新，在创新中学习"的新型学风，充分发挥学生自身的特点和个性，努力创造良好的实践环境和文化氛围。通过政府、高校和企业共同建设一批孵化条件好、承载能力强、集创业指导与服务为一体的创业孵化基地，为大学生提供了一个良好的创业平台。

4. 威胁分析

（1）来自家庭和社会的压力

面对日趋严峻的就业形势，很多家庭希望自己的孩子能够在毕业后找到一份稳定的工作，安安稳稳地生活，而不是去冒险创业。还有来自大学生自身的压力，他们面对困难和创业失败后的心理承受能力差，往往在创业前缺乏必要的心理准备，害怕创业失败后无路可走，担心与同龄人的差距越来越大。

（2）来自其他创业者和同行业的竞争

其他创业者往往都是已在职场打拼多年的"老江湖"，他们拥有丰富的经验和较强

的心理承受能力，而刚刚走出校园大门的大学生，与他们相差甚远。同时，行业进入壁垒必定会使创业者在进入之前要面对重重阻碍，同行业者已在市场竞争中占有一定的市场份额，资金基础雄厚，管理能力较强，同行业的残酷竞争对大学生创业带来了极大的威胁。

（三）大学生创业者可采取的战略

通过 SWOT 分析可知，大学生创业优势与劣势同在、机会与威胁并存，SWOT 分析为大学生创业提供了四种战略，即 S—O 战略、W—O 战略、S—T 战略、W—T 战略。从而为大学生创业选择合理的战略，提高创业的成功率。

1. 发挥优势、利用机会的 S—O 战略

大学生在创业过程中应充分发挥专业知识丰富、学习能力强、易接受新事物等优势，充分利用国家政策，选择自己擅长或专业对口的项目着手创业。

2. 利用优势、挑战威胁的 S—T 战略

大学生创业过程中需要深入分析不利环境，在自己创业团队能力范围内使创业威胁所带来的不利影响降到最低水平，更重要的是要敢于挑战不利条件、超越自我，充分发挥熟练应用网络、学习能力强优势和全球资源开放性，通过网络远程课堂汲取高校创业教育课程所讲授的知识，获取创业需要的其他相关资源等，从而为创业做好各项准备。

3. 利用机会、弱化劣势的 W—O 战略

大学生创业者应通过各种途径克服自己的劣势，比如平时有意识地培养自己的创业精神，学习创业需要的相关知识，课余时间多参加社会实践，积累自己的经验，尽可能有意识地结交一些来自各行业的人，扩大自己的交际面，利用有利的外部环境，选择自己熟悉的行业进行创业。

4. 克服劣势、回避威胁的 W—T 战略

大学生创业者应克服自身的劣势，挑战外部环境中的威胁因素，具体来说就是通过自身努力，尽可能地掌握创业必备的知识和技能，也可以采取"先就业再创业"的策略，先选择自己感兴趣的行业中发展较好的企业就职，在实际工作中锻炼自己，熟悉企业的整个运作过程，积累经验和知识，为下一步的创业做好充分的准备，等条件成熟再创业。有了前期的准备，创业成功的概率相对就会比较大。

二、给大学生创业的几点建议

（一）要制订周全可行的创业计划

俗话说："隔行如隔山。"在创业中创业者应尽量选择与自己的专业、经验、兴趣、特长能挂得上钩的项目。如果在创业的路上没有看清楚就开始盲目地创业，会在创业的路上走得很艰辛，乃至于失败。大学生创业前，应先做市场调研，对所创业的项目可行

性进行分析，再有计划地投入资金。创业计划是整个创业过程所要遵循的路线图。不管你是做什么行业。在此之前，你要首先问自己几个问题：计划提供什么样的服务或产品？生产的成本是多少？为了获取利润，产品的定价是多少？什么时候可以收回成本？只有这样，才会对自己未来的项目有底气。就算要开创的事业并不大，或者仅限于校园范围内，你也必须要算清楚如何支付启动成本，其中包括广告、市场推广和基本的生产原料采购成本等等。你还需要问问自己，到底有没有足够的时间来创业？创业的目的，是为了挣零用钱，还是想积累资本开创更大的事业？另外，项目选择要合适，要有落地的可行性，项目的好坏常常直接决定着创业最终的成败。

（二）要充分利用大学校园的各类资源

各行各业创新创业大赛开展正如火如荼，而且这些大赛基本上都是面向大学校园的。大学生投身创新创业活动，不仅可以得到专家的指导，更是有机会获得创业基金。高校里可以利用的还有一些办公场所和校友资源。很多学校都愿意为创业的学生提供注册场地和成功创业的校友名单，可以寻求他们的建议，得到资金上的建议和帮助，甚至有些校友还愿意和他们一起创业。另外需要提醒大家的是，时下，很多高校都有创业工作室和创业孵化基地，利用这种校园资源，不仅可以得到老师的指导，还可能获得资金的扶持。而且，学校也乐于向社会推荐自己学生创办的企业和主持的项目，这也就在无形之中在宣传平台上给予了极大的帮助和支持，这也将是非常难得的资源。

（三）要充分做好吃苦耐劳的心理准备

选择创业，则应该忘记自己的学生身份。在市场竞争中，没有"学生创业"和"非学生创业"的区别。大学生创业者应该去适应市场环境，而不是制定一些特殊政策降低对学生创业公司的要求。不应该因为自己"矮小"在篮球比赛时要求裁判将"篮筐"降低。选择了创业，就应该面对公平竞争。不经历风雨怎么能见彩虹？当自己遇到困难的时候，一定要学会找到合适的人去发泄自己的情绪。一味地承受并不是明智之举，毕竟自己充分排解自己的忧虑很难，有了他人的开导和帮助，相信自己一定会很快走出阴霾。不管自己拥有多少资源，最重要的一点就是要做好充分的心理准备。创业是一个非常艰苦的工作，所以一定不要在心理上先败下阵来。但凡取得辉煌成绩的创业者都经过了艰苦的创业过程。在这个过程当中，他们解决了企业发展的一个又一个问题，最终带领企业走上了正规化道路。

（四）要了解大学生创业的优惠政策

为支持大学生创业，国家和各级政府出台了许多优惠政策，涉及融资、注册、税收、创业培训、创业指导等诸多方面。对打算创业的大学生来说，了解这些政策，是步入创业的第一步。如：大学生创业免费注册；大学生创业绿色通道；三减二免的税收政策；大学生创业扶持专项资金；等等。这些优惠政策必将调动大学生创新创业的积极性。

当下大学生创业是潮流，不可阻挡。在当今中国的教育体制和就业背景下，大学生创业，一方面可以增强大学生自己的动手操作能力、组织协调能力、心理承受能力、团队合作精神和社会适应能力；另一方面也是解决大学生自己就业问题的一个比较现实的选择。创业者需要热情，但更需要恒心、耐心和冷静的思考，创业者需要积累经验和实力，所以打算创业的大学生一定要认真考虑，并且踏踏实实走好创业的每一步。

第二节　校园创业的特点与创业项目选择

一、大学生校园创业的现状

大学生校园创业并非新生事物，在新一轮大学生创业热之前，早有一部分敢于开拓创新的大学生基于各种原因开始了自己的校园创业路，他们通过个人摸索，形成了一些成功的创业模式，并且对周围同学产生了积极影响，但是同时我们发现大多数大学生对于校园创业仍然持保守态度。总的来说，目前大学生校园创业呈现出如下状况：

（一）自发的大学生校园创业活动形成了一些较成功的创业模式

大学校园中存在着一批市场意识比较强的学生，通过个人努力，在大学校园中积极创业，通过校园创业的实践，他们一方面解决了自己的经济问题，另一方面锻炼了自己的能力。他们通过实践摸索，形成了一些比较成功的创业模式。比如知识型创业模式、创意型创业模式、兴趣型创业模式、学习服务型创业模式、生活服务型创业模式和季节型创业模式等。

（二）大学生对校园创业有浓厚的兴趣，但参与比例不高

虽然大学校园中活跃着一批自发的创业者，同时政府及高校都出台了一系列政策倾斜扶持大学生创业，但是大学生校园创业的比例仍然比较低。调研的结果显示，随着近年来就业形势带来的压力以及各种鼓励大学生创业政策的推出，大多数大学生逐渐转变了就业观念，认同了创业是实现自身理想与价值的重要途径之一，并对创业产生了浓厚兴趣，但是真正加入自主创业行列的人却不多。有创业想法的人虽多，但是真正将想法落实于实践的人却很少。

（三）大学生对自己创业能力的评价低，信心不足

尽管多数大学生有着强烈的创业意识，在评价自己的创业能力时，大多数同学感觉自己缺乏创业能力，信心不足。他们对具体的市场不了解，缺乏开拓市场和分析市场的能力，容易忽视潜在的风险，对于创业过程中可能出现的问题，不能辩证客观地分析和看待。

（四）大学生校园创业项目选择面窄且选择困难

大学校园是一个相对封闭、相对稳定、季节性与时间性都很强的区域市场，且市场的消费者具有同质化倾向，在这样的情况下，大学生参与创业活动，首先面临的是创业项目创新问题。其次，大学生要在相对饱和的校园市场里面找到自己理想的创业项目比

较难，即使是传统创业项目，已存在很多校内校外的创业者。再次，大学生在校园创业，项目相对活跃在特色餐饮、快餐熟食、快速消费品、学习用品、运动用品、唱歌娱乐等方面，且产品层次差异不大。

二、校园创业项目选择的基本原则与方法

（一）校园创业项目选择的基本原则

1. 有市场前景

创业项目一般而言要有良好的市场前景。有的创业者认为，什么行当热门，什么行当赚钱，就进入什么行当，这种想法是不正确的。创业者必须树立这样一个观点，即"企业是为解决客户的问题而存在的"。没有满意的客户就没有企业的存在，客户的需求是企业存在的基础。因而，选择创业项目必须以市场为导向，要从社会需求出发。大学生创业之初就应该了解市场需要什么？需要多少？由此去检验创业项目的合理与否。大学生创业项目的选择应遵循市场需求法则，只有这样，创业才有成功的基础。

2. 项目合法化

创业项目要选择国家允许准入的行业和领域。国家对于有些领域是明令禁止的，有些领域是有限制条件准入的，如制药、烟草等；对于普通的民用商品基本没有什么限制。值得一提的是，在互联网创业中，网上操作相对虚拟，更要求操作的严谨与合法。另外，创业项目要避免一些国家政策没有规定的灰色地带，保证项目的明确性。大学生在创业准备时期应了解国家相关的法律法规，确保所选择的创业项目符合法律的规定，否则创业就注定是失败的。

3. 项目特色化

创业项目要坚持创新，特色化是项目的一大亮点。特色是创业项目生命的内在根基，是企业生存下去的条件、站住脚的基石。没有特色，任何创业都会是无本之木，无源之水。对大学生创业者而言，创新具有紧迫性和重要性。因为市场上从来都不缺大路货的商品、一般的劳动服务，缺的是特殊的商品、高质量的服务。大学生创业者只有提供新的有特色的产品和服务，才能形成自己的竞争优势，获得市场生存权并在此基础上求得发展。项目特色是存在于项目之中的优秀基因，它最终会表现为市场竞争优势。

4. 技术难度合理

大学生创业者如果没有十足的把握，就要尽量避免一开始创业就进入高科技行业。因为高科技行业需要投入大量的研发成本，对于资本较少的大学生创业者是很重的负担，而且高科技人才也同样不容易聘用。因此大学生创业者可以选择从技术性合理的行业做起，在积累了一定的资本后再转入高科技行业。

5. 互联网＋创业

互联网已经改变并成为现代人们的生活方式，人们的一切生活、社交、消费都通过

互联网得以完成，大学生是互联网信息技术的最忠实的守望者和使用者。校园创业可以借助互联网平台和互联网思维，把传统产业与现代互联网信息平台结合起来，走互联网＋创业之路。大量借用自媒体平台，改变传统的产品销售方式。利用互联网优势，将第一产业、第二产业和第三产业结合起来，从产品的概念、功能、形式与附加价值等角度，创新思考大学生的创业项目和创业活动。

（二）校园创业项目选择的方法

选择校园创业项目的方式很多，这里给大家介绍校园创业项目选择的一个思路，供大家参考。

1. 排除一大片

用这个办法知道市场里哪些是可以做的，哪些事情是不可以做的。如，A 区域有100 户人家，每家每天消费一块钱，你通过最大努力，把所有人家的钱都赚来了，到最后你一天赚到了 100 元。B 预期有 100 户人家，每家每天消费 100 元，你通过努力，把其中 1/10 家的 1/10 的钱赚来了，到最后，你每天赚到了 1000 元。案例告诉我们，创业项目选择要以市场为关注点，以消费者为中心。

2. 划出一个圈

大学生创业者要知道哪些事情是能长期做的，把社会恒久需要的、已初露端倪的大趋势划进圈子来。圈子里的事才具有发展的空间与时间，空间意味着有发展的广阔天地，时间意味着可以长期地做下去。以趋势为例，任何一种趋势都是一个长长的链条，环环相扣。只要能够抓住其中的一个环节，项目的前景便大体确定了。例如，由环境保护引发治理江河，导致关闭中小造纸厂，产生纸制品的供求不平衡，腾出了一块市场。如果用再生纸做资源去添补，便出现了一个新的创业空间和无数的创业项目。

3. 列出一个序

创业者把可能做的事情排列起来。回头梳理过去的 10 年中，做强做大的企业生存在哪些行业，很大程度上能够证实行业与发展的联系，比如房地产、医药、保健品、证券市场、建材、装修、交通、教育、通信等。那么，就把大的范围圈定在这里，选出若干项。

4. 切入一个点

成就事业的公认法则是集中和持续。在已经缩小的范围内，可做的事仍然很多，这时该是把眼睛转向自己的时候了，认真地审视自己的强项、优势、兴趣何在，可能同时有几个，与他人比较哪个优势是最有利的。选择同样多的时间，同样的付出，哪个能力所对应的项目会有更大的收益前景，比较中凸现出自己的创业优势，同时也清楚了自己的创业项目选择。

切记：项目选择固然重要，但再好的项目也要靠创造性的艰苦努力！

三、校园创业企业的类型

（一）大学校园创业企业类型的划分依据

大学生创业虽然是一种个体行为，但学校创业教育和创办企业却是一种社会行为，所以，既要从创业者的角度出发，又要从社会学角度来评估分析大学生创业的企业类型，以下是经过调查研究综合分析的结论，是划分创业企业类型的基本依据。

（1）知识应用程度。包括专业知识、专业技能及管理知识等在创业企业中的应用情况。

（2）落地可行程度。指在创业过程中，创业的难易程度、需要投入的资本量、市场竞争激烈程度、盈利预期等。

（3）科技含量。主要包括产业优势、行业地位、新成果新技术的应用与推广、市场开拓能力、对科技进步和社会经济发展的推动力等。

（4）社会认可程度。即企业提供的产品和服务为社会所接纳的程度，是否有利于社会、企业、创业者的可持续发展，是否与传统文化传统观念相冲突等。

（5）社会化程度。主要指企业服务半径、创造就业岗位的能力、对社会的贡献大小等。

（二）大学生创业的三种企业类型

根据上述划分，将大学生创业企业划分为如下三种基本类型：

1. 自我就业型企业

自我就业型创业，是指个人创办一个小的企业，该企业的业务与其所学专业知识和技能没有必然的联系或联系松散，自己给自己打工，一般以个人或家庭成员为经营主体；服务半径小，一般在 1 千米以内；提供就业岗位少，一般 3~5 人，主要解决自己的吃饭问题。

自我就业型企业的主要优势是自主、灵活、简单，创业与经营成本低，但企业规模小、资源有限、后劲不足、缺乏可持续发展动力、社会认可程度低。这种低投入、低风险创业无疑是经验与资金不足的大学生生存就业的初期创业首选类型。这种创业立足于社区、创建于社区、依托于社区、服务于社区，主要面向社区居民提供产品或服务，从事一些诸如娱乐、餐饮、零售、家政服务等传统服务型创业项目。

2. 专业服务型企业

专业服务型企业，是指在创办企业过程中，凭借自己的知识和技能，将知识作为资本，充分利用已有的专业知识技能及管理知识，为其他企业或消费者提供具有专业特色的产品和服务。这种企业的创业需要具有相应的专业知识，有一定的技术门槛，产品和服务有较大的市场，服务半径较大、一般在 3~5 千米，聘请有专业技术人员提供服务，企业有发展前景，社会认可程度较高但投入较大、有一定人脉资源、对专业和管理有较高的要求。这种模式在大学生创业群体中的可行性比较高，既能发挥所长，又能在一定程度上推动社会经济的发展和进步，是值得借鉴和提倡的一种创业类型。

根据专业服务型企业提供的专业产品和服务方向不同，可以进一步细分为如下两种类型：第一类，直接为相关企业提供专业化产品和服务的企业；第二类，直接为终端消费者提供专业化产品和咨询服务的企业。

还有一种专业创业模式，是根据自己的构想、创意在一些新兴领域进行的创业活动，主要集中于网络、艺术、装饰、教育培训、家政服务等一些新兴领域。基于创业者新颖的点子、活跃的思维和专业的知识，能够标新立异，对于缺乏创业资源的创业者是个很好的选择，创业者可以通过独特的创意获得各种创业资源。

3. 科技创新型企业

科技创新型企业，是指以其拥有的自主知识产权，以开发、生产和销售产品的方式创办企业，即开办一个拥有自主知识产权的高新技术企业，进行产品的生产、制造与销售。这类企业拥有自主知识产权，属于国家产业政策支持的高新技术产业，能够有效推动社会经济的发展，代表一种产业未来的发展方向，社会非常认同，具有广阔的发展空间和美好的前景。但技术含量高、准入门槛高、投资大、风险也大。

大学生普遍认为，自我就业型创业虽然适宜刚出校门的大学生初期创业，但社会认可程度低，学非所用，没有发展前景，不被看好。科技创新型企业社会非常认可，发展前景好，但技术门槛高、创业难度大、风险大，不适宜刚刚踏入社会的大学生创业者。专业服务型创业被普遍看好，因其具有多重优势，投资额度不高，市场竞争强度合适，创业难度容易控制，具有一定专业性，能够充分发挥大学生个人的专业优势，满足社会对专业服务型创业的需要。因此，专业服务型创业可作为大学生创业选型的合理定位，这是一个专门为那些具有专业技术和创业倾向的大学生施展创业才华的"领地"。

第三节　社会创业的特点与创业项目选择

一、社会创业的含义与特点

（一）社会创业的含义

社会创业有其独特的内涵，广义的社会创业，泛指包括校园创业在内的一切创业活动。狭义的社会创业是指组织或个人（团队）在社会使命的驱动下，借助市场力量解决社会问题或满足某种社会需求，追求社会价值、经济价值或双重价值目标，保持组织的可持续发展，最终实现社会问题朝着人们希望的目标改变的活动。本节内容主要介绍狭义社会创业。

社会创业是 20 世纪 90 年代以来在全球范围内兴起的一种新的创业形式，这一创业形式在公共服务领域被发现，并逐渐超越民间非营利组织的范畴，成长为一种不同于商业创业和非营利组织的创业模式，被认为是一种解决社会问题的社会创新创业模式。

（二）社会创业的特点

社会创业作为一种新的创业模式，除了具有一般商业创业的特征外，又具有区别于商业创业的显著特征。社会创业的关键特征主要体现在社会性方面。

1. 以"解决社会问题"为导向

社会问题的存在是社会创业存在的前提和土壤，传统的商业创业尽管也履行着一定的社会责任，但他们并不直接地面对社会问题，而社会创业源自于一些未被解决的社会问题或者没有满足的社会需求。"解决社会问题"是社会创业者的使命和终极目的。他们为解决社会问题而创造的产品或服务是直接与他们的使命相关的，雇用弱势群体人员或者销售与使命相关的产品和服务。社会创业主要受社会回报的驱动，其追求的是问题解决的社会影响最大化，以动员更广泛的力量投入社会问题的解决。

2. 具有显著的社会目的和使命

社会创业的社会性特征最直接的体现是创造社会价值，具有显著的社会目的性和使命驱动性。社会创业的使命表明，社会创业者或机构采取创新的业务模式去解决相应的社会问题。因此社会创业者或机构在社会中扮演变革代理者角色。而履行这一角色的手段就是选择一项使命去创造和维持社会价值。与商业创业相比，利润（经济价值）虽然是一个目标，但已不是主要目标。利润是被再投入于使命之中而不是分配给股东。经济价值是社会创业的副产品。创造与使命相关的社会价值是衡量一个社会创业者成功的主要标准。

3. 问题解决方式的创新性

与商业创业不同，社会创业所面对的社会问题在一定程度上具有紧迫性、棘手性、社会危害性等特点。因此，社会创业在解决问题时需要具有比一般商业创业更强的创新性。这种创新性，既包括问题解决方式的创新性，也体现在解决问题的组织的创新性。社会创业是创造新的价值（主要是社会价值）而不是简单地复制已经存在的组织或模式。因此，社会创业者或组织需要进行创新和变革，发现新问题，开发新项目，组建新组织，引入新资源，最大限度地弥补"政府失效"和"市场失灵"，有效解决各种社会问题。其创新性还体现在组织的跨界合作和商业模式的创新。

4. 核心资本的社会性

为确保产品或服务有效提供，社会创业也需要各类创业资本，例如场所、设施、资金、人员等。与商业创业不同的是，社会关系、合作伙伴、网络、志愿者、社会支持等是社会创业的核心资本。社会资本不同于物质资本和金融资本，它不会由于使用而减少，而是通过不断地消费和使用增加其价值。社会资本具有资源杠杆功能，社会创业者或机构通过构建广泛的伙伴网络关系，能够为创业带来实体资本和财务资本。社会创业的成功与否不是取决于其物质资本和金融资本的多少，而是取决于社会资本的多少。

二、社会创业项目选择的因素分析

创业有风险，无论是校园创业者还是社会创业者，要想制胜首先须抓住项目选择这一关键。社会创业项目如何选择，下列七大因素不可忽视。

（一）消费者对产品（服务）需求的强烈程度

依据消费者性别、年龄、文化层次、职业等因素的差异，对消费者进行细分，从而得到一个个消费群体，每一个消费群体就是一个细分市场，也就是我们应该集中精力服务的对象。所以选项目时，一定要知道我们服务的对象群体到底是哪些人，他（她）们对产品（服务）需求的强烈程度如何，需求越强，项目越容易做，需求越弱，项目越难推广。

（二）市场竞争态势

创业者应该反复思考：该项目面临的直接竞争对手是谁？间接竞争对手是谁？竞争的强烈程度如何？是恶性竞争还是良性竞争？如果是恶性竞争，该产品有没有核心竞争力来应对这种竞争？有没有避开产品恶性竞争的替代方式？所以从竞争的角度来看，我们不应该把眼光始终盯在竞争十分惨烈的项目身上，应该去寻找一些有特色的新产品，或者寻找一些竞争薄弱的新项目。

（三）进场时机是否恰当

新产品刚刚诞生的时候往往意味着有机会但没有市场，竞争较弱，此时进场，成本较低，比较容易获得成功。百度、阿里巴巴、淘宝、腾讯、搜狐等企业的发展壮大无不说明先机或者说大趋势的重要性。当事物发展成熟了或者衰退了往往意味着先机已经失去，此时要么市场被几大竞争对手牢牢抢占，要么该行业处于衰退期，不论哪种情况下，此时进场都为时已晚。进场时机的把控往往成了项目能否做起来的关键因素，因此选择创业项目时，可考虑一些刚刚启动的产业，如现在的 VR（虚拟现实）产业。

（四）产品（服务）的特色性

当面临竞争激烈的市场环境时，清楚知道自己将要提供的产品或服务与竞争对手的差异点是什么，这些差异点对消费者来说是否有价值，对消费者越有价值，产品或服务就越好卖，市场容量就越大，企业的盈利能力就越强。

（五）产品成本、价格与利润

该项目提供的产品或服务成本是多少，售价是多少，毛利是多少，毛利率是多少，毛利率在不在百分之二十以上，毛利率百分之二十都没有的项目要慎重考虑，有时候毛利率一个因素就可以否定一个项目，因为企业生存的唯一指标是利润。

（六）兴趣、爱好、价值观与项目是否匹配

兴趣爱好决定了价值观，一个人遇到困难、挫折时选择坚持或者放弃，往往取决于对这件事的重要性及其意义的观点与看法。因此，选择项目时要不断询问自己：我的兴趣爱好是什么？我认为哪些事是有价值的？该项目是否满足我内在的心理需求？是否与自己的价值观相匹配？

（七）资源条件

选择项目时要充分考虑自己掌控的资源条件有多少，资源条件能否满足项目本身的内在需求，避免在资源不足的情况下追求项目高大上。

创业项目选择是很关键的一步，如果这一步没走好，后面都将举步维艰，这是对创业者很大的一个考验。选对了创业项目就成功了一半。没有经验的创业者可以在选择创业项目时，多请教创业导师，多调查研究，多思考学习，切忌盲目冒进。

三、社会创业项目选择的注意事项

一份创业调查报告显示：80% 的创业者在创业前期都感到选择创业项目十分头疼，很难抉择。在创业失败的案例中，有 60% 的人觉得是"创业项目不对"或"创业项目选择失误"；而在成功创业人群中，70% 的人都认为是"良好的创业项目成就了自己的事业"。选择项目既然如此重要，那么究竟该如何选择项目呢？对于创业者而言，不仅要寻找创业项目，还要判定创业项目的好坏和是否适合自己。创业项目选择要注意以下五个方面：

（一）要选择国家政策鼓励和支持，并有发展前景的行业

想开创自己长久的事业，打造百年基业的老店，就要知道哪些行业是国家政策鼓励和支持的，哪些是限制的，要选择国家政策鼓励和支持，并有发展前景的行业。根据社会学家和经济学家的预测，随着中国市场经济的发展和经济结构的调整，各行各业在社会发展中的地位和发展潜力也在发生变化。

21 世纪具有巨大发展潜力的行业主要有网络信息咨询与服务业，房地产开发业，社会保险业，家用汽车制造业，邮政与电讯业，老年养老医疗保健产业，妇女儿童用品产业，旅游休闲与健康产业，建筑与装潢产业，餐饮、娱乐与服务产业等。

（二）要认真进行市场调研，顺应社会需求

创业者必须树立这样一个观点，即"企业是为解决顾客的问题而存在的"，没有满意的顾客就没有公司的存在。项目的选择必须以市场为导向，要从社会需要出发。要知道社会需求，就要做调查，特别是新创业者，要牢固树立市场调查意识，要详细了解市场需要是什么，如何将需要变成消费需求，你的顾客在哪里，顾客是谁，企业的竞争对手有哪些等。

市场调研是正确决策的重要前提。市场调查的目的是获取顾客的需求，顾客的需求有现实需求和潜在需求。作为一个成功创业者，不仅要有优质产品和服务满足顾客的现

实需求，适应市场，更要创造需求，引领消费需求，创造市场。

（三）要充分利用优势和长处，干自己有兴趣的、熟悉的事

初创者选择创业项目大多结合自己的专业、兴趣、爱好。兴趣与爱好是创业激情的重要来源，团队、激情与项目是保证创业成功的三大要素。创业者要想获得成功，应该从自己相对熟悉的地方入手，而不做自己不熟悉的事。对某一行业、某一领域、某种产品比较熟悉，有技术上的专长，有基于项目的兴趣爱好，有较好的公关和沟通能力，就能充分施展自己的长处和优势，为创业走向成功奠定了坚实的基础。

（四）要量力而行，从小事干起，不放弃微利

创业是一种有风险的投资，必须遵循量力而行的原则。对于大学生创业者来说，大多数是拿父母的血汗钱创业，应该尽量避免潜在风险较大的创业项目，应该将为数不多的资金投到风险较小，规模也较小的创业项目中去，先赚小钱，再赚大钱，聚沙成塔，滚动发展。

古今中外，许许多多企业家开始搞的都是不起眼的小本买卖，然后不断扩大发展的。微软的比尔·盖茨起步时只有 3 个人，一种产品，年收入 16000 美元，最后发展成资本帝国。在我们身边，从不起眼的小事做起，逐渐滚动，逐步积累而富甲一方的人也比比皆是。"拖鞋大王"胡志勇、北大法学硕士张天一的"伏牛堂"米粉店创业成功的经历对大学生创业者就是很好的启示。胡志勇作为下岗工人，从摆地摊卖袜子、玩具等日用品做起，几个月下来他发现每年 4～7 月，拖鞋特别好销，3～4 元一双批来，7～8 元一双卖出，于是集中全部资金，去做拖鞋生意。几个月时间，他通过做代理，为福建一家规模很大的拖鞋生产厂家，在 4、5 两个月就卖掉 16 万双拖鞋。自此他的拖鞋生意越做越大，目前他的通盈鞋业公司从过去的一个小摊子发展到在 10 多家百货公司有自己的专柜，并拥有 300 多家较稳定的二级代理商，还注册了自己的"千里马"商标，在大超市销售。6 年来，他共卖掉 1000 多万双拖鞋，占据着上海拖鞋市场 30%～40% 的市场份额。俗话说"不以善小而不为"，创业也要从干小事，求小利做起。

（五）要坚持创新，做到"人无我有，人有我优、人优我特"

创新是企业的生命，管理大师汤姆·彼得斯（Tom Peters，美国）认为"商业世界变幻无常，持续创新才是唯一的生存策略"。创新也是创业成功的关键。创业者尤其是初创企业的大学生，应该培育敏锐的市场眼光和市场洞察力，努力寻找市场痛点，用创新的思维在现有的市场格局中发现商机。

有人说："现在市场竞争如此激烈，就业形势如此严峻，创业谈何容易。"这种说法有一定的道理，但仔细推敲也并非合理。事实上，只要存在尚未被满足的需要，就会引导成为消费需求，就会出现创业的机会。随着社会发展和人们生活水平的不断提高，人们未被满足的需求可以说是无限的，因此，商机也是无限的。据悉，目前世界市场上需求的产品有 100 万余种，而国内仅 18 万余种，且目前我国供需仍处于不平衡状态，供大

于求。国家实施宏观经济调控和"供给侧"改革，也为我们重新定义市场和提供新产品满足市场需求，提供了宽广的市场。占领这些市场，不仅要对传统产品进行升级换代，更需要创业者坚持创新精神，为消费者提供"人无我有，人有我优，人优我特"的产品。只要善于观察，善于创新，机会就在创业者的身边，路就在你的脚下。

▒ 思考与拓展

一、问题思考

1. 在校大学生选择创业项目时应考虑哪些基本原则？在校大学生如何选择创业项目？

2. 社会创业是一种新型创业模式，大学生如何结合自己的资源与创业知识，开发社会创业项目？

二、知识拓展

参加创业大赛找到了创业方向

创业之路从"扫楼"开始

诸云云是南京高淳人，2010年从南京铁道学院毕业后，就开始了创业。他第一份工作就是跟朋友两人做移动代理，每天要做的事情就是跑业务。"每天跑300~400家单位，成交的却只有2~3家。"

这样的日子持续了5个多月，由赚不到钱到每月赚1000元，再交掉250元的房租，购买生活所需之外，已所剩无几。但乐观、善于与人打交道的诸云云并没有气馁，坚持了下来，跟客户跑熟了后，生意也越来越稳定。到了2011年3月，他跟朋友又投资"网络覆盖"工程，却因经营不善，以亏本10万元告终，诸云云抽身而退，开始一边打工，一边琢磨着"再干点儿什么好"。

创业大赛上，他找到了出路

2012年，诸云云关注到一则社会新闻，说的是雇主通过家政公司找了一个保姆，岂料这名保姆行窃逃跑，由此引发了屋主与家政公司的一场官司。诸云云没有简单看完就算了，而是开始细琢："为什么会这样呢？"然后，他开始在网上搜集资料，发现这种出了事情找不到人理赔的原因在于，这种"中介"模式的家政公司存在弊端。

就在他沉迷这项研究的时候，老师告诉他有一个大学生创业大赛的机会，如果有项目可以参加试试，赢了还能享受学校的创业扶持政策。"我当时想，何不就以家政项目参加试试呢？"于是，他以"员工制的家庭服务——老男孩家政服务有限公司"为题加入比赛，在比赛开始前的六个月里，开始进行调研。他以"客户"的身份对南京20多家家政公司上门调查，发现了不少问题，如果只做中介式的家政服务，保姆在雇主家生病怎么办？发生事故谁来赔偿？在查阅了大量资料后，他觉得如果创业搞家政，就不能单纯做中介模式，而要引进企业化管理，"实行员工制，革中介模式"的命。"

诸云云说，目前南京市场上的家政公司大都是中介模式，就是家政公司取中介费用，把家政人员介绍给雇主，剩下的工资发放等所有问题与家政公司就不相干了。"员工制家政公司的不同之处，就是由企业统一管理，统一培训，工资由企业统一发放，员工也有保障，发生什么事情也由公司承担。"诸云云这项创新的家政服务模式赢得了大赛评委的好评，取得了第二名的好成绩，也享受到了相应的创业优惠政策。

模式创新赢得市场

2012年10月，诸云云的"老男孩"家政公司开业，一部分采用中介模式，保生存，这批队伍有600多个登记员工；一部分采用员工制模式，搞创新。"目前有19名企业化员工，都是年轻有经验的，可以为中高端客户提供一对一的定制服务，而且我们为员工交家政险、第三方责任险，出了事情可以及时处理。"

开业之初，诸云云的家政公司就加入了"96515"全省家政服务信息平台，有了政府平台的保障和推荐，他的业务慢慢多起来，他提供中高端服务的名声也开始打开。"前段时间，有个扬州的客户打电话到我这里来，要找一个育儿嫂，照顾一个两岁半的宝贝，要求的条件很高，三证齐全，年龄低于40岁，有5年以上工作经验，而且还要有之前所有工作的记录。"诸云云说，客户此前打过不少电话，找不到人才打给他，诸云云不敢怠慢，精心挑选了一名员工，视频面试后，客户非常满意。"现在这个阿姨外派到扬州服务一年，每月能拿到4000多元的薪水。""前几天，南京外企一个客户想找一位菲佣，为1岁的宝贝做早教，要求35岁以下有两年服务经验。"虽然他的公司还没有菲佣员工，但他马上联系到了深圳的朋友，"空运"了一名条件相符的菲佣。

创业梦想

"经过这半年多的实战演练，我对家政行业越来越有信心，也有了实实在在的奋斗梦想。"诸云云说，他打算用两年左右的时间逐渐淡化公司内的中介模式，"发展壮大员工制的队伍，多吸引一些专业的大学生，像养老服务、早教服务等都需要高素质专业人员，条件成熟后，引进菲佣，满足高端客户的需求。我的奋斗目标是，五年内在其他城市开分店，把'老男孩'打造成一个连锁品牌。"

【感悟思考】家政服务市场同质化竞争激烈，诸云云通过商业模式创新为中高端家政服务开辟出一片新天地，打造出自己的特色品牌。创业者应当是市场机会的"有心人"，参加大学生创业大赛只是个契机，它为诸云云长期思考的"家政公司解决方案"找到了答案。

第十章 "互联网+"大学生创新创业

案例导入

回到没有互联网的过去

大多数人都无法想象没有智能手机的日子，在加拿大圭尔夫市的一个叫布莱尔·麦克米兰（Blair Mcmillan）的家长决定在生活中放弃所有1986年以后的科学技术，时间为一年，作为一种社会体验。一切开始于去年，当布莱尔·麦克米兰每次问5岁的儿子想不想去外面玩时，他发现，哪怕是在完美的夏日，孩子也宁愿宅在家里拿个iPad玩游戏。他开始回想自己的童年，再想想今天的青少年是如此依赖现代科技，如电脑、智能手机和网络。这位26岁有两个孩子的父亲和青少年们谈话，他们中大部分人直言自己无法想象没有那些工具或玩意儿的生活，也会质疑今天的那种鼓励父母每天带孩子室外活动30分钟的公益广告。布莱尔记得自己小时候，让孩子们在家里安静地坐上半小时几乎是不可能的。突然他灵光一闪，如果让时光倒流到他的童年时代，让自己的孩子体会下那种生活，将会怎样呢？于是，从4月开始，布莱尔一家抛弃了所有现代的科技，回到了1986年的生活，糟糕的发型、盒式录音带，最重要的是，开始了真实的社会交往。布莱尔一家没有网络，也没有24小时的新闻频道。他们只有一台放在木柜里的1980年的老古董电视机和一台播放着怀旧老歌的卡式录音机。他们扔掉了手机，邮寄真实的信件而不是E-mai，去敲别人家的门而不是在脸书上互粉，使用胶卷照相机，用真实的地图导航而不是 GPS。布莱尔说："我们以我们曾经被养育的方式来养育自己的孩子一年，看看到底会怎样。我当然不反对科技，它提高了燃油效率和医疗保健水平。我不反对科学，只是想让孩子们体验一下如果没有科技会怎样，看我们是否能做到。"

案例点评：

（1）想象一下未来网络会有哪些新的功能，对我们的学习、生活、工作会带来哪些革命性变化？

（2）想象一下微信、支付宝等手机支付给人们的生活带来哪些变化？

（3）想象一下未来购物会有哪些新途径？

第一节　"互联网＋"创业的时代意义

一、我国"互联网＋"的发展现状

我国"互联网＋"的快速发展得益于我国智能手机、网络环境和网民规模的不断扩大。中国网民数量已达 7 亿人，网络环境的不断进步，智能手机用户爆发式增长，生活中很多活动都需要依靠网络，网络已经与我们的生活息息相关，网民中使用手机上网的人口比例约为 86%，互联网正在对我们的日常生产生活产生巨大影响。巨大的网民规模和较高的互联网普及率为"互联网＋"大学生创新创业在我国的发展提供了基础条件和广阔市场。

（一）政策的强大支持

2015 年，全国人大第十二届三次会议《政府工作报告》中率先提出"互联网＋"行动。报告提出，要坚持把云存储、云计算、大数据、物联网等先进网络技术与当前产业相融合，推动金融、商贸、工业 4.0 等快速发展，鼓励我国互联网企业走出国门，拥有国际视野，开辟国际市场。

2016 年 5 月 31 日，教育部、国家语委在京发布《中国语言生活状况报告（2016）》。"互联网＋"入选十大新词和十个流行语。

2017 年 10 月 18 日，党的十九大报告中八次提到"互联网"，明确要加强互联网在社会发展中的作用，使之"在中高端消费、创新引领、绿色低碳、共享经济、现代供应链、人力资本服务等领域培育新增长点、形成新动能。"

2018 年国务院政府工作报告中，明确提出要"深入开展'互联网＋'创业，要在医疗、养老、教育、文化、体育等多领域推进'互联网＋'，要运用'互联网＋'发展新就业形态。"等等。

从政策背景来看，目前我国政府大力推动"互联网＋"大学生创新创业活动，政策环境十分利好而且长期稳定。在法律方面，我国互联网相关的法律体系自 20 世纪 90 年代以来，正在逐步建立完善。完善的法律体系和良好的政策背景都为互联网技术发展提供了基础。

(二)产业规模的突起

2018年1月31日，中国互联网络信息中心（CNNIC）发布第41次《中国互联网络发展状况统计报告》（以下简称为《报告》）。《报告》指出：我国网络强国战略蹄疾步稳，互联网基础设施加快建设，自主创新能力不断增强，信息经济蓬勃发展，网络空间日渐清朗，互联网成为国家发展的重要驱动力，网络扶贫、在线教育、电子政务等不断提高人民群众分享互联网发展红利水平。

截至2017年12月，我国网民规模达7.72亿，普及率达到55.8%，超过全球平均水平（51.7%）4.1个百分点，超过亚洲平均水平（46.7%）9.1个百分点。我国网民规模继续保持平稳增长，互联网模式不断创新、线上线下服务融合加速以及公共服务线上化步伐加快，成为网民规模增长推动力。

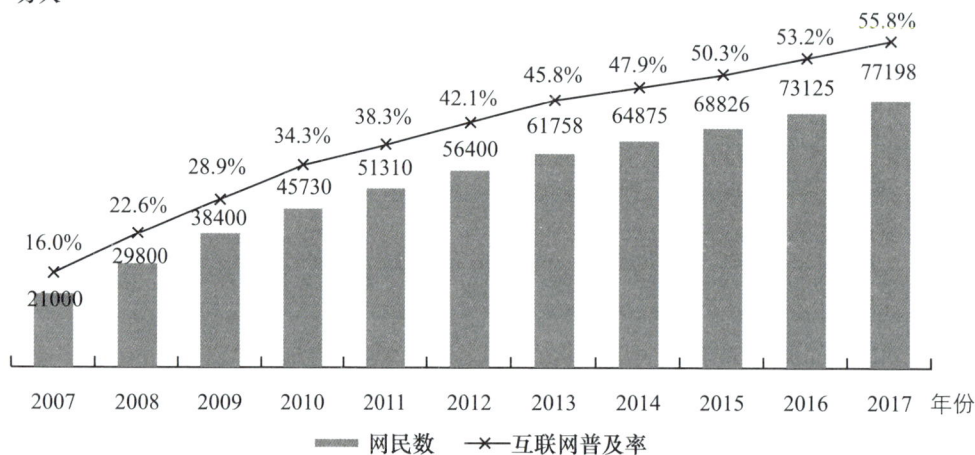

图10.1　2007—2017年中国网民规模和互联网普及率

根据艾瑞咨询公布的《2017年中国网络经济年度分析报告》，可以看出经过多年高速增长后，网络经济发展进入稳健期，增速略有放缓，但整体仍保持稳定的增长态势，未来还将继续增长，截止2017年已达到1.8万亿元以上（下图中，2018年和2019年数据为预测值）。

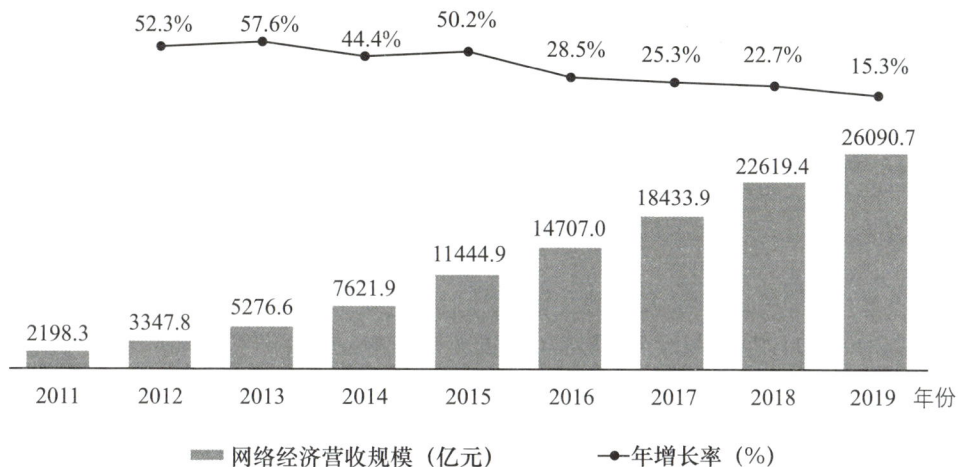

图 10.2 2011—2019 年中国网络经济市场营收规模及增长率

二、"互联网 +"创业的时代意义

（一）助推网络零售高速增长，带动消费升级

国家统计局公布的数据显示，2017 年全年社会消费品零售总额为 366262 亿元，比上年增长 10.2%，全国网上零售额为 71751 亿元，比上年增长 32.2%，增速比上年加快 6 个百分点，2017 年中国网络零售交易额约占全球电子商务零售市场的 40%。

传统时代零售商品信息在商家与消费者之间处于不对称状态，消费者无法通过一个高效的平台快速地了解到商家的商品信息，这使得客户价值没有似今天这样在"互联网 +"时代被放大。而互联网作为交易平台出现后，完全打破了商品信息不对称的状态，商家所提供的商品与服务信息已经变得高度透明化，消费者了解信息也十分便捷，足不出户，利用互联网平台即可实现。互联网的这一强大功能极大地降低了消费者的信息获取成本，每一个消费者都非常容易知道这个世界上有何种同类的、相互竞争的商品与服务，以及这些商品与服务的特点，使得消费者更加容易判断哪些商品与服务的价格背离了其价值。

（二）实现共享经济，助推商业模式对外输出

中国共享经济的迅猛发展，对培育经济发展新动能、引领创新、扩大就业做出了重要贡献。截至 2017 年 12 月，共享单车用户规模已达 2.21 亿，半年增加 1.15 亿，增长率达到 108%，共享单车业务在国内已完成对各主要城市的覆盖。中国共享单车已经走出国门向着全球进发，渗透到 21 个海外国家，成为出口商业模式的新标签，比较来看，美国规模最大的共享单车企业，纽约花旗自行车（CitiBike）（纽约自行车共享系统）仅有 1 万辆单车和 23.6 万用户。共享单车不仅有效地解决了最后一千米的出行和交通难题，更减少了二氧化碳排放造成的温室气体效应，为全球城市的可持续发展做出贡献。

（三）年轻网民网购需求，推动互联网应用快速普及

中国拥有大量年轻网民，市场规模庞大，为数字商业模式迅速商用创造了条件。

2017 年底，中国互联网用户规模达到 7.72 亿，其中 30 岁以下的互联网年轻用户群体高达 4.08 亿；网上外卖用户规模达到 3.43 亿，较 2016 年底增加 1.35 亿，同比增长 64.6%，继续保持高速增长；在线旅行预订用户规模达到 3.76 亿，较 2016 年底增长 7657 万人，增长率为 25.6%；游戏直播用户规模达到 2.24 亿，较 2016 年底增加 7756 万；真人秀直播用户规模达到 2.20 亿，较 2016 年底增加 7522 万。总体来看，具有数字消费热情的年轻用户群体，尤其是青年大学生群体对互联网的依赖，极大加快了互联网应用的普及速度。

（四）"互联网＋"创业，正在成为高校大学生创业的主要模式

互联网平台的日益完善，"互联网＋"创业模式的发展正日益颠覆传统的创业模式，尤其是 2014 年中国首届"互联网＋"大学生创新创业大赛举办以来，正以燎原之势席卷全国高校。"互联网＋"传统创业和跨界创业，以及诸多新型"互联网＋"创业商业模式正雨后春笋般出现，对于大学生发现创业项目，整合创业资源，推广创业产品（或服务）带来了极大的可能，对保障大学生创业的成功创造了极好的条件。

🔳 拓展阅读

"互联网 +"在常见产业中的优势举例

1. 互联网 + 广告业

首先，"互联网＋广告"对传统广告产生了强大的冲击。与传统广告媒介相比，随着互联网与移动互联网用户人数规模的快速扩张，互联网广告传播范围也快速扩展，同时由于互联网的便捷性，使得受众在获得广告信息时方便快捷。随着互联网普及率的提高，我国互联网网民数量得到快速增加，互联网已经成为当前我国应用非常广泛的信息传播工具。网民数量的不断增加，为互联网广告业的快速发展奠定了受众基础。互联网广告在传播的过程中，突破了传统广告在时间、地点的束缚，使其拥有了更为广阔的发展空间。同时，互联网广告能够实现循环性且不间断的传播功能。

其次，"互联网＋广告"针对性极强。互联网广告媒体与传统的广告媒体相比，具有较强的针对性。传统广告在传播的过程中，只是根据商品的性能特点进行宣传，并没有固定的受众群体，也没有明确的传播目标，对时间、地点以及受众选择上都没有明确的划分，用传播的频率来实现其传播的效应。互联网广告媒体则有效地规避了这一弊端，"找钢网"是针对钢铁贸易咨询的广告交易平台，"苏宁易购"则是以日常消费品为主的广告购物平台，"携程网""去哪儿网"则为航空公司、宾馆与酒店提供了全方位的广告服务。

再次，"互联网＋广告"的互动效果明显。传统广告只关注了单一宣传路径的传播影响范围，在过去的几十年里，特别强调通过传播范围的扩大来提升广告辐射面积与影响力。传统广告的这种单向传播方式，只是商家向消费群体单向的缺乏必要互动的推广。而"互联网＋广告"不仅实现了商家向消费者的宣传推广，还实现了商家与消费者以及消费者群体内部的互动。

最后，"互联网＋广告"稳定且持久。互联网能够将商家的宣传、广告信息进行长久性保存，这种持久性还体现在商家可以进行适时的信息修改与维护，实现受众群体广而告之的持续性。而传统广告维持传播形式持久性的费用极高。例如电视媒体广告，其在传播过程中，根据商家支付费用标准进行定位，且时间有限。

"互联网＋广告"的上述特征，必然促使传统的单向沟通广告向精确的、互动式的互联网广告发展。例如百度、淘宝、大众点评、携程等，使得精准、互动成为现实。同时"互联网＋广告"具有强大的大数据分析功能，其强大的数据分析平台，能够通过互联技术手段获取、挖掘大数据，帮助商家追踪、研究网络消费者的习惯偏好。

2. 互联网＋新闻业

"互联网＋新闻"使得每个网民都成为"记者"，每个网民既可能是新闻受众，亦有可能是新闻记者、编辑。互联网时代的这一新闻特性标志着新闻业已经进入到全新的"自媒体"时代。"自媒体"时代其新闻渠道控制力被快速削弱，新闻已经快速实现透明化，任何一家新闻媒体很难独揽新闻信息、控制舆论。新闻传播渠道也发生巨大改变，从传统的纸质、电视、广播转变到网络门户，随着移动互联网的快速发展，新闻渠道从网络门户表现为微博、微信等自媒体。

"互联网＋新闻"时代的新闻从业者需要掌控的不是新闻渠道而是新闻内容，例如某些新闻媒体平台为了获取并掌控新闻的内容给作者直接分成，因为这些新闻媒体平台知道未来新闻的改变仍然会发生，但是无论新闻业如何改变，新闻的时效性与内容质量的高要求都不会变，互联网时代仍需新颖、稀有、快速高效的新闻。

快速、高效也将是"互联网＋新闻"时代新闻工作者所面临的巨大挑战之一，"自媒体"时代新闻封锁已经十分困难，每个人的手机都有摄像、文字编辑、微信传播等功能，而互联网尤其是移动互联网的传播不再有统一的渠道。不论新闻工作者如何加强自身的协同传播速度，仍旧避免不了第一个高速公路连环追尾新闻会从高速公路上的人的手机中发出。

3. 互联网＋制造业

"互联网＋制造业"时代最具标志性的影响事件就是中国政府提出的"两化融合"号召。所谓"两化融合"即信息化与工业化的融合。其主要内涵不仅在于利用信息技术改造企业的研发、产品设计、工艺设计、生产管理、产品检测和市场供销等环节，而且更要从先进制造技术角度思考振兴中国的制造业，淘汰落后产能，引进智能化、3D 打印、新材料等先进制造技术，促进中国制造业工业由制造大国向制造强国转变。

"两化融合"主要是在技术、产品、业务、产业四个方面进行融合。也就是说，两化融合包括技术融合、产品融合、业务融合、产业衍生四个方面。

技术融合是指工业技术与信息技术融合。"中国制造 2025"指出工业技术与信息技术融合后会催生新的技术出现，工业技术与信息计划融合推动技术创新。例如，汽车制造技术和信息技术融合产生的汽车电子技术，工业和计算机控制技术融合产生工业控制技术。

产品融合是指信息技术渗透到工业产品中，增加产品的技术含量。例如，普通机床加上数控系统之后就变成了数控机床，传统家电采用了智能化技术之后就变成了智能家电，普通飞机模型增加控制芯片之后就成了遥控飞机。

业务融合是指信息技术应用到企业研发设计、生产制造、经营管理、市场营销等各个环节，推动企业业务创新和管理升级。例如，计算机管理方式改变了传统手工台账，极大地提高了管理效率；信息技术应用提高了生产自动化、智能化程度，生产效率大大提高；网络营销成为一种新的市场营销方式，受众大量增加，营销成本大大降低。

产业衍生是指两化融合可以催生出的新产业，形成一些新兴业态。如工业电子、工业软件、工业信息服务业。工业电子包括机械电子、汽车电子、船舶电子、航空电子等；工业软件包括工业设计软件、工业控制软件等；工业信息服务业包括工业企业 B2B 电子商务、工业原材料或产成品大宗交易、工业企业信息化咨询等。

第二节 "互联网 +" 背景下大学生创新创业现状

随着互联网与人们的生活联系越来越紧密，"互联网 +" 的创业模式也越来越丰富，大学生因其超前的生活意识、蓬勃的创新精神、系统的专业知识、丰富的信息渠道而成为 "互联网 +" 创新创业的主要参与者。

一、"互联网 +" 背景下，大学生创新创业的主要领域

（一）软件开发类

软件开发核心分为两大类：一是 PC 端软件，二是移动端软件。随着移动互联网的大范围普及，移动端软件的开发如雨后春笋般疯狂增加。目前大学生在软件开发类尝试最多的项目如下：

（1）社交软件。随着时代的改变，伴随着移动互联网的崛起，我们身边渐渐出现了很多社交软件。例如 QQ、微信、微博、facebook、twitter 等。社交软件的未来具有非常大的想象空间，但这个前提是该款软件能拥有足够多的活跃用户。在社交软件上的尝试方向上，更多的大学生还是选择从校园社交来切入，一方面他们自己对于校园需求有着更深入的理解，另一方面也方便大学生进行校园社交类产品的推广。

（2）O2O 软件。O2O，也即 Online to Offline，通过线上的操作来完成线下的服务。大学生从事此类项目的标的物一般是与大学生活相关的 O2O 服务，诸如外卖 O2O、洗衣 O2O、零食 O2O、水果 O2O 等等，以上所涉及的产品与服务皆为大学生需要线下完成的，如果有一个体验与服务都很不错的软件来实现此项 O2O 服务，就可以快速地获得同学们的认可，并进而获得很好的发展。

（3）工具类软件。此类软件一般指专注于实现某一类人们需要的生活功能的软件产品。比如：墨迹天气，专门提供天气预报以及围绕天气而产生的互动等；美图秀秀，专门用于美化图片；搜狗输入法，专门提供输入法功能。此类产品对应的服务往往是人们的刚需服务，人们对此类刚需服务进行软件化，减少这项服务的使用成本，或者优化这项服务的使用效率，也是工具类软件的核心卖点。大学生从事工具类软件开发的初衷往

往是其本身发现了某个生活的痛点，比如生活日常的记账、坐公交的不好体验等等，优化这些痛点的过程也便产生了创新创业的机会。工具类软件在获取了足够多的活跃用户后，也会展现出巨大的商业价值。

（4）游戏类软件。在当代，游戏已经如社交一般融入了人们的日常生活，特别是随着智能手机的普及，游戏已经从原来的端游时代发展到了现在的手游时代，并填充了很多人生活中的间隙时间。开发游戏软件需要具备很多的专业人员，在游戏剧本、游戏架构、游戏美工、游戏代码等各个环节均有很高的要求，因此大学生从事娱乐类软件开发的并不多，但还是有不少大学生因为其对游戏类软件的热爱而从事着此类软件的创新创业项目。

（二）电子商务类

大学生从事电子商务的主要形式大致可分三种：

（1）在主流电子商务平台开网店；

（2）在社交软件内做微商；

（3）开发相应的移动软件来完成电子商务。

对于大学生来说，前两种方式的进入门槛相对较低，但仍需有竞争力的产品。后一种方式门槛较高，但一旦完成交易行为的聚集，会产生很大的商业价值。

（三）实业类

实业类项目大致可以分为以下几项：

（1）硬件类项目。一般硬件类项目开发的都是智能硬件，要求创业者具备较高的技术开发能力，一般以团队创业形式为主。此类项目主要是结合大学生的专业技术与技能的学习，延伸出来的创新创业项目。

（2）实物加工与销售。大学生从事此类项目的标的物一般是与大学生活相关的实物，诸如文化衫的加工与销售、正装与礼服的租赁与销售，以及寝室用品的设计制作与销售等等。此类项目本身就贴近大学生的日常生活，具备非常好的可操作性。

二、"互联网 +"背景下，大学生创新创业的红利分析

（一）时代红利

"互联网 +"带来的不只是口号，还有创新的移动互联网创业模式和日益紧密互联网生活方式。回顾人们的创新创业历程，从最开始的选择实业方向，去拜访挖掘一个个的潜在用户，到人们开始互联网创业，花费巨大的精力去跟人们解释互联网是什么以普及这个概念，到现在深入人心的移动互联网时代，一个好产品可以自行传播的时代。身处这个时代的大学生在有了创新创业的产品和服务后，接下来要做的就是找到一批愿意使用体验这个产品与服务的种子用户，让他们体验这个产品与服务并反馈相应的建议，之后借助移动互联网对人们生活的深入，扩大这个产品与服务的使用人群。在这样一个时代，好的产品与服务不会被淹没，相反，会迅速地获得高速的发展。如此来说，身处"互联网 +"时代红利的大学生在进行创新创业项目的时候，创新创业动机与出发点就显

得格外重要。

（二）创投圈红利

以往大学生在进行创新创业项目选择的时候，无论项目大小，都需要一定的启动资金，同时，在项目成功启动之后，又会需要持续性的资金投入，直到项目本身获得盈利或者项目团队获得了资金投资。"互联网＋"时代给大学生带来的另一个红利就是可以更加便捷地获取资金投资。随着"大众创业、万众创新"的口号越来越多地落实到执行层面，出现了越来越多的孵化器、创投机构与天使投资，这些组织机构与私人天使投资者的运营核心就是发掘并孵化可靠的创新创业项目。这些创新创业项目发掘与孵化的行为为当代大学生创业提供了一个很好的资金获取渠道。

（三）政府红利

随着"大众创业、万众创新"的口号的提出，各级地方政府响应中央的号召出台了诸多利好的创新创业政策，大致可以分为以下三类：

（1）财税政策。各级政府不同程度的对大学生创新创业开设绿色通道，提供了不同程度的财税优惠政策，这些惠民财税政策减免了大学生创新创业团队不少的支出。

（2）孵化政策。除了提供财税优惠外，各级政府还建立了创业孵化基地和孵化器，这些孵化器会以优惠的价格为创新创业团队提供工位的租赁，各团队在入驻孵化器后，可以享受相应的水电费减免，优惠的法务问题咨询，参与孵化器组织的投融资演练以及一些与市场相关的培训交流会。各地级政府的种种孵化政策对于初创的大学生创新创业团队有很大的帮助。

（3）专项扶持资金。各级政府基本设立了大学生创新创业专项扶持基金，各级政府或行业都组织了多种创业大赛等，并对优秀创业项目或创意进行直接的资金奖励或创业资金扶持，这些直接扶持对于初创的大学生创新创业团队而言意义重大。

（四）高校红利

高校作为大学生创新创业的主要阵地，在鼓励大学生创新创业方面做了很多工作，主要分为以下三点：

（1）完善创新创业服务组织。校级领导鼓励学生成立创业服务组织，如创新创业学院、大学生创业协会、大学生创新创业中心、创业孵化基地等等，同时针对已建立的创业服务组织配以创业导师予以支持指导。这些基础的创新创业资源为大学生进行创新创业活动提供了很多便利。

（2）优化创新创业实践场地。大学生在进行创新创业活动的过程中都需要一个独立场所，以方便团队成员的沟通交流。在这一点上，高校的相关部门也予以了支持，腾出了空间供创新创业团队使用，给各团队营造了一个很好的创新创业氛围。

（3）设立校园专项创新创业扶持基金。除了提供服务与场地，高校在大学生最需要的启动资金层面也给予了一定的支持。中南大学、湖南农业大学、长沙航空职业技术学院等高校都已设立了大学生专项创新创业扶持基金，这些基金面向校园内的大学生开放，创新创业团队在报名后，通过学校相关单位的组织评审即可获得资金扶持，金额在 2 万 ~ 5 万元不等。这些启动资金对于初创的创新创业团队是极大的支持。

三、"互联网 +"背景下，大学生创新创业的主要障碍

（一）创新创业团队缺少核心人才

（1）校园内人才接触面窄。大学生的校园生活，直接导致了大学生的交友范围狭小，从而影响交叉人才的聚集。虽然培养过程有部分跨专业选修课，但受限于授课方式，大学生在跨专业选修课上并不能对其他专业的学生有非常深入的认知了解，而创新创业最初团队组成一般都是熟识的伙伴，如此一来，跨专业的选修课也并不能真正扩大大学生的交友范围。虽然大学存在大学生创业协会和各种学生社团，并不能从整体上改变大学生交友范围狭小的现状。

（2）校园内创新创业团队人员专业能力参差不齐。在已组建的创新创业团队内，团队成员之间的能力参差不齐，很多时候甚至是无法选择，当一个创新创业团队需要一个美工人员时，最终来到这个团队的美工很可能仅仅是设计专业，即仅仅是所学专业匹配，而并不是说这个人在美工这一方面有非常强的专业能力。这样的现象一方面受限于大学生的专业学习，即还不能达到很高的专业高度，另一方面也受限于大学生的交友范围，同时具备高专业技能的同学没能社交到一起。

（二）创新创业项目发展缺少社会资源

缺少社会资源主要体现在对接宣传与获取业务合作伙伴层面。创新创业团队在推广自己的项目时，会需要铺设很多渠道以获取更多的客户，找到更多可以交换资源的合作伙伴。但因为大学生大部分时间还是花在校园内部，不充分的社会活动导致了稀少的社会资源，进而导致其在获取客户与合作伙伴上所花费的时间与精力会比成熟的团队要多得多，资源的匮乏严重影响到大学生创新创业项目的快速发展。

（三）创新创业团队在项目运作中缺乏经验

缺乏经验主要体现在以下几个方面：

（1）股权分配。股权分配是初创企业团队都必须要面对的一个问题，即从最开始大家只管做事，到开始考虑项目的利益分配。合理的股权分配需要丰富实战的经验，因为人们很容易向情谊妥协，即大家都是共战沙场的伙伴，如果利益都不能共享，那怎么能够共患难。没有经验的团队很容易在股权分配上选择一个很平均的分配方式，但恰恰是这种平均的分配方式会扼杀掉这个团队的发展未来。一方面，投资人不会看好平均分配的股权结构，其认为这种结构极易导致团队内部的分裂，同时因为没有一个团队核心大股东，未来成立董事会后，团队决策也会缓慢难定；另一方面，对于团队内部来说，平均的股权结构会淹没团队成员的积极性，工作付出多的成员会抱怨工作付出一般的成员，种种成见会影响团队正常的运作。同时，缺乏团队核心大股东，当项目发展遇到风险的时候，团队中就很难出现有船长精神的成员，从而影响项目的发展。

（2）团队管理。在团队管理方面，初创企业团队往往会因为缺乏经验而造成团队精力内耗，未能通过合理的激励方式调动团队成员的最大积极性。虽然有很多大学生都有过校内社团或者学生会的经历，并且在其中也曾管理过成员不少的团队，但这与管理创新创业团队有核心的区别，即后者是社会化的活动，是需要追求商业效益的。在这个层面上，原来在社团或学生会内只需要以及格的标准完成的事，从社会化角度来说，需要追求最高的效率，而恰恰是这个差别，会造成团队的输出不够稳定，进而影响团队内部的氛围。

（3）外部公关。初创企业团队在与外部人员进行公共事务接触时，也会因为缺乏经验而错失很多资源互换或者合作的机会。当一个项目涉及外部资源的时候，在社交场所遇到的很多人都可能和自己的项目进行合作，从事创新创业项目的大学生因为缺乏经验而错过和很多有互补资源的其他团队的合作，从而在一定层面上影响了自己创新创业项目的快速发展。

（四）创业团队成员缺少家庭支持

大学生从事创业活动，很多出于自己的爱好和兴趣，未能及时与家庭成员进行沟通，缺少家庭的理解与支持。家庭支持主要体现在以下两方面：

（1）物质支持。初创团队在进行创新创业活动时，第一步很可能需要的即是项目的启动资金，这一笔资金可能并不需要很大，但对于暂无经济来源的大学生来说，依然无法支付。虽然学校和各级政府对于大学生创新创业项目都有专项的支持资金，但对于最早期的项目来说，自掏腰包依然是少不了的一个环节。大学生所能获取资金的渠道主要就是来自于家庭，当家庭不愿意支持的时候，很多学生为了能继续做项目，会依次考虑亲戚借贷、好友借贷与民间借贷，借贷次序越往后者越会对学生本人造成压力。当从事的创新创业项目遇到一些波折的时候，通过后者借贷的学生往往因为经受不了这部分压力而选择放弃，从而错过了更多的试错机会。

（2）精神支持。从精神层面来看，不少父母对其子女在读书期间进行创业活动是持反对意见的，他们会阻止自己的子女从事相关活动，尤其是大多数父母，认为小孩找一份工作，平平安安地工作、健健康康地成长就足够了。父母在精神上的支持对大学生从事创新创业活动有着重要的影响，是大学生创业成功强大的精神动力。

第三节 "互联网＋"创业的素质养成

一、"互联网＋"创业应具备的基本思维能力

首先，在"互联网＋"背景下，创业者应具备跨界思维。在互联网广泛应用的时代背景下，传统媒体与新媒体不断融合，线上与线下实现对接，不同企业之间实现跨境联合，本土化与全球化融为一体。所以，互联网创业者应具备跨界思维，打破不同行业、组织内外、有形资产与无形资产之间的壁垒，实现资源整合，发挥出最大效益。

其次，创业者应具备服务思维。在"互联网＋"时代，创业者抓住了用户，便等于

赢得了市场，所以创业者要想创业成功，必须通过完善的服务赢得用户青睐。创业者应站在用户角度发现问题、思考问题，并寻求解决方案，用户需求就是创业商机。在"互联网＋"时代创业，很多创业者在早期为获得大量用户，往往采取免费模式，如淘宝、腾讯QQ等都是如此，它们通过赢得大量用户逐渐成就了互联网商业帝国，而一些非免费互联网企业往往很难获得发展。

再次，创业者应具备大数据思维。近年来，各个行业纷纷运用互联网思维寻求新发展，并提出大数据概念，即通过大量的数据采集、分析，进而实现精准化预测。为此，数据挖掘和数据分析也成为互联网企业发展的重要一环。以阿里巴巴为例，它掌握着大量企业运营相关数据和消费者的相关数据，这些数据能够反映社会经济运行趋势，成为公司发展的重要决策依据。而数据部门也从原来一般部门变为公司运营的盈利部门，成为一个互联网公司在竞争中取胜的关键。所以，互联网创业者应具备大数据思维，能够对与创业有关的数据进行采集和分析，从而寻得商机。

最后，创业者还要具备平台思维。在"互联网＋"时代要想创业成功，需要构建各方共赢的生态圈。如阿里巴巴、腾讯、百度等互联网创业公司都建立了强大的资源整合平台，为用户、广告商、管理者提供便利。因此，在创业过程中，创业者也可以通过微信平台提供个性化服务，借助淘宝、京东等平台整合实体卖家，还可利用途牛网、携程网、去哪儿网等平台整合旅游资源。创业者还可把公司看成是员工的创业平台，将产品做成智能终端平台，并且针对用户创设精准营销平台。由此可见，在互联网创业中，平台思维就是典型的商业思维。

二、"互联网＋"背景下高职院校学生的就业创业

（一）"互联网＋"时代高职院校学生就业创业基本能力

基于"互联网＋"时代特征，以信息为基础，以融合为核心，以创新为依托，构建出高职院校学生就业创业能力模型。

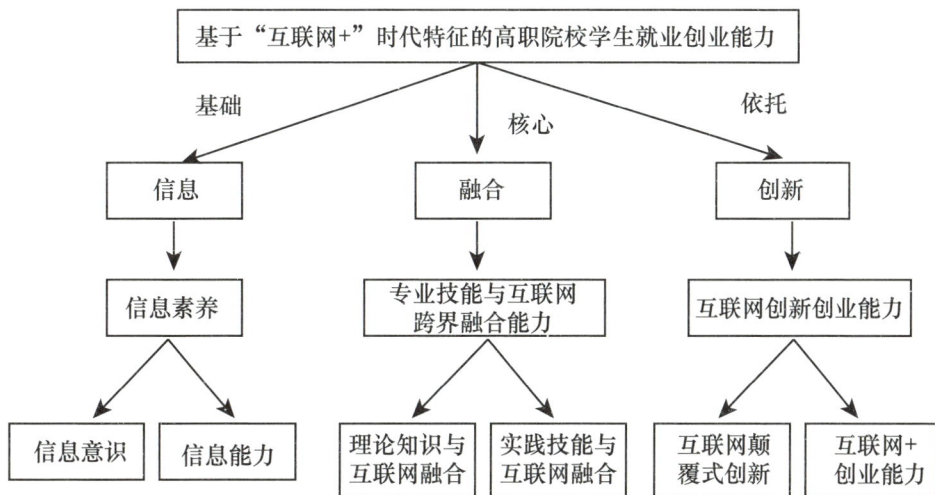

图 10.3　基于"互联网＋"时代特征的高职院校学生就业创业能力模型

1. 信息素养

信息素养又称信息素质，主要包括信息意识和信息能力两个方面。信息素养是终身学习的核心，它能使人在整个一生中有效地获取、运用和创造信息，以便达到其个体的、社会的、职业的、教育的目标。在互联网环境下，信息素养表现为对纷繁复杂的各种媒介信息的解读及使用能力、判断及认知能力，这些能力已成为当代人的重要素养和必须掌握的基本技能。信息科技网络社会的兴起不但改变了经济和社会结构，同时使根植于社会结构的就业与职业结构也发生了演变，信息密集型职业成为未来我国新职业结构的核心。因此，信息素养是即将走向一线技术岗位的高职院校学生所应具备的就业能力基础。

（1）互联网信息意识。互联网信息意识是指对互联网产生信息需求，进而自觉寻求信息、形成信息兴趣的动力和源泉。首先，从互联网的角度思考问题。高职院校学生遇到问题要习惯性用数据和信息的眼光重新审视周围事物，并将其数据化，依托大数据做出有效决策，寻求解决方案，使互联网成为就业不可缺少的首选工具。其次，树立互联网信息安全意识。信息安全的实质，就是要保护信息系统或信息网络中的信息资源免受各种类型的威胁、干扰和破坏，即保证信息安全性。未来企业面临来自政府、行业及自身战略合规性要求日益增多，信息安全将成为企业参与市场竞争的基础能力。信息安全意识对员工的要求也越来越高，所以尊重个人隐私、抵制不良信息、维护组织信息安全是反映高职院校学生整体素质与就业能力的标准之一。

（2）互联网信息能力。信息能力包括对信息的获取、处理、利用、交流以及分析与选择的能力。就业信息是择业的基础。个体所获取就业信息的量与质直接影响到高职院校学生就业满意度，就业信息的搜集和筛选对每一位毕业生都至关重要。随着信息技术和信息全球化的高速发展，人们越来越多地依赖互联网获得信息，互联网已成为大学生获取就业信息的重要渠道。另外，信息的搜寻也是新进员工主动社会化，成功实现从学生到职业人角色转变的主要方式，利用互联网获取知识、资源共享、了解组织对于保持持久的就业力尤为重要。生产力增长的根源在于知识的产生，并通过信息处理而扩及所有经济活动领域，获取外部知识和信息的能力与内化知识的能力同等重要。面对海量网络信息，除了具有获取信息的能力外，还需要敏锐的信息价值判断力与洞察力，才能筛选和甄别出真实有用的信息。因此，利用互联网主动获取、分析、运用信息的能力是高职院校学生就业能力的主要内容。

2. 专业技能与互联网跨界融合能力

专业技能与互联网跨界融合能力既是高职院校学生就业能力的核心要素，也是其依托互联网进行创新创业的必要前提。第一，理论知识与互联网融合能力。"互联网＋"与传统行业的密切结合，使高职院校学生仅仅拥有单一的专业理论知识已不足以满足创业与就业需求，理论知识与互联网跨界融合能力，是大学生未来职业发展的核心能力。在全球新一轮科技革命和产业变革中，互联网与各领域的融合发展具有广阔前景和无限潜力，已成为不可阻挡的时代潮流，对各国经济社会发展产生着战略性和全局性的影响。

信息产业化和产业信息化成为未来两大趋势，融合性新兴产业成为发展新动力和新支柱，人力资本与互联网跨界融合将成为劳动者的核心能力。第二，实践技能与互联网融合能力。专业实践技能与互联网跨界融合能力，是大学生依托互联网创新创业能力的必要前提。在一个相互连接的全球化发展中，创造和创新将成为人类发展的方向。创造和创新依靠人与人之间知识、能力和网络建立联系实现，创新的可能性就存在于这些融合或结合中。经济与产业变革对高职院校原有的专业设置、培养目标和课程体系无疑提出了巨大挑战，旧工业化时代大规模流水线生产和标准化服务，已经不能满足产业融合与转型升级的要求。高职院校应该紧随产业结构和就业结构变化，主动将专业实践技能与互联网紧密结合，培养和拓展学生就业创业能力，以适应经济发展的根本需求。

3. 互联网创新创业能力

（1）依托互联网的颠覆式创新能力。颠覆式创新是互联网思维与创新能力相互结合的产物，是未来企业和个人持续发展的不竭动力。"互联网 +"是把互联网的创新成果与经济社会各领域深度融合，推动技术进步、效率提升和组织变革，提升实体经济创新力和生产力，形成更广泛的以互联网为基础设施和创新要素的经济社会发展新形态。以生产制造企业为例，在"互联网 +"时代，需要从支持大规模标准化制造转向支持个性化的定制，实现颠覆性创新。高职院校学生如果能够打破思维惯性，借助"互联网 +"增强自己适应经济新常态下产业升级的改革创新能力，将所学专业技能和信息资源两个基本生产要素重新组合，依托互联网对市场、用户、产品、企业价值链乃至对整个商业生态进行重新审视，大胆创新，必将催生出更多的工作岗位。这既增加了高技能劳动力市场的需求，促进了高职院校学生充分就业，对就业质量的提升也具有深远意义。

（2）"互联网 +"创业能力。面对严峻的就业形势，必须着力培育"大众创业、万众创新"的经济发展新引擎，实施更加积极的就业政策，把创业和就业结合起来，以创新创业带动就业，催生经济社会发展新动力，为促进民生改善、经济结构调整和社会和谐稳定提供新动能。大学生创业能够带动就业倍增效应进一步释放，是将供给转化为需求的有效途径。高职院校大学生应找准"互联网 +"和所学专业之间的契合点，充分借助"互联网 +"创新，积极开展创业实践活动，了解专业前沿，扩充专业知识，探索拓展商业渠道。以 2014 年对 2011 届高职毕业生调查数据为例：2011 届高职院校学生毕业三年后自主创业者比例（7.7%）是毕业半年后自主创业者比例（2.2%）的 3.5 倍，其中毕业半年后的 2.2% 的自主创业人群中，在三年后仍能坚持创业的只有 48.9%，42.7% 已退出创业选择了受雇全职工作。刚毕业的高职院校学生的创业能力尚且不足，主要依靠毕业后工作经验积累而选择创业，高职院校对学生创业能力的重视和培养仍有待提高。

（二）"互联网 +"时代高职院校学生创新创业素质养成途径

"互联网 +"时代高职院校学生创新创业素质养成的目标在于，通过将"互联网 +"概念与创新创业教育融入高职院校学生日常管理、课程学习、技能实践等方面，从生活、学习、课外活动、专业实训等方面全方位培养创新创业素质。

1. 在日常管理工作中逐步培养学生创新创业素质

通过班级活动培养网络信息素养，通过互联网寻找时下热点问题，让学生自主对网络信息资源进行有效的检索、搜集、评价和组织利用，锻炼网络信息洞察力，使其在创业活动中能够洞悉与互联网相关的商业机会。

同时，在活动过程中实施"草根管理"，学生是设计者、实施者，使其有目的、有选择、有规划地安排活动的开展，锻炼学生的管理能力与突发事件处理能力。另外，在日常学习和生活管理中，主动渗透培养学生的合作交流能力，在合作交流过程中相互启发指引，体验到合作交流的价值，实现资源的有效共享。

2. 充分利用社团组织，营造互联网模式下的创新创业校园文化氛围

以校园学生文化活动为载体，以学生创业竞赛活动为依托，培育"互联网+"创新创业能力。通过大学生社团，参加与互联网相关的创业计划大赛、创意设计、课外学术科技作品竞赛、创业论坛等课外实践活动，并将这些活动通过微信平台、微博推送、校园贴吧等网络方式开阔视野，激发创新创业积极性。以学生社团组织与社团活动为纽带，将创新创业教育的目标、任务、内容、要求有机地融入校园文化中，从而形成良好的校园创新创业文化氛围。

3. 依托专业实训基地，探索组建互联网创业工作室

据统计，目前大学生的创业活动中有大约90%以上的创业最终以失败告终。归纳其原因主要包括两个方面：第一，学生对于创业活动缺乏较为成熟的理念和操作技巧，在现实中因经验不足和思维上的局限容易遇到种种困难。第二，学生缺乏足够的创业资本，传统创业投入成本高、竞争压力大、创业风险高，种种原因降低了创业成功率，也打击了学生的创业积极性。

因此，依托专业实训基地针对性地为学生提供创新创业实训平台，鼓励学生组建校内创业工作室，引导学生大胆挖掘创业机会，同时多向创新创业导师寻求项目指导，将机会转化为真正可执行的创业方案。同时，鼓励学生以互联网为突破口，积极参加成本低、风险小的创业活动，大胆探索"互联网+"时代的创业新思路。

总之，在"互联网+"时代下，高职院校的创新创业教育，并不仅仅是在课堂教育学生如何进行创业活动，还需要在日常管理中渗透式地将"互联网+"创新创业素养融入大学生的学习生活中。这些素养不仅在学生自主创业过程中起到决定性作用，也是社会创新型人才培养的必然的要求。

▦ 思考与拓展

一、问题思考

1. "互联网+"创业应具备哪些基本能力？大学生如何培养"互联网+"创业的基本素质素养？

2."跨界"是现代企业生存的一种重要能力，高职大学生在创新创业活动中，如何做到将专业技能与互联网进行有效的"跨界"？

二、知识拓展

分享雷军的创业经验

雷军，小米科技创始人、董事长兼首席执行官，金山软件公司董事长，中国大陆著名天使投资人。曾荣获"中国经济年度人物新锐奖""中国经济年度人物"及"十大财智领袖人物"。在《2018 胡润全球富豪榜》中，以 1000 亿元人民币排名大中华区第 19 名。

【创业经验分享】

1. 七字诀

"专注、极致、口碑和快"这七个字是雷军认为的互联网最核心思想，他认为以此做任何一件事情，都会有巨大的效果。这也是雷军的一条做事的普通规则。

（1）专注是前提

专注就是以少搏多。高度聚焦、专注做事，把事情做好。

（2）极致是关键

极致就是专注在一个点上，把事情做细，做到自己能力的极限，从而干到别人达不到的高度和水准。或者说，极致就是干活干到把自己逼疯的程度。

（3）口碑是核心

形成口口相传的品牌，最核心的东西是超预期，超越客户预期，一个产品只有真正超过了用户的心理期待才会有真正的口碑。第一，这个世界一定存在口碑两个字。第二，在全球竞争的市场，一个产品能形成口碑，它背后真实的原因是它总有那么几点能打动消费者，才会真正形成一种口碑，造成一种巨大的光环效应，达到一种无法比喻的热度。尤其中国的用户，只要稍微做一点事情，就能超出他们的预期。

（4）快是保证

互联网讲究唯快不破。所以创业一定要保持极高的速度。首先，开发产品必须在两三个月或者最多半年就做出来。其次，快速测试用户的需求和反馈，并给出一个结果。还有怎么跟用户快速沟通，做到快速反馈、快速修正，这几个问题就是快的关键。

2. 创业要乐观

创业这个活儿很苦，但既然干了就要有乐观的态度，把这个相对比较艰苦的创业过程变成一个有意思的人生之旅。

创业就是从无到有，很多时候伴随着颠覆、打破和创造的过程，是一种人生蜕变的历练过程，一个很苦逼的活儿，如果不想过苦逼的生活就不要创业。而一旦选择，在决定创业的时候就是已经选择了一种苦逼的生活方式。面对艰难险阻，创业者尤其需要一颗无限乐观的心，要享受创业过程。首先，找一群志同道合的伙伴一起干。其次，初期找几个联合创业者非常关键。再次，想方设法提升创业过程的快乐，要一边唱着歌，一边吃着火锅，吃完干活。开开心心，这样每个人的持续性会更好，正向激励的作用会更强。比如小米就特别强调快乐创业。公司不打卡，也没人管几点上班，所以自始至终公司的整个精神面貌都是很快乐的，气氛甚至醉人。这跟以前金山真的不一样，金山动不动就是怎么艰难险阻，前有微软，后有盗版，怎么突围。其实极力渲染一种悲壮无助于创业。只要创业者不要把目标定得过高，真正去享受创业的每个环节和每个过程，享受一起克服困难的过程，就能找到强大的成就感。

其实在创业中，实现自己目标，超越自己目标的人，都是自己人生的英雄。经得起输，万一输了就输了，吸取经验教训重新来过。而万一成功了呢？

3. 做好减法

创业要学会做减法。首先，确定了创业方向，就先把要做的事情都列出来；其次，找出必须做的事情，按照轻重缓急排好；最后，集中精力做一件事情。

做减法的目的是为了聚焦，逼着少做一些事情，逼着把问题想清楚，这样反过来看，反而更容易成功。

4. 不要害怕资源少

很多时候，初始的创业者反而容易成功。为什么？是因为他们资源少，无可选择，反而能够听从自己内心的指引，把一件事情做得专、做得透。而一个有很多资源的人，往往退路多，方向也多，受到的掣肘也多，在充满变换和诱惑的市场中，往往不能听从自己的内心。尤其是一个曾经创业成功的人第二次创业更是如此，他的经验往往成为再创业的阻碍。

5. 从一开始就拧紧发条

雷军刚刚开始创业一两个月时间，一切还在磨合期。有一天，一个微软来的同事找他，中午两个人吃饭。这个同事说，雷军这个公司很像微软，大家十点多钟来，五六点钟就走，这么干，肯定会死。雷军吓了一身冷汗。他的观念中，认为刚在组团队还没正经干呢。于是马上开会，一定要意识到大家是在创业，决心用一个创业者的态度去做事情，从一开始就拧紧发条。

6. 豁出去创业

既然选择创业，就要正经干，就要豁出去干，不要给自己留什么退路。输了也没什么了不起，而且也只有这样活，人生才不会后悔。而无限的人生动力正是来源于二三十年如一日，听从自己内心的方向，坚持不懈地努力。

【感悟思考】"互联网+"为社会经济发展提供更长远的增长点，可以培养年轻一代大学生的创新思维、创业精神和创新创业能力，为工业转型升级、服务业发展提供驱动力，这符合社会发展的规律。但"互联网+"创业过程中，机遇与挑战并存，创业前需要做好相应的准备，要有清晰的思路引导，构建合理的创业团队，不断地提高，坚持不懈地努力，方能走出属于自己的一片天地。

参考文献

[1] 李莉，陈建华. 创业管理实务 [M]. 电子工业出版社，2014.

[2] 周斌，曹秋梅. 大学生创新创业 [M]. 中国言实出版社，2016.

[3] 陈宇，姚臻. 就业与创业指导 [M]. 外语教学与研究出版社，2014.

[4] 陈承欢，杨利军，高峰. 创新创业指导与训练 [M]. 电子工业出版社，2017.

[5] 李时椿. 创业管理 [M]. 清华大学出版社，2015.

[6] 孙敬全，孙柳燕. 创新意识 [M]. 上海科学技术出版社，2010.

[7] 姜彦福，张帏. 创业管理学 [M]. 清华大学出版社，2005.

[8] 刘兴强，王琳. 大学生创新思维培养探究 [J]. 创新与创业教育，2017，8(03): 24-26.

[9] 舒辉. 企业战略管理 [M]. 人民邮电出版社，2010.

[10] 任泽中，左广艮. 大学生创业资源协同模式研究 [J]. 高校教育管理，2017，11(02): 49-56.

[11] 朱光辉. 论大学生创业动机与创业模式之间的关系 [J]. 成功 (教育)，2009(03): 19-20.

[12] 王庆，陈刚. 创业团队风险感知的情绪传染 [J]. 武汉理工大学学报 (社会科学版)，2017，30(03):1-8.

[13] 王全岩. 基于"互联网 +"的研究生创业特点及策略研究 [D]. 哈尔滨理工大学，2017.

[14] 隗建华. 关于互联网广告媒体的经济传播价值探究 [J]. 中国商贸，2015(01):145-147.

[15] 汪端德. 大学生在"互联网 +"时代的创新创业研究 [D]. 华中科技大学，2016.

[16] 翁细金，夏春雨. 高校校园创业文化建设研究 [J]. 中国高教研究，2011(01): 60-62.

[17] 于潇，孙悦."互联网 + 养老"：新时期养老服务模式创新发展研究 [J]. 人口学刊，2017，39(01):58-66.

[18] 王全岩. 基于"互联网 +"的研究生创业特点及策略研究 [D]. 哈尔滨理工大学，2017.

[19] 高峰. 分享经济有哪些不足和欠缺? [J]. 广东经济，2017(05):54-55.

[20] 王晶洋，徐俏琳. 互联网 + 背景下大学生创新创业能力培养 [J]. 山东农业工程学院学报，2017，34(03):171-174.

[21] 陈致远.“互联网＋”时代青年如何顺势而为搞创业 [J]. 人民论坛，2017(04): 64-65.

[22] 许艳丽，刘晓莉. 基于“互联网＋”时代特征的高职院校学生就业能力提升研究 [J]. 职业技术教育，2017，38(25):34-38.

[23] 杨丽荣. 公司金融学（第 2 版）[M]. 科学出版社，2008.

[24] 翁苏明. 简述企业内控管理以及财务风险防范 [J]. 中小企业管理与科技（下旬刊），2017(05):47-48.

[25] 晋晓姝. 我国现代企业财务管理目标的选择 [J]. 企业改革与管理，2016(04):153-154.

[26] 王沛瑶. 新经济背景下中小企业财务管理现状及对策分析 [J]. 中国集体经济，2015(21):120-121.

[27] 赵江红. 企业财务管理与风险控制措施分析 [J]. 企业改革与管理，2018(01):128-130.

[28] 杨颖. 加强企业财务风险防范和控制措施 [J]. 中国科技投资，2013(26):153.

[29] 赵阳. 企业财务风险的成因及防范对策 [J]. 商业经济，2014，14:101-102，115.